Tapicería de Autos Customizados

de Don Taylor y Ronaldo "De Puntadas" Mangus

California Bill's
Automotive Handbooks

Fotografías de la portada y contratapa
Este atrevido y hermoso coche deportivo de Ford '33 pertenece a Connie y Jack Bockelman, de Prescott, Arizona, viejos clientes del taller de Ron. La carrocería es Alloway, y a Connie se le ocurrió la idea de integrar la moldura que rodea los asientos a la consola central. El interior es completamente personalizado. Asimismo, los asientos, hechos a mano, armonizan con la carrocería. Los paneles de las puertas también se integran a los asientos y a los paneles frontales. Los altavoces delanteros se encuentran sobre paneles curvilíneos, y como toque final, tiene altavoces traseros ocultos, cuyo sonido sale a través de una ranura vertical a los lados de los asientos.

Editores
Helen V. Fisher
Howard W. Fisher

Jefe de redacción
Howard W. Fisher

Diseño de portada y páginas interiores
Gary D. Smith
www.performancedesign.net

Fotografía de portada
E. John Thawley III
www.thawleyphoto.com

Fotografía
Don Taylor

Copyright © 2005 by Don Taylor & Ron Mangus

Editado por:
California Bill's Automotive Handbooks
P.O. Box 91858
Tucson, AZ 85752
520-547-2462

Distribuido por
Motorbooks International
729 Prospect Avenue
P.O. Box 1
Osceola, WI 54020-0001
800-458-0454

ISBN 1-931128-19-7
Impreso en China

Edición 10 9 8 7 6 5 4 3 2 1 07 06 05 04

Library of Congress
Cataloging-in-Publication Data

Taylor, Don, 1936 Oct. 10-
 Custom auto interiors / by Don Taylor and
  Ron Mangus.
 p. cm.
 Includes index.
 ISBN 1-931128-19-7
 1. Automobiles—Upholstery. 2. Automobiles—
  Customizing.
 I. Mangus, Ron, 1955-   . II. Title.
 TL256.T385   1998
 629.2'77—dc21   98-12059
   CIP

Nota: La información de este libro es verdadera y completa, a nuestro mejor entender. California Bill's Automotive Handbooks lo ofrece sin garantía de su parte ni de los autores. Los autores y el editor no asumen responsabilidad alguna en lo relacionado con el uso de este libro.

Este es un manual avanzado sobre diseño y técnicas de tapicería automotriz. Se pueden hallar instrucciones básicas en cuanto a cómo tapizar un automóvil en otro manual de California Bill's Automotive Handbooks llamado *Automotive Upholstery Handbook* de Don Taylor ISBN 1-931128-00-6

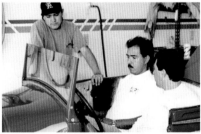

Contenido

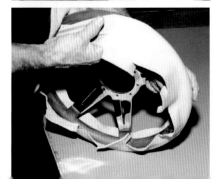

Los autores y su profesión

Don "en acción" haciendo a mano la terminación de los bordes del respaldo de un asiento trasero descubierto para una coupé descapotable Cadillac V-16 de 1932. En el presente, este tipo de trabajo manual en los bordes se ha reemplazado por molduras de espuma de poliuretano.

Don Taylor se crió en el negocio de la personalización de autos, ya que era la profesión de su padre. Luego él también llegó a ser un especialista en personalización de autos, e inculcó el oficio en sus dos hijos a medida que éstos crecían. Don se convirtió en un experto maestro en la materia y escribió el manual *Automotive Upholstery Handbook* para California Bill's Automotive Handbooks, así como otros seis libros para HP Books sobre los temas de reconstrucción de motores, restauración y chapa y pintura.

Con su hermano Alan, en 1970, Don realizó varias conversiones de camionetas. Y crearon varios vehículos de características muy emocionantes, incluido el "Yamahauler" de Toyota (más tarde convertido en un modelo Revell) y el "Huskyhauler", una especie de "garaje andante" del equipo de Husquvarna Motorcycle. Un trabajo muy interesante fue la personalización de un taxi impulsado a vapor con asientos para personas discapacitadas. Se hizo para el Departamento Federal de Transporte (DOT) a través de San Diego Steam Power Systems. El vehículo se exhibió durante un año en el Museo Smithsonian junto con un cartel de Taylor-Made.

Justo antes de "jubilarse" por un período de catorce años, el trabajo de Don en el interior de una coupé Auburn de 1932 ganó los premios Best of Class, People's Choice y Best of Show en la exhibición internacional de Auburn/Cord/Duesenberg.

En la actualidad, además de escribir libros y hacer sus ilustraciones, Don se ha "desjubilado" temporalmente y está trabajando en Alan Taylor Company, la empresa de personalización y restauración de autos de su hermano Alan, en Escondido, California. Entre los autos de colección que albergaba el taller al momento de escribirse este manual estaban tres Bugattis, tres Rolls-Royce, un Bentley y un descapotable Cadillac V-16 de 1932.

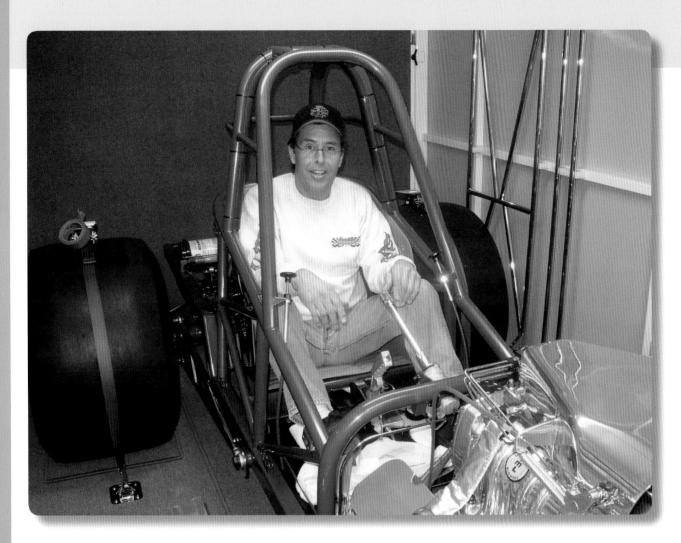

Ron Mangus comenzó su carrera de costura y tapicería en 1969 con su hermano, Ernie Yanez, quién se esforzó mucho en que Ron tuviera un buen comienzo. Él abrió el taller Custom Auto Interiors en Bloomington, California en 1989.

Ron se ha hecho famoso por lo fabulosas que son sus creaciones en interiores. Un descapotable de dos plazas con el interior hecho por él ganó el premio America's Most Beautiful Roadster en 1992 en Oakland Roadster. Su trabajo ha recibido numerosos premios al mejor interior en varias exhibiciones de autos. Ha realizado interiores para Boyd's Hot Rods, Tim Allen, Billy Gibbons of ZZ Top, Pete Chapouris of PC3G, Linda Vaughan (Miss Hurst), Thom Taylor, Bruce Meyers, Kenny Bernstein, Robby Gordon, Sammy Hagar, Michael Anthony, Cory McClenathan y James Brubaker de Universal Studios.

Durante la segunda mitad de la década de 1990 las revistas dedicadas a los street rod y hot rod expusieron una gran cantidad de sus trabajos.

También han aparecido artículos didácticos presentando las técnicas y experiencia de Mangus en las publicaciones *Hot Rod, Rod & Custom, Street Rodder, Truckin'* y *American Rodder.* Sus interiores aparecen continuamente en éstas y otras revistas especializadas. También desarrolló una línea de accesorios indispensables para la personalización de autos, los cuales vende a través de su catálogo "Stitcher Stuff."

1 • Diseño y planificación del interior de su automóvil

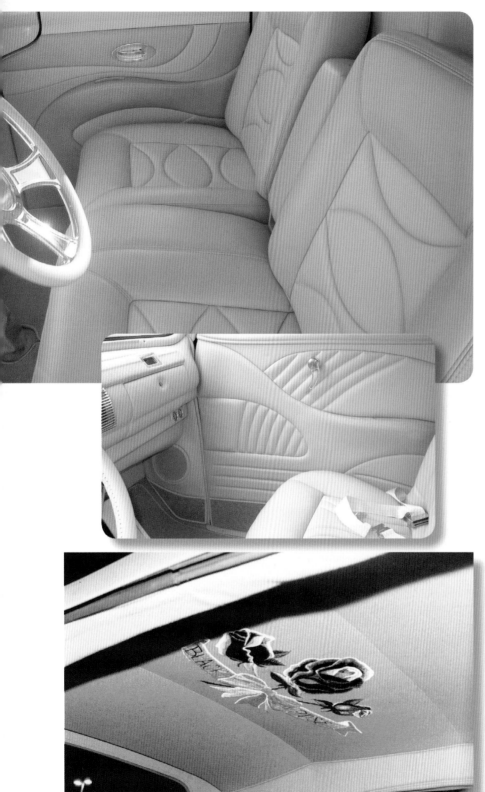

En el mundo del armado de autos hot rod el último en intervenir en el trabajo–o hasta incluso ver el auto— es el especialista en personalización de interiores. Si al dueño del vehículo le sobra el tiempo y el dinero, el especialista a veces puede darle lo que busca: un coche ganador de exposiciones.

Puede que el dueño del auto y el armador hayan planificado hasta el más mínimo detalle en cuanto a la ubicación de las piezas mecánicas, dejando que el especialista resuelva el problema de dónde irán los asientos. Pero se habrían ahorrado una gran cantidad de dinero y tiempo, así como muchas llamadas telefónicas y numerosos dolores de cabeza con tal sólo un poquito de planificación del interior mientras el auto estaba aún en la etapa de armado.

Por ejemplo, nos han traído autos al taller en los cuales el pedal del freno estaba ubicado primorosamente, pero quedaba tan a la izquierda del asiento del conductor, que éste debía pisarlo con su pie izquierdo. A menudo los reguladores de la intensidad de las luces que se accionan con el pie están ubicados de tal forma que el panel delantero interior los cubre. Los cables casi siempre se tienden según la conveniencia del que lo hace, sin pensar en absoluto en cómo podrían verse afectados por la tapicería. Puede tener la seguridad de que nadie querrá aceptar la responsabilidad si hay que quitar el recubrimiento del techo, que costó 1.500 dólares, para reemplazar un foco de 15 centavos. Sin lugar a dudas, es importante que el diseño y decoración del interior se incluyan en el proceso de planificación de todo el automóvil y comience tan pronto como esté lista la carrocería.

Foto 1. Lo divertido de armar un hot rod es que uno puede hacer lo que quiera. En verdad, no hay ninguna regla, así que lo que uno disponga está bien. Aquí, el diseñador llamó a su auto "Rosa Negra" y bordó esta hermosa flor en el recubrimiento del techo.

Planificación del interior

Ubicación de los asientos

Tratándose de un proyecto de planificación, la ubicación de los asientos—y de todas las partes interiores— debería comenzar lo antes posible. Sea lo que sea que tenga que hacer para evitar tener que reubicar las partes, el tiempo que dedique a ello será una de las mejores inversiones de su vida. Mucho de lo que se detalla a continuación debe hacerse antes de montar la carrocería sobre el chasis.

El método más antiguo de ubicar los asientos—y el que todavía da mejores resultados— es simplemente por prueba y error. Si ya ha escogido un asiento, tal vez el que venía con el auto o uno del mercado de reposición, como Recaro®, Cerullo®, Glide Engineering, o Tea's Design, introdúzcalo en el auto y comience a hacer los ajustes necesarios. Deje en su lugar los rieles y demás mecanismos de ajuste. Entre en el auto, siéntese y mire a su alrededor. ¿Cuánta altura libre tiene? ¿Dónde queda su codo izquierdo con relación a la puerta? ¿Tiene el cuerpo centrado con la columna de dirección? ¿Tiene espacio para levantar las rodillas sin golpearse contra el volante? Si piensa poner una consola central, ¿hay suficiente espacio? ¿Cuánta visión tiene a través del parabrisas y las ventanillas laterales?

Bien, pero ahora debemos complicarlo todo. Calcule dónde estará el recubrimiento del techo. La distancia podría ser de entre 1 a 3 pulgadas debajo de la armazón. Luego viene el aislamiento térmico y el alfombrado, lo cual, en conjunto, generalmente representa un grosor de más de una pulgada. Estas dos cosas juntas podrían quitar tan sólo 2 pulgadas de altura libre, pero a veces llega a más de 5 pulgadas. Si coloca listones de madera laminada debajo de la base del asiento y pega trozos de cartón al techo con adhesivo de contacto en aerosol, podrá tener una idea casi exacta de dónde quedará ubicado el asiento con respecto al techo y la alfombra.

Si nota que no puede sentarse completamente derecho, entonces habrá que hacer algo con respecto a la ubicación del asiento. En este libro le mostraremos precisamente cómo hacerlo.

Aprenderá varios trucos para colocar el asiento de tal modo que le permita más altura libre. (Puede ganar una pulgada con tan sólo levantar un poquito la parte delantera del asiento y ajustar el respaldo para compensar). Y si una pulgada o dos no son suficientes, después hablaremos de la fabricación de nuevas armazones.

Por último aprenderá a fabricar un asiento de madera laminada y espuma de poliuretano para obtener ese calce perfecto que desea.

Si se decide por esta última opción, consiga un trozo de madera laminada de 5/8 o 3/4 de pulgada y unas 3 pulgadas de espuma de poliuretano y arme un asiento para probar. Ajustando aquí y allá obtendrá una idea bastante acabada de cómo quedará sentado cuando tenga el asiento definitivo.

La ubicación final del asiento debería permitirle sentarse de forma que tenga al menos 2 pulgadas de altura libre. Debe poder accionar los controles con comodidad, el centro del volante debe quedar alineado con el centro de su pecho, y su codo izquierdo debe quedar a unas 9 pulgadas del borde superior del panel de la puerta. Esas 9 pulgadas representan una ubicación arbitraria pero estándar. Considérela como una ubicación estimativa, sobre todo si usted es un poco más bajo o más alto que el promedio de las personas. Cuando haya terminado de leer el capítulo sobre fabricación de asientos, sabrá hacer más ajustes que los que acabamos de mencionar.

Ubicación de los controles

Embrague, freno y regulador de intensidad de las luces

Siendo tapiceros, no vamos a ponernos a discutir acerca de los mecanismos o la

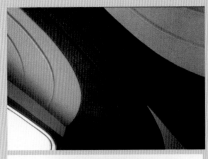

Fotos 2 a 4. Los diseños del recubrimiento del techo se tornan cada vez más intrincados a medida que la imaginación viaja más y más en busca de la originalidad.

Fotos 5 a 7. La manija de la puerta que venía con este Willys quedaba justo debajo del apoyabrazos. Era necesario bajarla unas dos pulgadas. La solución fue poner la manija de un Volkswagen en el centro de la sección plisada.

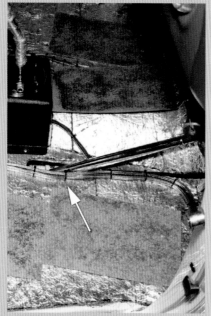

Foto 8. Los cables de este amplificador pasan demasiado cerca del freno de emergencia (flecha). Se puso una lámina atornillada para cubrir los bordes de la alfombra alrededor de la base de la palanca del freno. Si no se reubicaran los cables, los tornillos de esa lámina los perforarían. Incluso sin el problema de los tornillos, los cables rozan el freno: garantía de un futuro corto circuito.

Fotos 9 y 10. A veces es imposible hacer que las cosas se conformen a la comodidad del tapicero. Aquí, el chasis y las barras laterales de este auto de carrera presentan problemas que el especialista debe resolver. El equipo de Ron lo solucionó muy bien.

ingeniería de los pedales del embrague y el freno. Pero sí podemos dar un par de sugerencias y recordatorios para ubicar estas dos partes vitales y aun así poder viajar con comodidad.

La relación entre el asiento y el volante tiene mucho que ver con el acceso a los pedales del embrague y el freno. Si está sentado demasiado cerca del volante, es posible que se golpee la rodilla contra él cuando levante el pie para pisar uno de los pedales. De modo que debe considerarse la profundidad del asiento y la distancia que el asiento puede recorrer sobre los rieles (si los tiene).

En la sección sobre fabricación de asientos mostraremos qué modificaciones hacer para ganar más espacio para las piernas. Si considera que ajustar el asiento no le dará el espacio necesario, piense en cambiar el ángulo del volante o de la columna de éste.

Al colocar el pedal del embrague, tenga en cuenta qué diseño tendrá el panel delantero interior. Muchas veces, a los armadores de autos les gusta poner uno o dos altavoces del equipo de sonido en ese lugar. Si el altavoz tiene mucha profundidad desde el cono al imán, el panel delantero deberá sobresalir del montante de la puerta, lo cual podría interferir con el recorrido del embrague. Si además luego quiere agregar un regulador de luces manual (el que se acciona con el pie), tendrá todo tipo de problemas.

Por eso, colocando el asiento en su lugar con anterioridad, tendrá una buena idea de lo que puede hacer con los paneles, y dónde colocar el embrague, el freno, el regulador de las luces y los altavoces. De esa forma no tendrá la preocupación de verse obligado a buscar una solución provisional más tarde.

Freno de emergencia

He aquí otra de esas cosas con las que puede meterse en problemas. No faltará alguien que diga: "¡Mira qué bien se vería el freno de emergencia aquí en la transmisión!" Sí, quedará perfecto... hasta que su esposa suba al auto y corra el asiento hacia adelante. ¡Entonces el freno quedará inutilizado! A menos

que el freno de emergencia se coloque dentro de una consola, verifique que la ubicación de los asientos no interfiera con su uso. Tal vez sea necesario poner el asiento sobre el chasis del auto (sin la carrocería) y asegurarse de que quede suficiente espacio de desplazamiento para el freno. Si no lo hace, puede que la única solución sea ¡cortar una esquina del asiento!

Manijas de las puertas

La colocación de las manijas de las puertas (y las manivelas de las ventanillas) es una extensión directa del diseño de los paneles de las puertas. A algunos armadores les gusta poner la manija en el apoyabrazos. Otros desearán que esa hermosa manija de aluminio esté completamente visible. Y habrá algunos otros que tal vez opten por un botón en la consola. Usted decide. Lo que importa ahora es que tome esa decisión. Es muy penoso armar el panel de la puerta y encontrarse con que la manivela de la ventanilla choca contra el apoyabrazos.

Se trata de una situación delicada en esta etapa del armado del auto. Presupone tener en mente un diseño completamente terminado. Pero en la mayoría de los casos, no es así. Sin embargo, es necesario que tenga presente que esta decisión (dónde colocar las manijas de las puertas y las manivelas de las ventanillas) debe tomarse antes de empezar el armado del panel de las puertas. Debido a que reubicar la manija de una puerta es un trabajo relativamente sencillo, es posible que se deje para último momento, incluso cuando el panel de la puerta está en las etapas finales de armado.

Pero no es fácil solucionar el problema de la manivela de la ventanilla. ¡Tal vez por eso la mayoría de los armadores de autos hot rod instalan vidrios eléctricos! Colocar un botón es mucho más fácil que reubicar un sistema de ventanillas mecánico. Así que le recomendamos prestar atención a estos dos importantes aspectos de la planificación del interior.

Cableado

A diferencia de los automóviles fabricados en serie, en los que las piezas tapizadas van puestas a presión, los armadores de autos personalizados pegan casi todas las partes del interior con cemento. En las camionetas familiares Ford o Toyota, el recubrimiento del techo se puede retirar en unos treinta minutos y volver a instalarse en otros veinte. En el caso de una coupé del año 1939, nos encontramos con un recubrimiento de una sola pieza que "llegó para quedarse". Si es necesario sacarlo, entonces colocarlo nuevamente es lo mismo que hacer un recubrimiento totalmente nuevo. Lo mismo sucede con el alfombrado y con aproximadamente un tercio de los muchos paneles que conforman un interior personalizado. Por ello, acceder al cableado eléctrico del auto podría convertirse en un trabajo muy costoso, a menos que se hagan algunos planes de antemano.

En segundo lugar, el cableado debe pasar por lugares que sean seguros. Hubo veces en que nos encontramos con que el manojo de cables pasaba justamente por debajo del lugar donde se colocaría el carril del asiento. Más a menudo de lo que quisiéramos, en el momento en que estamos haciendo agujeros para unir los paneles, el taladro va a dar justo dentro de un atado de cables. Si se planifica el interior al mismo tiempo que el resto del armado, todos estos problemas pueden evitarse.

Procure tender los cables por donde pueda acceder a ellos sin tener que romper las partes interiores. Como con el problema del recubrimiento del techo que mencionamos antes, es conveniente instalar un tubo de plástico o cobre para tender el cable del foco. De ese modo, si alguna vez es necesario cambiarlo, simplemente puede sacarlo del tubo y colocar otro en su lugar.

Si su automóvil tiene un conducto por el que pasa el eje de mando, es fácil hacer un pasaje adicional de cartón prensado a través del cual se puedan tender los cables. Entonces se podrá cementar la alfombra, pero aun así el

Foto 11. En la sección de paneles del manual le enseñaremos a hacer este tipo de diseño en sobrerelieve. ¡Queda perfecto!

Foto 12. Agregamos esta foto simplemente porque a Don le pareció que la forma en que el tablero de instrumentos se integra a los paneles de la consola es una de las mejores cosas que ha visto. Qué apariencia tan nítida le da.

Fotos 13 y 14. Aquí hay un roadster que podría considerarse lo más representativo de los autos "tecno". Este es verdaderamente un estilo "duro".

manojo de cables no quedará sellado de por vida. Con un poco de imaginación y planificación previa podrá tener la tranquilidad de que las reparaciones futuras serán lo menos dolorosas posible.

Ubicación de los periféricos

Equipo de sonido

El componente periférico más grande de estos autos es el equipo de sonido; y encontrar una ubicación para todas esas enormes piezas es un reto para el mejor de los planificadores. Con frecuencia, la forma en que esté diseñado y planificado el interior puede realzar el equipo, en vez de convertirlo en una pesadilla para el tapizado. Vea la solución que se encontró en la camioneta de la foto 20, en la página 95, en la cual los altavoces se colocaron detrás de los asientos. Al diseñar los asientos con un original "megáfono", ¡el sonido pasa a través de los lados de los asientos!

Le recomendamos que escoja los componentes con suficiente antelación. Su tamaño generalmente determinará dónde podrán colocarse. Si se han de seguir los procedimientos corrientes, el amplificador tendría que ir debajo del asiento; a menos que éste se coloque directamente sobre el piso para aumentar la altura libre. Así que, nuevamente, es bueno que pruebe cómo quedará el interior mucho antes de montar la carrocería sobre el chasis. No hay modo de que las cosas salgan mal si lo hace. No se limite a tomar unas medidas y decir: "sí, así está bien".

Tomemos como ejemplo que la cinta de medir indica que quedan 3 pulgadas de espacio libre debajo del asiento del pasajero y que el amplificador que usted quiere tiene 2 1/2 pulgadas de altura. Excelente. Compre el amplificador y colóquelo debajo del asiento. A continuación haga que su amigo más corpulento ocupe el asiento, y entonces vea cuánto espacio le queda. Qué bien, el "Gordito" no aplasta el amplificador, y todo sale perfecto. Pero suponga que

espera para comprar el amplificador a último momento, cuando ya está todo terminado. ¿Sabe qué? Lo dejaron de fabricar el mes pasado, y el nuevo mide 3 1/2 pulgadas de alto. Ahora su amigo tendrá que vérselas con este otro "Gordito" debajo del asiento cada vez que viaje con usted.

Los altavoces se pueden colocar casi en cualquier sitio. Le sugerimos que no los coloque en las puertas. No lo decimos porque tenga que ver con la tapicería, sino por el golpe que recibirán cada vez que se cierre la puerta. Cuanto más lejos estén de las bisagras de las puertas, mayor será el impacto que sufran al cerrarlas. Es sólo un pequeño consejo gratis.

Vea la foto número 11 de la página 58 y note la ubicación de los altavoces en el techo de ese Willys y cómo quedó terminado en la página 77. Esa fue una solución interesante, aunque un poquito arriesgada. Antes discutimos el tema del cableado debajo del recubrimiento del techo y la posibilidad de tener que cambiarlo. ¿Qué pasa si se descompone uno de estos altavoces? Cambiarlo será un gran problema.

Si los altavoces que usted quiere son demasiado profundos como para incorporarlos a un panel lateral o trasero, no se rinda. ¿Qué tal si hace un panel cuyo diseño incluya el altavoz como punto principal? Más adelante, el manual muestra cómo hacer todo tipo de superficies curvas en paneles planos. Haga resaltar el altavoz. Por ejemplo, puede armar el panel alrededor de él, dándole la apariencia de un meteoro que va cayendo y despidiendo llamaradas.

Planificar no tiene por qué obligarlo a renunciar a las cosas que desea. Más bien, le permite obtener lo que quiere sin necesidad de pagar el precio de tener que despedazar algo más adelante.

Luces

El tema de las luces puede ser tan sencillo como determinar dónde poner el foco del techo o la luz de cortesía, o tan complicado como instalar luces decorativas de neón o fibra óptica. En el último caso se necesita mucha planificación.

El mercado de reposición ofrece una variedad tan grande de luces de techo y de cortesía, que no requiere mayor planificación. Sin embargo, nuevamente hay que tener en cuenta los problemas de cableado y accesibilidad. Algunas luces de cortesía halógenas se calientan muchísimo. Evite ponerlas en los paneles traseros demasiado cerca del asiento. Don lo hizo una vez, y derritió el revestimiento de vinilo del asiento. Nada divertido.

Esto también aplica a las luces decorativas que se ponen debajo de faldillas sobre el techo. Asegúrese de que las luces decorativas sean de muy poco voltaje, y recuerde que la tela se chamusca a la misma temperatura que el vinilo comienza a derretirse.

Si piensa usar luces decorativas de neón o fibra óptica en el auto, le recomendamos que contrate un experto en ese campo como parte del proceso de planificación. Esta gente a veces es difícil de encontrar, pero el trabajo que hacen compensará el esfuerzo, ya que lo librará de muchos problemas. La mejor ayuda, y la menos costosa, la encontrará en los representantes de las fábricas.

Después de escoger y comprar los productos que quiera usar, busque el número de llamada gratis (800) en el paquete, por el que ofrecen asistencia técnica. Entonces llame y pregunte dónde puede encontrar al representante más cercano. Esa persona generalmente irá a su hogar sin cargo y lo ayudará con la instalación.

Conclusión

Demasiado a menudo al tapicero le queda la tarea de resolver problemas que nunca deberían haber surgido. Si usted mismo es el tapicero, seguramente estará de acuerdo. Si es el diseñador del auto, está en sus manos ahorrarle mucho tiempo (y dinero) al tapicero mediante planificar el interior junto con la parte mecánica y eléctrica. De esa forma, el futuro automóvil funcionará como una unidad, no en partes. Si le deja todo al tapicero, se notará enseguida que algunos elementos del interior debieron ser diseñados o modificados posteriormente.

Diseño del interior

Como dice Ron: "Lo más importante en la tarea de diseñar un rod es mantener un tema general básico en todo el auto". Esto significa que hay que concentrarse en un tema general y abarcador –como los que mencionamos en el siguiente párrafo— y luego hacer que todo el trabajo gire en torno a ese concepto. En resumidas cuentas: evite mezclar los estilos. Sería lo mismo que ponerse shorts con una chaqueta de vestir. Así de simple.

Los temas llevan diferentes nombres entre los diversos grupos de aficionados a los hot rods, pero para la mayoría son familiares los términos "retro", "period" o "nostalgia" como conceptos de diseño de los años 40 y 50. Son autos que imitan los conceptos de estilo que eran populares en esos años.

El interior de esos autos se hacía por lo general en cuero o vinilo. Casi no se usaban telas. De los muchos vinilos, la marca Naugahyde® de Uniroyal se ha convertido en sinónimo de la palabra vinilo. A los interiores de Naugahyde y de otros vinilos se los llamaba afectuosamente "pliegues y rollos" o "plisado y arrollado", haciendo referencia a los pliegues que se rellenaban a mano con algodón (la espuma de poliuretano no existió siempre, le recordamos) y los grandes bordes delanteros de los asientos, que a veces recibían el nombre de "rosquillas francesas".

En el otro extremo de la comunidad de los hot rods están los autos "tecno". Se trata de autos que incorporan todo estilo imaginable de carrocería y todos los accesorios modernos que el mercado de reposición haya podido concebir. Los interiores de estos automóviles se denominan de apariencia "dura" o "suave". Dichos estilos generalmente incorporan cuero, vinilo, tweed y velour (aunque el velour parece estar perdiendo algo de popularidad).

El estilo "suave" puede definirse como "arrugado". Sin embargo, las arrugas deben estar en los lugares correctos. Una arruga hecha involuntariamente revela mano de obra de baja calidad. El estilo suave intenta replicar dentro del auto el mismo

Fotos 15 a 17. Vea cómo el estilo "duro" del hot rod "tecno" de arriba contrasta con la combinación de "duro" y "suave" del Mercury del 49. Uno tiene la impresión de que los asientos podrían usarse en la sala de una casa. Note cómo fluye el diseño del interior, con curvas que unen la consola central al tablero de instrumentos y se extiende hasta abarcar las puertas. Es realmente un interior espléndido.

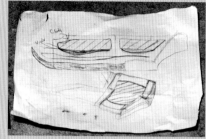

Foto 18. Esta pareja, que está planificando su nuevo interior, trajo una muestra de los colores de la pintura que piensan usar. Ron los llevó a la luz del día para mirar los libros de muestras. Jamás escoja el color de las telas bajo luces fluorescentes. Hay una gran diferencia de color entre lo que se ve bajo la luz artificial y la luz natural del día. Las lámparas de vapor de mercurio de algunos estacionamientos hacen que algunos materiales y colores se vean completamente diferentes.

Fotos 19 y 20. Uno de los autos que usamos como proyectos en este libro es una coupé Ford del 57. Aquí se ven los bosquejos originales que el dueño trajo al taller y cómo quedaron los paneles.

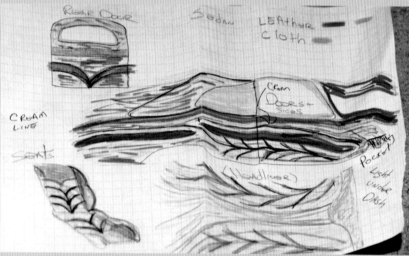

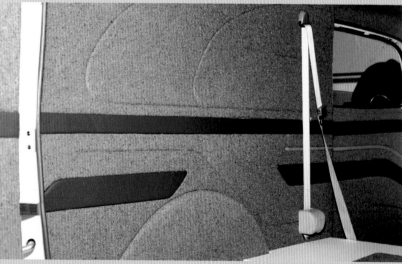

Fotos 21 y 22. Otro bosquejo de un cliente y los resultados. Puede notar los cambios que se hicieron para pasar de la idea a la realización de ésta. Siempre se pueden hacer modificaciones sobre la marcha, con tal que usted esté de acuerdo con desviarse del diseño original.

aspecto que confiere el sofá de cuero a la sala de su hogar.

Sin embargo, la designación del estilo "duro" es un poco desacertada, ya que el diseño sí es de aspecto escultural y cincelado, pero aun así los materiales son suaves y mullidos. Son las superficies divididas en paneles, que le dan un aspecto acanalado, y con sobrerelieves que se combinan para hacer que el interior del auto parezca haber sido esculpido de un bloque sólido.

En la actualidad, estos dos estilos se ven cada vez más combinados. Vea el Mercury del 49 en las fotos 15 a 17. Allí los dos estilos se combinan armoniosamente, produciendo un interior maravilloso.

Concepción del diseño

Para poder diseñar el interior de sus automóviles, la mayoría de las personas asisten a decenas de exposiciones, salidas grupales y reuniones de aficionados, donde ven todo tipo de interiores: buenos, malos y horribles. Toman cientos de fotografías y las guardan para cuando llegue el momento de crear su propio diseño. El proceso generalmente comienza con el concepto: "Vaya, mi próximo auto va a ser un 'retro', incluso con un motor 'flathead' y neumáticos con franjas blancas". Es ahí cuando el diseño empieza a definirse. "¡Mañana mismo vendo esta porquería y mando armar algo con aire acondicionado, espacio para las piernas y un equipo de sonido que pueda oír! Bueno, he aquí una idea bastante acabada de lo que ella quiere y, por lo tanto, cuáles serán los aspectos básicos del interior de su auto.

A continuación hay que decidir qué accesorios quiere y cuánto puede pagar por ellos.

Prepárese para recibir un fuerte impacto cuando le digan el precio del cuero. El cuero requiere mucho trabajo manual en el proceso de preparación para la venta. Una gran cantidad de esa valiosa piel vacuna termina en el piso del taller de corte. Recuerde: la vaca no es cuadrada. De modo que su cuero tampoco lo es. Aun así, el comprador debe pagar por cada centímetro de ese cuero, lo cual incluye los trozos inservibles del cuello, las patas y la cola. Después, siempre hay muescas, tajos y zonas deterioradas, producto de peleas, alambres de púas, cactus y arbustos espinosos. Todo eso debe solucionarse, a costa de muchas horas de trabajo y la pérdida de varios trozos de ese costosísimo cuero. Así que, desde el comienzo, recuerde que el cuero es todo un lujo y que deberá pagar un precio acorde.

El vinilo se inventó para reemplazar el cuero. La primera "imitación" del cuero era apenas un poco mejor que el hule. Era una tela a la que se le añadía una capa fina de un derivado del petróleo y se le daba la textura del cuero. Se trataba de la famosa cuerina, que parecía el avance técnico más importante en materia de comodidades desde el pan en rebanadas. Lamentablemente, tendía a autodestruirse en cuestión de meses. En aquellos tiempos los padres dejaban a sus hijos en el auto sin supervisión. Entonces, para entretenerse, el niño o niña se ponía a desprender la película plástica de la tela, afanándose por llegar a trozos sanos cada vez más grandes.

En la década del 50 se inventaron el vinilo y los polímeros, y así el "cuero artificial" se hizo una realidad. De todas formas, los rayos ultravioletas podían seguir haciendo lo mismo que hacían antes los niños sin supervisión, aunque eso también se superó en los años 60 con el aumento de protección UV. En la actualidad, la industria del vinilo puede producir un material que el ojo y la mano inexpertos no pueden distinguir del cuero. Un vinilo de muy buena calidad y excelente al tacto es la nueva marca Mellowhide®. Si no lo encuentra en su zona, llame a uno de los proveedores de nuestra lista.

Tanto en vinilo como en cuero hay una variedad aparentemente infinita de colores disponibles. Y si no puede hallar el tono exacto que necesita, ahora ambos se pueden teñir y llegar a cualquier color que se imagine. Este tema se trata más adelante en el manual, comenzando en la página 184.

Debido a esta gran variedad de colores, ahora también se puede combinar el vinilo o cuero con el mismo color y tonalidad de tweed. Aproximadamente el 95% de los interiores del estilo "tecno" combina estos dos materiales. También en este caso, puede encontrar proveedores de estos materiales en nuestra lista si no hay en su zona.

Ahora que ya decidió el tema de su automóvil, asistió a decenas de reuniones y miró y fotografió innumerables interiores, es hora de tomar los lápices de colores de los niños y poner manos a la obra. No es necesario que sea un gran artista, ni siquiera un buen artista. Basta con que comience a hacer un bosquejo con las ideas que le vayan surgiendo en cuanto a cómo quiere que sea su auto. Más adelante le mostraremos cómo hacer realidad esos bosquejos. Mientras tanto, mire las fotos 19 a 22 en la página 12, observe los bosquejos, y vea cómo quedaron los interiores.

Resumen

El aspecto más importante del proceso de diseño de un interior es mantener algún tipo de tema que se relacione con un período o estilo. Seguramente querrá que su hot rod de estilo "nostalgia" tenga justamente ese aire nostálgico y luzca como si hubiese sido fabricado "allá en aquel entonces". Su hot rod "tecno", lujoso y de gran rendimiento, debería dar esa apariencia escultural y decir: "¡he aquí un verdadero estilo 'tecno'!"

Foto 23. Este Ford "retro" del 49 se ve como si acabase de salir de un taller en la década del 50. Ron está particularmente orgulloso de este auto. Lo encargó Billy Gibbons del grupo musical ZZ Top.

Foto 24. Este propietario incorpora su inicial en el diseño.

Fotos 25 y 26. El que armó este auto quiere hacer alarde del logotipo de su Pontiac...o el característico del Chevy.

2 • Fabricación de moldes

Foto 1. Juanito, el integrante más joven del equipo, hará un molde para el panel de la puerta para nuestra coupé Willys del '41. Comienza con un gran trozo de cartón, adherido provisoriamente con cemento a la puerta. Esto lo mantiene fijo en su lugar mientras Juanito marca algunos de los contornos alrededor de la moldura de la ventanilla.

Fotos 2 y 3. Con un poco más de cemento, el cartón se mantendrá bien sujeto a la puerta. Al hacerlo, permita que el cemento se seque bien antes de hacer que ambas piezas entren en contacto. Si el cemento está húmedo al poner en contacto ambas piezas y luego les permite secarse juntas, al jalar del cartón para quitarlo, la mayor parte del cemento permanecerá en la puerta. Aplique poco cemento y déjelo secar bien antes de permitir que las dos piezas entren en contacto.

Es práctica frecuente en la industria de la fabricación de los autos personalizados y los llamados "street rods" llevar el automóvil al taller solamente con la carrocería. Se han retirado—o quizás nunca llegaron a existir—todos los paneles, las terminaciones, cubiertas, asientos, parabrisas y luces traseras en el caso de un automóvil que se construye de cero. Se espera que usted, el especialista en personalización de interiores, haga todo lo que irá en el automóvil como las terminaciones o el tapizado.

Como especialista en personalización de interiores de autos familiares o como aficionado, usted está acostumbrado a tener algo que luego cubrirá con algún material. Ahora usted tiene que tener ese "algo" antes que nada. Antes, si usted tenía que reemplazar el panel de una puerta o un panel delantero interior, usted contaba con uno averiado desde donde partir o un panel izquierdo que copiaría para transformarlo en un panel derecho. Pero aquí no tiene ningún panel.

Para empezar desde cero, como en el caso del panel de una puerta, la alfombra para los pedales, el panel para la cajuela o maletero, o cualquier otro, debe primero hacer un molde de la zona sobre la cual desea colocar el panel. Este capítulo le muestra los pasos sencillos para lograrlo.

Vamos a aprender cómo hacer el molde de un panel que rellena un espacio abierto. Ello incluye los paneles de las puertas, los paneles delanteros interiores, los paneles laterales traseros y cualquier otro panel que se tapizará antes de instalarlo. Podemos nombrar varios paneles que se recubren después de instalarlos, pero nos referiremos a ellos más adelante. El panel más importante que se hace en el taller de personalización de automóviles es el panel de la puerta. Por lo tanto, comencemos nuestra descripción aquí mismo.

Fabricación del molde para el panel de una puerta

Nuestra primera demostración será realizar el molde del panel de la puerta del conductor sobre una hermosa coupé Willys del '41. Nuestro guía para esta demostración será Juanito, quien se especializa en la creación de moldes para el taller. Juanito primero selecciona una pieza completa de cartón prensado (chipboard) y presiona uno de los extremos de la misma para que quede por debajo de la moldura de la ventanilla. Luego dibuja el contorno de la moldura de la ventanilla con un lápiz y recorta el orillo que queda por debajo de la moldura. A esta altura el corte que acaba de realizar es simplemente una aproximación, porque Juanito sabe que deberá retocarlo más tarde. Con el cartón correctamente ubicado, Juanito lo adhiere con pegamento en su sitio. Debido a que lo adherirá en forma provisoria, solamente requiere de una pequeña cantidad de adhesivo.

Una vez que quedó asegurado el cartón prensado, Juanito comienza a seleccionar las áreas que serán minuciosamente definidas. Nuestra ilustración lo muestra marcando una zona alrededor del pasador de la puerta. Luego se desplaza hacia arriba hasta la moldura de la ventanilla donde retocará la línea que ya realizó. Los siguientes pasos son los más importantes a la hora de hacer el molde, por tanto deberán seguirse al pie de la letra.

Juanito recorta un trozo suelto de cartón formando una línea bien recta. Aplica una medida completa de adhesivo a la pieza que sirve de molde y al trozo de cartón. Luego presiona el borde derecho del trozo de cartón contra el borde derecho de la moldura de la ventanilla y presiona el trozo de cartón para que quede fijo en su sitio. Ahora ya posee un borde exacto que más adelante será trasladado a un trozo de fibra para dar lugar al panel de la puerta terminado.

Esta es la lección fundamental de este capítulo. Para hacer cualquier tipo de molde para un panel, se comienza por asegurar bien un gran trozo de cartón prensado en la zona deseada.

Foto 4. Juanito acaba de marcar el corte para la traba de la puerta. Aquí hay una buena demostración de la facilidad con que se corta y se trabaja en este lugar. En el caso del cartón, si uno recorta demasiado, simplemente adhiere con cemento una nueva pieza en el lugar y vuelve a cortar. Si usted hubiera estado utilizando fibra (de madera o Masonite®) habría arruinado toda la pieza.

Foto 5. El corte inicial que efectuó Juanito alrededor de la moldura fue un corte aproximado. Ahora lo va a retocar con un trozo suelto de cartón que irá bien ajustado contra el borde inferior de la moldura de la ventanilla. Esto se adhiere con cemento en el propio lugar.

Foto 6. Aquí tenemos un primer plano del momento de adivinar o estimar el contorno de la moldura de la ventanilla que queda por debajo de la pieza de cartón. Juanito la cortará y la ajustará hasta que le quede perfecta. Luego, tal como hizo antes, la adherirá con cemento en el propio lugar.

Foto 7. La misma pieza deberá servir también para el borde anterior de la puerta.

Foto 8. Todo ajusta bien y está adherido. Ahora tenemos un calce perfecto alrededor de la moldura de la ventanilla.

Foto 9. Juanito ahora se concentra en la parte inferior del panel. Adhirió con cemento una segunda pieza, cerciorándose de que la parte inferior del molde esté perfectamente alineada con el borde inferior de la puerta. Cabe destacar las aproximadamente 2 pulgadas de espacio sobrante que quedan en el borde anterior de la puerta y obsérvese la forma en que Juanito trabaja en las fotografías siguientes.

Foto 10. Otro trozo recto de cartón bordea el frente anterior de la puerta. Juanito luego recortará el cartón que se encuentra por debajo del borde anterior. Ello le dará una amplia superficie donde colocar el cemento y contribuirá a la solidez del molde.

Foto 11. El panel quedó completamente colocado. Juanito vuelve a verificar que ajuste bien.

Foto 12. Luego de asegurarse que ajuste perfectamente, Juanito extiende el molde sobre una pieza de fibra de 1/8 de pulgada, marca el contorno del molde y corta el panel. Volteando el molde podrá cortar un panel para la puerta del acompañante. El molde se marcará como un molde para el panel de la puerta de un Willys del '41 y se guardará para usarse en el futuro, en caso de que se nos presente otro Willys en el taller.

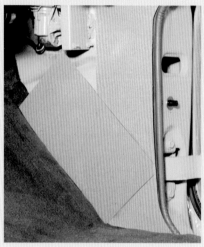

Foto 13. Ya estamos casi listos con la creación de un panel delantero interior para un Ford del '57. El panel de la puerta y los paneles laterales traseros fueron hechos utilizando la técnica que se describe para el Willys. Aquí establecimos un borde anterior alrededor del burlete y comenzamos a hacer el molde extendiendo una pieza a lo largo del borde de la alfombra. Si no se hubiera colocado la alfombra, tendríamos que haber dejado espacio para ésta, de lo contrario el panel terminado habría quedado demasiado grande.

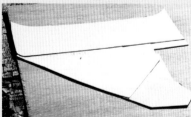

Foto 14. Aquí se extiende el molde del panel completo para marcarlo y cortarlo. Se utilizaron seis piezas de cartón para hacer este molde.

Luego se agregan trozos sueltos de cartón alrededor de los bordes hasta que se logre la forma exacta del panel. Estas son las nociones básicas para hacer cualquier molde. Pero ahora volvamos con Juanito y veamos cómo termina su molde.

Para lograr la línea básica de la curva en el ángulo trasero de la moldura, Juanito intenta estimar o adivinar dónde está la línea y procede a marcarla con el lápiz. Recorta el sobrante y trata de hacerla encajar en su lugar. Tendrá que recortar el sobrante dos o tres veces antes de que quede listo. Luego lo adherirá en su sitio utilizando pegamento.

Continuará trabajando de esta manera a lo largo de toda la moldura. Si esta curva no fuera tan cerrada, quizás de un radio de 10 pulgadas, podría colocar tiras rectas y pequeñas alrededor del borde y adherirlas con pegamento. Pero con un radio tan angosto, las tiras rectas presentarían demasiados ángulos. Para terminar la parte superior del panel Juanito repite todo el proceso anterior en el otro extremo de la moldura.

En la foto 9 lo vemos moviendo la parte inferior del panel. Ya adhirió otra pieza en su lugar y ahora está verificando que calce bien en la parte inferior. Si trabaja con cuidado, el borde del cartón quedará alineado con la parte inferior de la puerta. Juanito trabaja con sumo cuidado y logra una buena alineación. Sin embargo, cuando lo observa detenidamente ve que el cartón no llega hasta el montante del borde de la puerta.

Para que el molde tenga el tamaño y la forma correctos en esta zona, Juanito vuelve a recortar trozos sueltos de cartón y los adhiere con pegamento al cuerpo principal del molde. Se cerciora de que el borde del cartón quede alineado con el borde de la puerta. Nuevamente, realiza el mismo proceso para el borde delantero de la puerta. Foto 10.

Repasemos ahora las instrucciones básicas una vez más. Comenzamos con una gran pieza de cartón que sea algo más pequeña que la zona que vamos a recortar. Luego adherimos con pegamento pequeños trozos sueltos alrededor del borde, alineando el borde del trozo que agregamos con el borde de la pieza que estamos formando. El resultado será una copia exacta de la zona en cuestión.

Si desea ver cómo quedó finalmente el panel de la puerta, observe la foto 42 de la página 30. ¿Acaso podría haber quedado mejor?

Fabricación de un molde para un panel delantero interior

Un panel delantero interior es muy similar al panel de una puerta; gran parte del primero contiene ángulos rectos con una o dos curvas. Nuestra rápida demostración se hará con el panel delantero interior para el lado del acompañante de una coupé Ford del '57. El primer paso fue hacer una pieza que encajara bien alrededor del burlete. Nuevamente, Juanito se fabricó su molde.

Usted advertirá en la fotografía que Juanito hizo coincidir las curvas adivinando su forma y recortándoles el sobrante. Si Juanito no fuera tan habilidoso, habría tenido que adherir con pegamento un trozo grande a lo largo del burlete para luego ajustar las zonas redondeadas con trozos sueltos de cartón. Pero incluso en los talleres donde se realizan trabajos personalizados la velocidad es importante y se contrata a los artesanos por su capacidad de realizar el trabajo rápidamente.

El borde anterior del panel delantero se define adhiriendo con pegamento un trozo rectangular a la pieza que define el borde del burlete. No hay más curvas, por tanto Juanito puede simplemente adherir los trozos rectos de cartón suelto alrededor del perímetro del panel para así lograr la forma deseada. Al igual que antes, el molde se traslada a un trozo de fibra y se fabrica un nuevo panel delantero interior.

Moldes de paneles personalizados

A lo largo de este manual aparecerá en varias oportunidades el trabajo que realizamos en nuestro Willys del '41. De

Foto 15. Si calzara mejor…El panel que Ron está usando aquí fue comprado en una "liquidación por incendio". Es un panel interior de caoba con un acabado vinílico. Probablemente había sido originalmente utilizado en una cocina o en un baño. Se adapta perfecto a todos los tipos de usos en automóviles.

Foto 16. En la parte trasera de nuestro Willys, el cliente instaló un gran sistema de sonido estéreo con todos sus componentes. Debemos hacer un panel grande para cubrir toda la parte trasera del auto. Juanito, al igual que antes, comienza con una lámina entera de cartón prensado. Aquí está cortando el espacio correspondiente al altavoz. Ahora hará un corte aproximado, y luego lo retocará.

Foto 17. Aquí tenemos un primer plano donde vemos a Juanito marcando sus próximos cortes. También se puede ver cuán aproximados son los cortes en realidad, pues tal como se mencionó anteriormente, los retocará más adelante.

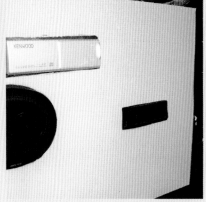

Foto 18. Aquí tenemos el corte terminado alrededor de este componente.

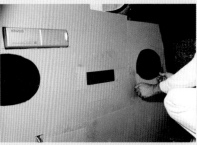

Foto 19. Juanito terminó de lograr el ancho del panel. Se necesitaron alrededor de 12 láminas de cartón prensado. Ahora comienza a suavizar los bordes alrededor de los componentes. A esto le llamamos retocar el molde.

Foto 20. Aquí tenemos el molde totalmente retocado. Nótese que hay varias piezas que forman un conjunto para lograr un producto terminado. Luce espantoso, pero calza perfecto.

Foto 21. Un calce perfecto crea un panel perfecto. No sólo son exactos todos los cortes alrededor de los componentes, sino que se deberán notar los cortes alrededor de la caja de la batería y el túnel de transmisión. Estos también se encuentran dentro del límite de tolerancia. Consulte la página 50, fotos 19 y 20, para ver cómo luce con el tapizado colocado.

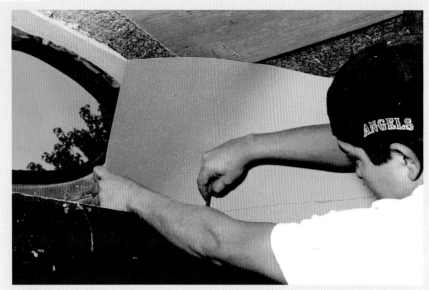

Foto 22. Ahora Juanito debe hacer un molde para una curva compuesta, de forma tal que se ajuste a este panel lateral entre la ventanilla trasera y la traba de la puerta. Ello será parte de la base para el recubrimiento del techo de una sola pieza, un truco que también aprenderá en los próximos capítulos. Comienza, al igual que antes, realizando una serie de marcas aproximadas.

Fotos 23 y 24. Juanito hace el molde para un molde. Eligió usar una pieza de cartón más pequeña para lograr el contorno del borde de la ventanilla trasera.

hecho, lo seguiremos hasta que quede terminado. El sistema de sonido fue instalado por detrás de los asientos y fue montado sobre una plancha grande de madera laminada de media pulgada. El cliente desea que se cubra toda la zona con un solo panel. Veamos cómo trabaja Juanito.

Comienza con una única lámina de cartón prensado y realiza un agujero para el parlante y la reproductora de CDs. Adviértase que no intenta hacer que coincidan los bordes alrededor de estos elementos. Eso lo dejará para más tarde. Al agregarle otra lámina de cartón, cubre toda la parte trasera del automóvil.

En las fotos se puede ver que comienza a pegar los trozos sueltos de cartón alrededor de las áreas recortadas para hacer que la pieza coincida cómodamente alrededor de los componentes. Por ahora no luce pulcro ni terminado. Eso no importa. Lo que sí importa es que todo encaje bien y que las curvas sean homogéneas. En la fotografía final se puede ver el panel terminado. Encajó bien de primera; no fue necesario realizar ningún ajuste. ¿Por qué? Porque todas las etapas de pruebas y errores se hicieron sobre el molde y no sobre el producto terminado.

Paneles de curvas compuestas

Una de las grandes ventajas de este estilo de fabricar moldes por aproximación es que usted puede lograr que una pieza plana encaje en una curva compuesta. Veamos cómo Juanito maneja este problema en la zona del recubrimiento del techo del Willys.

El especialista va a necesitar un panel que encaje en la zona entre la ventanilla trasera y el montante de la puerta. Este panel se fijará con pegamento y grapas. Más tarde lo cubrirá con plástico y formará parte del recubrimiento del techo. Sin embargo, debe ser una pieza lisa que no tenga ningún quiebre ni grietas.

En el caso de cualquier otro panel, Juanito comienza con una pieza principal grande sobre la cual trabajará. Realiza un ajuste aproximado de los bordes alrededor de la ventanilla trasera.

Esto es luego seguido de un corte en forma de medialuna en la zona donde se encuentra el radio más pequeño. En esta página podrá ver cómo se rellena esta zona.

Cuando la pieza del cuerpo principal queda fija, Juanito comienza a agregar las piezas como lo hizo antes. Sin embargo, ahora se crea una curva compuesta en vez de una superficie curva o una superficie plana simple. Una vez que todo queda bien, Juanito retira el molde y lo traslada a la fibra impermeable (un panel a prueba de agua). Debido a que se convertirá en parte de la base del recubrimiento del techo, Juanito lo fija en su lugar mediante pegamento y grapas.

Si usted alguna vez intentó hacer este tipo de molde con un trozo de vinilo, sujetándolo en su lugar y recortándole la forma, ¡le encantará este proceso tan simple!

Fabricación de moldes a partir de tapizados viejos

Pese a que este tema se trató a fondo en el manual de tapicería automotriz *Automotive Upholstery Handbook*, creo que corresponde hacer una breve reseña. A menudo, como especialistas en personalización de interiores, nos resulta más fácil utilizar la vieja cubierta para un molde antes que tratar de hacerlo coincidir con el panel o el asiento viejo. Sin embargo, lo importante es que no incorporemos a la nueva cubierta ningún error o desperfecto del tapizado anterior.

Para utilizar una cubierta vieja para el molde comenzaremos por marcar cada pieza (como, por ejemplo: pliegue inferior, pliegue superior, frente anterior, frente posterior, y todas las demás). Como recordarán, luego marcamos cada panel con tiza, lápiz o lapicera con las iniciales de la pieza que le corresponde, como PI, PS, FA, FP. De esta forma luego podrá recordar fácilmente cuál pieza corresponde a cuál.

Con una hoja de afeitar, tijeras o un cuchillo bien afilado, corte las piezas separándolas por la costura. Nunca

Foto 25. La forma de la ventanilla trasera quedó bien definida y fue agregada al trozo del molde principal.

Foto 26. Nótese la parte superior del molde y compárese con la foto anterior. La parte superior fue cortada para hacer lugar al contorno del techo. Asimismo, se agregaron otras tres piezas de cartón. Para lograr la forma de la puerta, Juanito marcará el cartón desde el reverso. El panel superior que se ve aquí y en las fotos anteriores comenzó como un molde. Fue hecho igual que nuestra primera demostración del panel de la puerta.

Foto 27. El trozo de material negro que Juanito está marcando según el molde es una fibra a prueba de agua. En el taller la llamamos simplemente fibra impermeable. Se utiliza en los casos en que hay poco desgaste. Hace años, desde comienzos de la década de 1930 hasta la de 1950, se utilizaba para confeccionar todo tipo de paneles, tanto los que eran originales de fábrica como los usados. La gran ventaja que ofrecía en ese momento era la ductilidad que presenta al coserlo. La desventaja era que en realidad no era muy impermeable. Luego de una serie de exposiciones a la humedad, se arqueaba, y mucho. Hoy en día todavía lo cosemos, pero nuestros pegamentos son tan buenos que rara vez tenemos que hacerlo.

Foto 28. Aquí tenemos nuestro panel impermeable ya pegado y engrapado en su lugar. Será un gran apoyo para nuestro revestimiento del techo. Cuando lleguemos al capítulo del revestimiento del techo, verá de qué manera tan interesante "rellenamos los espacios en blanco".

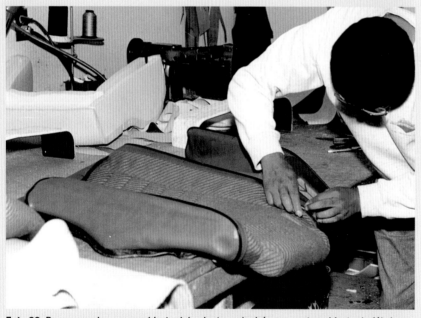

Foto 29. Pese a que la nueva cubierta del asiento no lucirá como esta cubierta de fábrica, Pete puede usarla como parte de su molde. Con una hoja de afeitar comienza a retirar las vistas del vinílico de los centros del material. Antes de terminar la cubierta tendrá todas sus partes listas para usarse como moldes.

Foto 30. Este molde está a punto de ser desechado. Es el centro del asiento de una motocicleta. Pese a que está casi destruida, Pete cuenta con suficiente material para utilizar en su molde. Se ahorra mucho tiempo cuando se puede hacer esto, pues siempre se cumple aquello de que el tiempo es oro.

recorte el borde sobrante. Aquí es donde se ubican las "marcas testigo" y las necesitará para realinear cada pieza. Es más, después de que haya abierto la costura con cuidado y separado las piezas, vuelva a marcar cada una de las marcas testigo. Esto lo hacemos cortando muescas más grandes sobre las anteriores, o simplemente marque con tiza el lugar donde se encuentra la muesca.

Ahora las piezas que usted cortó pueden usarse como moldes. En las fotografías 30 y 31 verá a Pete usando grandes piezas de aluminio cilíndricas que utiliza para sujetar sus moldes. Podrá utilizar estos cilindros o pesas de plomo, cinta adhesiva protectora, grapas, broches a presión o lo que se le ocurra para sujetar el molde en su lugar. Luego de marcar el contorno del molde, recuerde ubicar las marcas testigo. Cerciórese de que haya dejado suficiente espacio para el borde sobrante de la costura.

Luego de cortar la nueva pieza todavía hay una serie de cosas que deberá hacer para asegurarse de que logrará un buen ajuste. Extienda la nueva pieza sobre el asiento o el panel de la zona de la cual proviene. Si es una vista lateral, colóquela sobre el lado de la vista correspondiente. Ahora verifique que ajuste bien en esta zona. Quizás la tenga que recortar un poquito, o si no logró estirar bien la pieza original, quizás su pieza haya quedado demasiado pequeña. Si la cosió de esta forma, no logrará un buen ajuste y lucirá desaliñada. Por tanto, si la pieza es demasiado pequeña, o si de alguna manera no calza bien, fabrique una nueva pieza.

Otro punto de ajuste a verificar será si los dos lados de la nueva pieza son iguales, en caso de que corresponda. En nuestras últimas dos fotografías, Pete está trabajando con el asiento de una motocicleta. Los dos lados del asiento deben ser iguales. Por lo tanto, cada pieza que Pete corte deberá doblarse por la mitad para asegurarse de que cada lado tenga la misma forma. Si no tienen la misma forma, deberá recortarse un poco de cada lado para lograr que coincidan perfectamente. Nunca tratamos de cortar más de 3/8 de pulgada de cada lado para lograr que coincidan. Si usted llegara a ver que necesita recortar más de 1/2 pulgada, considere la posibilidad de hacer otra pieza que coincida mejor antes de recortarla. Si los dos lados del panel son iguales, entonces tendrá una cubierta que calzará bien al coserle todas las piezas.

Resumen

No hay nada más intimidante que enfrentarse a la carrocería de un automóvil totalmente vacía y ante la cual el propietario espera obtener un interior digno de recibir un premio si usted no tiene idea de por dónde comenzar. Deberá comenzar haciendo los moldes para el trabajo que realizará. Es mucho más económico y fácil usar el cartón prensado que intentar cortar un panel Masonite® o uno de madera para que se ajuste a ese pequeño espacio. Si comienza con un gran trozo de cartón en el centro (o alineado contra uno de los bordes) y luego adhiere con cemento los trozos más pequeños de forma que queden alineados con los demás bordes, tendrá un molde de ajuste garantizado. Usted puede hacer moldes para los paneles de las puertas, los paneles delanteros interiores, los paneles de la cajuela o maletero y los paneles laterales traseros. Puede hacer moldes para aquellos lugares donde normalmente no habría paneles. Incluso puede hacer moldes para las curvas compuestas. Demostraremos esta técnica más adelante cuando comencemos a hacer los paneles frontales o de cobertura.

En los próximos capítulos veremos cómo hacer moldes para el recubrimiento del techo, techos convertibles, cómo hacer asientos desde cero y todo tipo de trucos interesantes para lograr que todo coincida en forma perfecta y sencilla.

No se olvide de que puede hacer moldes a partir de cubiertas viejas. Tan sólo cerciórese de trabajar con total precisión, fijándose bien dónde están sus marcas testigo. Asegúrese de dejar una distancia adecuada para la costura, y que la pieza terminada encaje bien en la zona que deberá cubrir.

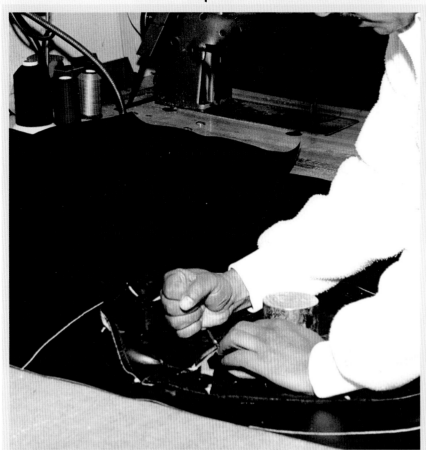

Foto 31. He aquí un truco interesante. Para trasladar una marca desde un molde a cualquier pieza, haga una gran marca de tiza en el reverso del molde. Luego, con la mano (el puño en este caso), golpee fuerte sobre el molde. La línea de tiza en la parte inferior del molde se pasará a la pieza del cuerpo. Pete hizo esto para ubicar algunas de las líneas de costura.

Asientos bajos (de cubeta) de un Ford de 1932 de dos plazas descapotable con paneles con terminaciones rectas en las puertas. De cuero, ¡por supuesto!

A primera vista, usted podría pensar que este capítulo está un poco fuera de lugar y que primero debería venir el armado de los paneles de las puertas y los paneles laterales traseros. Por supuesto, suena lógico. Primero se hace el panel de la puerta y después el apoyabrazos, que luego se incorpora al panel. Pero cuando se trata de interiores personalizados, las cosas no siempre funcionan así.

A menudo el apoyabrazos es una parte integral del diseño del panel de la puerta. Y a veces incluso es la base de ese diseño. Entonces, dada la importancia que tiene, pensamos que es mejor mostrar cómo se hace.

Después, en el capítulo siguiente, cuando expliquemos cómo se fabrica el panel de la puerta, mostraremos la incorporación del apoyabrazos en el diseño. En el campo de la tapicería personalizada el concepto del diseño es casi siempre lo más importante. Y por eso es tan fascinante.

Diseño del apoyabrazos

Como recomendamos anteriormente, es bueno que el cliente tenga ya el concepto del diseño cuando llegue al taller. A menudo será más que un concepto; podría tratarse de un plan de acción integral. A falta de un plan completo, usted, como especialista, puede ayudar al cliente con algunas ideas respecto al diseño. Lo primero es hacer algo práctico.

La ubicación estándar del apoyabrazos es unas 9 pulgadas debajo del borde donde comienza la ventanilla y aproximadamente un tercio del panel desde el borde del marco de la puerta. Esto, por supuesto, aplica a personas de tamaño "promedio" y a un automóvil "estándar". Si se trata de un cliente bastante más bajo o más alto que el promedio o un auto cuya

Foto 1. Por lo general mostramos el producto terminado al final. Pero esta vez queremos que sepa cómo se verá antes de comenzar a trabajar en él. Así entenderá hacia dónde nos encaminamos.

Foto 2. A partir del diseño del cliente, George Torres hizo un modelo para la base de la armazón del apoyabrazos. Unió con grapas dos trozos de fibra para poder cortar ambas bases al mismo tiempo. Estos apoyabrazos son para los paneles laterales traseros. Los paneles delanteros de las puertas tienen un forma bastante diferente. Si los cuatro apoyabrazos fueran iguales, por supuesto, George los cortaría todos al mismo tiempo.

puerta parezca haber sido tomada de una limosina Bugatti de 1930, evidentemente tendrá que adaptar la ubicación del apoyabrazos.

Generalmente, esto se logra haciendo que el cliente se siente en el auto o algo que represente el asiento, bien situado con respecto a donde el asiento real terminado estará, y luego colocando el apoyabrazos directamente debajo de su codo izquierdo. Si el dueño del auto y su pareja son de tamaño muy dispar, asegúrese de calcular una ubicación promedio que quede cómoda para ambos.

Lo segundo que hay que tomar en cuenta es la ubicación de la manija interior de la puerta. Tal vez desee incorporarla al apoyabrazos. En ese caso, se puede acceder a la manija desde arriba o abajo. Generalmente, si es desde abajo, el especialista en personalización de interiores intentará diseñar el apoyabrazos de modo que la manija no quede visible. Pero eso es casi imposible cuando está situada arriba. Recuerde, sin embargo, como discutimos en el primer capítulo, que si no quiere la manija en el apoyabrazos, se puede reubicar.

Ya que este apoyabrazos se armará desde cero, a excepción de las restricciones que presente la ubicación, cualquier otra idea que tenga usted o el cliente se puede poner en práctica a partir de las siguientes instrucciones. Así que puede dejar volar la imaginación. Piense en un diseño que distinga su auto de los demás. Mire las fotos de este libro, a ver si hay ideas que pueda incorporar. Puede que las telas o los colores le sugieran nuevas ideas. Por ejemplo, considere la posibilidad de diseñar el apoyabrazos de forma que continúe la curva del tablero de instrumentos, o hasta puede seguir el motivo del respaldo del asiento. Las únicas limitaciones son las de su imaginación. El resto se lo haremos fácil mostrándole cómo se fabrica.

Una vez que tenga el diseño en mente, dibújelo en un papel. Si le es difícil dibujar, utilice papel cuadriculado, el cual está dividido en cuadrículas del mismo tamaño, cada una de las cuales puede representar determinada dimensión. Por ejemplo, si un cuadrado del papel es equivalente

Foto 3. En el taller de Ron utilizan una sierra caladora para cortar todos los moldes. También se puede usar una sierra sin fin o una sierra de vaivén. Si se decide por una sierra caladora, utilice una cuchilla de dientes finos para que no deje muchas astillas.

Foto 4. George hasta lija ambos trozos a la misma vez para que los dos tengan la misma forma una vez terminados.

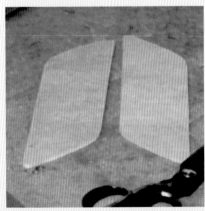

Foto 5. Y aquí está el resultado de lo que George acaba de hacer. Con sólo voltear uno de los trozos, se ve que es una forma idéntica a la inversa. No se olvide de marcar las piezas para saber cuál es la de la puerta derecha e izquierda. ¡Si se olvida podría terminar con dos apoyabrazos idénticos!

Foto 6. George pasa a hacer un modelo para la pieza superior. Lo coloca de modo que la base sobresalga aproximadamente 1 pulgada. Este espacio será necesario a la hora de colocar el cartón y la espuma.

Fotos 7 y 8. Nuevamente, George troquela la madera laminada para las piezas superiores. Note los dos tornillos que sostienen la madera a la mesa de trabajo y los dos trozos juntos. Es un método muy útil para que nada se mueva.

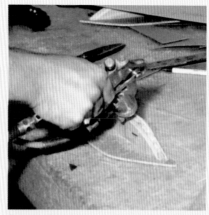

Foto 14. George comienza el proceso de dar forma al apoyabrazos con cartón prensado. Primero aplica cemento tanto el cartón como a la armazón del apoyabrazos.

Fotos 9 y 10. Es difícil verlo en estas fotografías, pero asegúrese de dejar un espacio de 1/4 de pulgada entre el borde superior de la base y la pieza superior del apoyabrazos, donde se apoya el codo. Así habrá lugar para la espuma de 1/4 de pulgada que colocará. Luego pegue y engrape los dos trozos.

Foto 11. Fíjese en el ángulo que George está dando a la pieza superior con la lijadora. Eso permitirá que el cartón pueda colocarse bien y haya suficiente superficie para pegarlo.

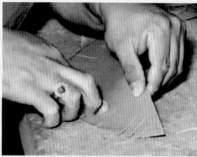

Fotos 12 y 13. He aquí unas buenas fotos de las armazones del apoyabrazos terminadas. Las dos zonas de especial interés son el bicelado de las piezas superiores y el retalo de 1/4 de pulgada para permitir el revestimiento de espuma sobre la pieza superior del apoyabrazos.

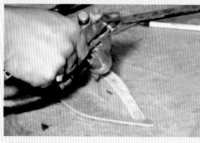

Fotos 15 a 18. Coloque con cuidado el cartón sobre la armazón, alineándolo y centrándolo bien, y luego presione los bordes. Presione el cartón sobre la base, pegando bien aproximadamente 1 pulgada sobre la superficie todo en derredor.

a una pulgada, un panel lateral de 35 por 29 pulgadas se podría dibujar abarcando 35 cuadrados a lo ancho y 29 de altura. De ese modo su dibujo será proporcionalmente de la misma forma que el panel de la puerta.

En ese bosquejo puede dibujar la forma del apoyabrazos (y otros aspectos del diseño que desee). Basta con contar los cuadrados para saber el tamaño del apoyabrazos. Por ejemplo, si en el dibujo tiene 13 cuadrados de largo por 5 de alto, el apoyabrazos terminado tendrá también 13 pulgadas de largo por 5 de alto. Pero suponga que decide que una pulgada sea el equivalente de dos cuadrados. Entonces los 13 cuadrados representarán 6 1/2 pulgadas y los otros 5 serán 2 1/2 pulgadas. ¡Si se lo hacemos más fácil, entonces ya no necesitará un manual! Ahora veamos cómo se fabrica el apoyabrazos.

Fabricación de la armazón

La base y la pieza superior

Siempre se empieza por la base, tal como la construcción de una casa se comienza por los cimientos. En el taller de Ron utilizan paneles de madera laminada de 1/8 o 5/32 de pulgada. Algunos talleres prefieren usar Masonite. Si decide utilizar esta marca de madera, verifique que sea la clase no templada, que es sumamente fuerte, y esa fortaleza es un problema en este caso, ya que es muy difícil atravesarla con un grapa. A excepción de las grapas más cortas, todas se tuercen, y en este proyecto se estarán usando grapas de 1/2 pulgada de largo.

Pase el dibujo de la base a la lámina de fibra o a un trozo de cartón prensado (chipboard).

El cartón prensado es muy bueno para esto porque se puede recortar, colocarlo en la puerta y así verificar que quede bien. Si no le gusta cómo se ve, puede tirarlo y empezar de nuevo. Sólo habrá perdido unos centavos y segundos. Si comete un error sobre la fibra, podría perder varios dólares y minutos. Así que para hacer pruebas siempre utilizamos cartón.

Cuando haya logrado un buen modelo de la base, o si por ser muy sencillo lo hizo directamente sobre la fibra, márquela y troquele dos piezas. Troquelar es cortar dos o más trozos a la misma vez. De ese modo, las dos piezas serán idénticas. Por lo general, bastará con dos o tres grapas para mantener juntas las láminas mientras las corta. Luego lije bien los bordes. Lije sólo lo necesario para quitar las astillas y alisar el contorno, de modo que no queden protuberancias o rebordes. Si el auto tiene apoyabrazos en los asientos traseros, también haga las bases en este momento. Ahora pasaremos a la pieza superior, donde se apoya el brazo.

Fíjese en las fotos que la pieza superior del apoyabrazos es considerablemente más corta que la base y está hecha con madera laminada de 1/2 pulgada. También puede utilizar madera de fibra de densidad media (MDF), pero es algo costosa. Nunca utilice madera aglomerada, ya que no resistirá el uso que se da al apoyabrazos. La madera de fibra es un producto muy diferente, de gran resistencia.

La forma de la pieza superior es muy importante para que el apoyabrazos terminado quede bien. Vea la forma y ubicación de la pieza superior en las fotos 12 y 13 de la página 24. Esa es la forma estándar que Ron le da a todos los apoyabrazos que hace. Note que el largo es aproximadamente 1 pulgada más corto que la parte superior de la base. Normalmente los hacemos de 3 pulgadas de ancho como mínimo (no es recomendable que el ancho máximo de un apoyabrazos grande sobrepase las 4 pulgadas). El apoyabrazos de la foto 25, página 26, tiene una pieza superior casi tan larga como la base. Pero en muchos casos la base es mucho más larga que la pieza superior. Esto se puede ver en el apoyabrazos del Willys del 41, en la foto 24. Note, sin embargo, que la forma es la misma: se une a la base formando una curva, tal como el de la demostración.

Esa unión es importante. El único caso en que no se une de ese modo la pieza superior a la base es cuando el frente del apoyabrazos sigue haciendo una curva hasta llegar al tablero de instrumentos. En ese caso, el frente toma la misma forma y diseño de la parte del tablero al cual se integra.

Al igual que con la base, troquele

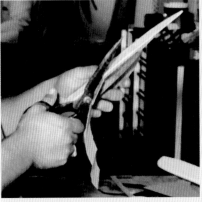
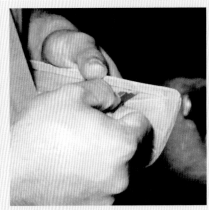

Fotos 19 y 20. Con una tijera y una hoja de afeitar, recorte el cartón sobrante.

Foto 21. La armazón se completa con dos capas de cartón.

Foto 22. George utiliza el mango de la tijera para definir bien la curva presionando alrededor de la parte inferior del cartón.

Fotos 23 y 24. A fin de dar una textura suave al cartón y empalmarlo con los bordes de la base y de la pieza superior, debe lijar todo el exceso de cartón. Empalme los bordes con la madera para obtener un diseño suave, que fluya con gracia. Luego redondee todos los bordes. Observe con detenimiento el producto terminado para ver cómo George hace que el cartón fluya hacia la base de madera lijándolo hasta empalmarlo con los bordes.

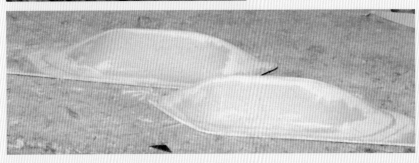

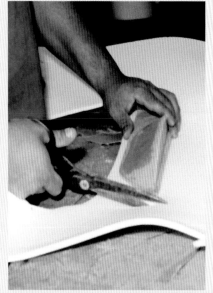

Foto 28. ¡Buen trabajo, George! Se libró de esas dos arrugas y ahora está redondeando los bordes de la espuma. Nuevamente utiliza un disco de lijar para este trabajo.

Fotos 25 y 26. Tome una plancha de espuma de celdas cerradas de 1/4 de pulgada y corte un trozo un poco más grande que el área a cubrir. No olvide raspar la superficie de la espuma, a fin de quitar la membrana para que el cemento pueda adherirse firmemente.

Foto 29. El cuero es bastante costoso. George revisa los retazos buscando un trozo que sea del tamaño de la pieza.

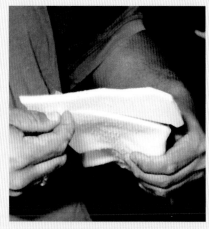

Foto 27. Recorte toda la espuma que quede. Note las dos arrugas que quedaron en la base de George. Deberá deshacerlas antes de terminar el recubrimiento.

Foto 30. Pegando un extremo del cuero a la mesa de trabajo, se puede manipular bien. Así podrá extender el cuero a lo largo del apoyabrazos, de manera que quede bien firme y liso.

la pieza superior del apoyabrazos para tener dos trozos idénticos, pero opuestos. Cortar dos o más piezas de una sola vez ahorra mucho tiempo, pero sobre todo garantiza que ambos lados sean idénticos. El próximo paso es pegar y ajustar la pieza superior a la base.

Pegado de piezas

Pegar estas dos piezas es bastante sencillo. Sin embargo, debemos hacer hincapié en un punto. Antes de tapizarlo, el apoyabrazos será recubierto de espuma de células cerradas, de la que se usa debajo de una capota de vinilo. Le recomendamos que utilice espuma de 1/4 de pulgada para la fabricación del apoyabrazos. Esto requerirá que la pieza superior del apoyabrazos se coloque a una distancia de 1/4 de pulgada del borde superior de la base. Más tarde, la espuma se empalmará con la parte superior de la base, y cuando la recubra, esa parte formará una hermosa línea recta bien delineada.

Mida 1/4 de pulgada desde el borde superior de la base y trace una línea del mismo largo de ésta. Aplique una línea delgada de pegamento de carpintero justo debajo de la línea. (La mayoría utiliza la marca de resina alifática Elmer's Carpenter's Wood Glue®). Presione la pieza superior contra el pegamento, ajustándola sobre la línea que trazó, dejando una distancia 1/4 de pulgada desde el borde. Con una pistola grapadora, ponga unas doce grapas de 1/2 pulgada a lo largo de la base para sujetar la pieza superior. Cuando se seque el pegamento (en aproximadamente una hora), la unión quedará lo suficientemente fuerte como para continuar con el trabajo. El pegamento alcanza su fortaleza máxima de un día para el otro.

Formas

Ahora pasaremos a crear esa hermosa forma de lágrima que se ve en las fotos del producto terminado. Se hace con ese producto milagroso: el cartón prensado (chipboard). No entiendo cómo se las arreglaban antes de que existiera. Bueno, en realidad lo sé; allá en los años 40 mi padre habría tallado el apoyabrazo directamente de la madera. Habría hecho la forma primero con una sierra sin fin y la habría acabado con una lijadora. Además de todo el trabajo que llevaría, hay que imaginar lo difícil que habría sido hacer dos piezas exactamente iguales. ¡Vayan nuestras más sinceras gracias al inventor del cartón prensado!

El borde expuesto de la pieza superior se debe lijar formando un ángulo que siga una línea recta desde dicho borde a la parte inferior de la base. Observe la ilustración de la izquierda para ver una descripción clara del ángulo. Aunque este ángulo no es de importancia capital, trate de que le quede lo mejor posible. Cuanto más exacto sea, más superficie tendrá para cementar. Y, por supuesto, cuanto más superficie de la pieza se cemente, más fuerte será. Cualquier tipo de lijadora de disco de alta velocidad servirá. También usamos la popular lijadora de banda de 1 pulgada y de tres poleas pero las de disco son las mejores en este caso. Cuando tenga un borde apropiado, estará listo para poner el cartón.

En la página 28 hay una ilustración de la forma en que debe cortar un trozo de cartón. Corte dos para cada apoyabrazos. El semicírculo con cortes en los bordes servirá para adaptar el cartón alrededor de la pieza superior y la base. Coloque los dos semicírculos sobre la mesa de trabajo y póngales una capa ligera de adhesivo de contacto en aerosol. Esta es una sustancia a base de caucho, no es lo mismo que el pegamento de carpintero. Aplique otra capa fina en el borde biselado de la pieza superior y a la parte interna de la base. Tome uno de los trozos de cartón y coloque el extremo recto sobre el borde biselado de la pieza superior, alineándolo bien y luego centrándolo. Ponga el extremo inferior del cartón sobre el borde inferior de la base. Comenzando desde el centro, presione el cartón sobre la base, pegando aproximadamente 1 pulgada sobre la superficie todo en derredor.

A medida que trabaja (desde el centro), presione el borde superior del cartón contra el borde de la pieza de madera laminada. No va a poder

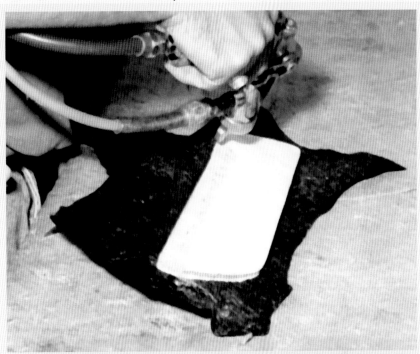

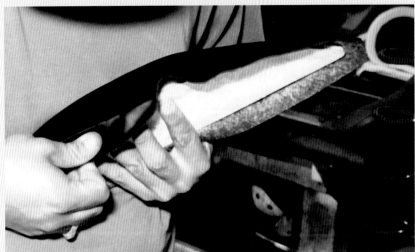

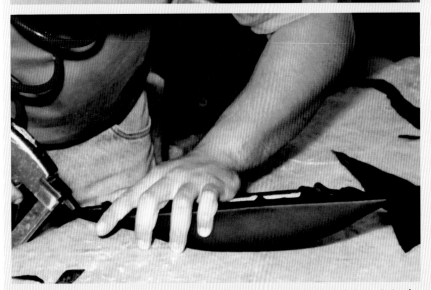

Fotos 31 a 33. Aunque igual va a engrapar el cuero a la parte posterior de la base, lo hará más rápido si usa cemento. Estando seco, puede levantar el material fácilmente. Luego, cuando haya quedado bien, puede fijarlo con grapas.

Foto 34. Asegúrese de recortar el exceso de material. La base debe quedar bien ajustada al panel de la puerta cuando se instale.

Fotos 35 y 36. Y aquí está el producto terminado. Mire que perfecto luce todo. George ha hecho un gran trabajo.

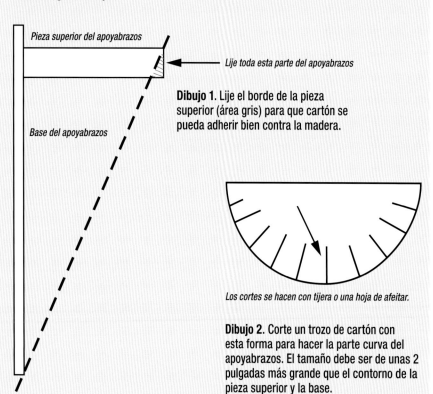

Pieza superior del apoyabrazos

Lije toda esta parte del apoyabrazos

Dibujo 1. Lije el borde de la pieza superior (área gris) para que cartón se pueda adherir bien contra la madera.

Base del apoyabrazos

Los cortes se hacen con tijera o una hoja de afeitar.

Dibujo 2. Corte un trozo de cartón con esta forma para hacer la parte curva del apoyabrazos. El tamaño debe ser de unas 2 pulgadas más grande que el contorno de la pieza superior y la base.

mantener alineados el borde del cartón con el de la madera laminada, ya que el cartón se deslizará sobre la pieza superior. De modo que más tarde habrá que recortar lo que sobre. A continuación se debe cementar todos los bordes alrededor.

Con un instrumento sin filo, como el mango de la tijera, presione el borde del cartón donde hace contacto con la base y defina bien ese borde. Por último, con una tijera y una hoja de afeitar, recorte el cartón sobrante. El último paso de esta sección es pegar la segunda capa de cartón.

El segundo trozo de cartón ya tiene una capa de adhesivo, así que ahora rocíe también el trozo que acaba de pegar al apoyabrazos (base y pieza superior). Coloque el segundo trozo sobre el primero de la misma forma que hizo antes, defina bien los bordes y recorte el sobrante. Asegúrese de que todo esté bien sellado y que los bordes estén parejos. Lo último de esta fase de armado es biselar los bordes del cartón con una lijadora de disco.

Biselado de los bordes

Queremos que todos los bordes del apoyabrazos queden redondeados y fluyan con suavidad sobre la armazón. Con un lijadora que tenga un disco de 2 1/2 a 3 pulgadas y de grano 80, comience a lijar los bordes del cartón. La idea es afinar los bordes— especialmente de las zonas planas— de modo que el cartón disminuya gradualmente desde su grosor original de dos capas hasta prácticamente nada en los extremos y a lo largo de la parte inferior. Luego hay que redondear los bordes de la pieza superior y de la base. Cuando termine, toda la pieza debería fluir suavemente y tener los bordes bien redondeados, sin protuberancias o rebordes.

Esto requiere un poco de práctica y cierto toque de talento artístico. Hay que recordar que se trata de esculpir una pieza, convirtiendo un bloque tosco en un cuerpo dúctil y suave que recubrirá con cuero, vinilo o tela. Compare su trabajo con el de George, que se ve en la foto 24 en la página 25.

Recubrimiento con espuma

La espuma de células cerradas, a la cual nos referiremos en esta sección simplemente como espuma, tiene una membrana muy delgada que la cubre. Dicha membrana permite que el cemento se adhiera muy bien. Pero tiende a separarse fácilmente del resto de la espuma. Por ello, será necesario quitarla antes de aplicar el cemento.

En su taller, Ron y su equipo guardan los discos viejos de las lijadoras, que están demasiado gastados y no sirven para lijar madera o metal. Estos son los que se usan para desgastar la membrana de la espuma. Mediante esta operación se quita la mayor parte de la membrana. Lo poco que queda no es suficiente como para causar problemas.

Corte un trozo de espuma, colóquela sobre la mesa de trabajo y pase una lija grano 80 (o un disco usado) suavemente por toda la superficie de la espuma. Notará que aparecen como unos rasguños sobre la superficie. Bien, toda la superficie debe quedar con esos rasguños. Donde sea que haya rasguños, esa zona ya habrá quedado sin membrana. Este es un paso importante; si lo omite, la espuma seguramente se desprenderá de la armazón del apoyabrazos. Al terminar de lijar completamente un lado de la espuma, ya quedará lista para aplicar el cemento.

Aplique una capa fina de adhesivo de contacto en aerosol sobre la parte lijada de la espuma y otra sobre la pieza superior y el frente del apoyabrazos (no en la parte de atrás). Deje que se seque el cemento. Sabrá que el cemento está seco cuando ya no se sienta pegajoso al tacto. Una manera mejor aun de hacer la prueba es presionando un trozo de papel Kraft sobre la superficie. El papel marrón de las bolsas de supermercado también sirve perfectamente. Si puede retirar el trozo de papel fácilmente, el cemento está seco.

Coloque la espuma, centrándola sobre el apoyabrazos, y empiece a trabajarla con cuidado, moldeando la espuma contra la superficie. Dado que es un trabajo sobre curvas compuestas,

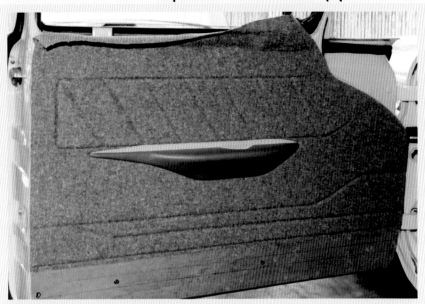

Foto 37. Este es el apoyabrazos con el corte del tirador. La franja de color claro que se ve detrás no es parte del apoyabrazos, sino una pieza separada.

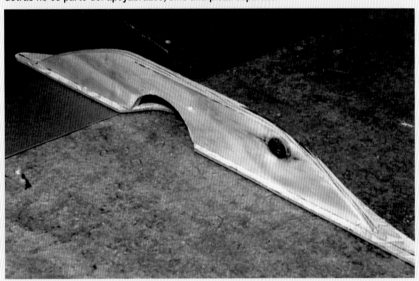

Foto 38. Aunque este apoyabrazos es mucho más grande que el de la demostración, el trabajo comienza de la misma forma. Aquí, sin embargo, sirve para mostrar el corte del tirador. Son dos formas en medialuna puestas juntas, lo cual se convertirá en nuestro tirador.

Foto 39. Para rellenar la cavidad, corte un círculo de cartón de 4 pulgadas (más grande si es necesario) y hágale cortes hasta tocar la madera. Luego doble las pestañas contra el cemento. Nuevamente, lije los bordes con una lijadora de disco hasta empalmarlos con la madera.

Foto 40. Para este apoyabrazos, George ha revestido la zona del tirador con espuma. Compárelo con el del Willys, al que no se le puso espuma.

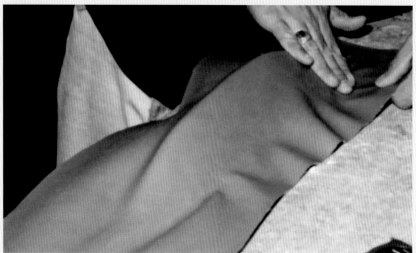

Foto 41. Esta es otra demostración de cómo recubrir el apoyabrazos. George comenzó por cementar un extremo del vinilo a la mesa de trabajo y luego estirar el material y colocarlo firmemente sobre el apoyabrazos. Trabaja las arrugas del material estirándolo hacia abajo y hacia los bordes, donde desaparecen.

Foto 42. Y este es nuestro ejemplo final. Para obtener este tipo de arco tan armonioso es necesario curvar la pieza superior para que se integre a la base.

la espuma tenderá a arrugarse. No lo permita; estirando la espuma generalmente se logra eliminar las arrugas. Si dejó secar bien el cemento, podrá levantar la espuma después de colocarla, si no la ha presionado con demasiada fuerza. Siga moldeado la espuma contra el apoyabrazos hasta que lo cubra completamente de forma uniforme y lisa. A continuación presione la espuma con fuerza contra la madera y el cartón. Este es un paso importante; habiendo dejado secar el cemento, se necesitará un poco de presión para que quede bien agarrado.

Con una hoja de afeitar, quite todo el exceso de material. Asegúrese de que la espuma se empalme bien con el borde de 1/4 de pulgada que dejó al pegar la pieza superior a la base. Ahora debe lijar todo nuevamente, quitando la membrana, como hizo anteriormente. Lije todos los bordes hasta que queden redondeados. Puede ser que en algunas partes haya arrugas diminutas que son inevitables. Líjelas hasta que queden parejas con el resto de la superficie. Una vez que haya lijado todo, ya estará listo para recubrirlo. En nuestra demostración usaremos cuero negro para el tapizado.

Tapizado de los apoyabrazos

Nuevamente, aplique cemento a la superficie entera del apoyabrazos y al reverso del material con el que vaya a tapizar. Si va a usar vinilo o tela, el material debe colocarse en el sentido del hilo (el sentido en el que se estira) cubriendo el largo del apoyabrazos. Como de costumbre, asegúrese de cubrir todo con una capa fina de cemento, y déjelo secar. Ahora bien, a continuación le presentamos uno de esos trucos por los que compró el libro.

Coloque el apoyabrazos boca arriba sobre la mesa de trabajo. Centre el material sobre él. Luego pegue un extremo del material a la mesa de trabajo (vea la página 41). Así podrá estirarlo bien, a medida que lo coloca sobre el apoyabrazos. Esta forma de estiramiento hace que el material se curve y se adapte suavemente cubriendo todo el apoyabrazos sin formar arrugas.

Extienda el material desde un extremo sobre el apoyabrazos a medida que lo estira, y presiónelo firmemente contra la pieza. Levante todo de la mesa de trabajo y trabaje las partes restantes de modo que queden suaves y lisas. En dos o tres minutos podrá tener todo el material alrededor del apoyabrazos, como si estuviera pintado.[1] Si coloca el largo del material (hacia donde estira) alrededor del apoyabrazos y no a lo largo, estará luchando con él durante media hora. Así que asegúrese de que el sentido del hilo del material vaya a lo largo del apoyabrazos.

Luego voltee el apoyabrazos y rocíelo con una capa de cemento en la parte posterior, cubriendo de 1 a 2 pulgadas del perímetro. Cuando esté seco, estire el material, envolviendo la base con él, y presione contra el cemento. Recuerde estirar bien el material. Sin embargo, no lo estire tan fuerte que forme muescas en los bordes. Cuando todo esté cementado y en su lugar, fije los bordes alrededor de la parte posterior con grapas de 1/8 de pulgada. Ponga especial atención a las esquinas, que es donde se suelta con más facilidad. Recorte el material sobrante, y ya tendrá un apoyabrazos terminado.

Detalles adicionales

Fabricación de un tirador

No todos los apoyabrazos serán tan sencillos como el que acabamos de demostrar. Hay diseños más complejos que incluyen una cavidad que permite colocar los dedos para jalar la puerta y cerrarla. Muchos tenemos uno en la camioneta familiar. Para demostrar este accesorio, hemos escogido el apoyabrazos de una coupé Ford de 1957. Acompañe a George Torres mientras fabrica este tipo de apoyabrazos. (Vea las fotos 38 y 39 de la página 29).

El trabajo comienza cortando un trozo en forma de medialuna en la base, de modo que coincida directamente con el centro de la pieza superior. Debe tener un tamaño de unas 3 a 3 1/2 pulgadas de ancho por 2 de profundidad. Luego debe cortarse una medialuna igual en el borde central de

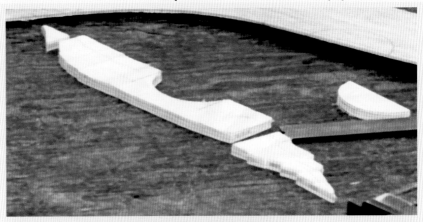

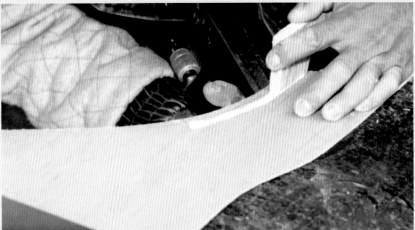

Fotos 43 y 44. Frank corta primero una pieza superior, igual que hicimos en los dos primeros ejemplos. Luego corta los extremos en rebanadas de 3/4 de pulgada. Y después de numerarlos, para mantenerlos en su orden, los pega y los fija con grapas en su lugar. Al hacer esto, asegúrese de dejar un espacio de 1/4 de pulgada entre el borde de la base y la pieza superior.

Foto 45. Aquí tenemos una foto de la pieza superior terminada unida a la base. Vea que delicada forma de "S" hace la curva.

[1] Como dato histórico, esta es la misma forma en se revestían las canoas de lona. La armazón de la canoa se fijaba a otra estructura en el medio del piso. Un extremo de la lona se sujetaba bien y el otro se agarraba a un guinche. Con el guinche, se estiraba la lona rodeando la canoa.

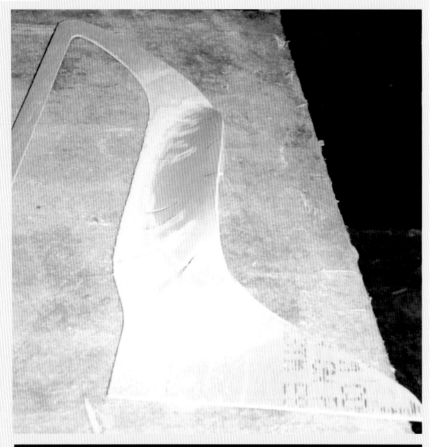

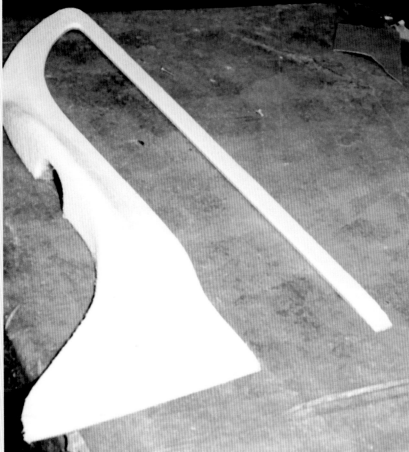

Fotos 46 y 47. Estas dos fotos muestran la continuación del proceso. Primero se pone cartón, se empareja y se lija. Por último, se cubre con espuma, igual que el anterior.

la pieza superior. La base y la pieza superior se pegan una con la otra como ya hicimos, con los dos cortes en medialuna alineados. Se lija la armazón, se moldea con cartón, y se vuelve a lijar. ¿Pero qué hay del corte del tirador?

Se rellena de la siguiente manera: Corte un círculo de cartón de unas 4 pulgadas de diámetro. Cemente el reverso de éste y un franja de unas 2 pulgadas en el apoyabrazos, todo alrededor del corte. Sin arrugar el cartón, coloque el círculo dentro del corte y presione, dándole forma de "U". Con una tijera o una hoja de afeitar, haga cortes en los bordes del cartón que sobresale, de aproximadamente 3/4 de pulgada, hasta tocar la madera. Dóblelos como pestañas y presiónelos firmemente contra el cemento.

Nuevamente, afine estas pestañas lijándolas hasta empalmar sus bordes con la madera de la armazón. A continuación puede seguir con el proceso de revestir con espuma y tapizar el apoyabrazos. Observe las fotografías de las páginas 29 a 32 para ver cómo George termina este trabajo.

Fabricación de una pieza superior con curvas

Cuando el taller comenzó a trabajar en el Willys del 41, el apoyabrazos fue el tema de partida del diseño (como se discutió al principio de este capítulo). Al mirar atentamente el producto finalizado, notará que la pieza superior del apoyabrazos sigue la curva de la base haciendo una "S" muy abierta. Observemos cómo Frank llegó a esta forma.

Mirando la fotos, seguro que ya habrá descubierto qué fácil es lograr esta curva. Después de cortar la pieza superior, igual que en el caso anterior, Frank pasa a rebanar las primeras y últimas 4 pulgadas en trozos de aproximadamente 3/4 de pulgada. Estos trozos se numeran del 1 al 12 (en nuestro ejemplo; usted puede tener menos o más). Con este procedimiento no se desordenan los trozos. Entonces, al pegar y engrapar la pieza superior a la base, los trozos irán formando la curva. ¡Vaya ingenio!

En cuanto al resto del apoyabrazos, se termina como el anterior; no cambia más nada. El resto se completa con dos capas de cartón prensado, un poco de espuma, y cuero para el tapizado.

A esconder la cola

Si usted trabaja en este rubro desde hace tiempo, una de las cosas que probablemente lo vuelve loco (como nos ha ocurrido a nosotros) es hacer las terminaciones alrededor de un radio extremadamente pequeño. Generalmente lo terminamos frunciendo y le agregamos unas pocas grapas pequeñas y luego tratamos de aplanarlo. He aquí un truco fabuloso que Ron descubrió para terminar ese radio y agregar ese extremo tan pequeño al panel al mismo tiempo.

En vez de tratar de envolver el material alrededor del extremo de un panel en punta, deje que cuelgue el material. Perfore un orificio de 1/8 de pulgada en el panel de la puerta, justo debajo de donde irá el panel adicional. Enhebre el extremo que pasó a través de este orificio y engrápelo al reverso del panel principal. Esto termina el radio y fija firmemente el extremo del panel agregado al cuerpo del panel. Ingenioso, ¿verdad?

Resumen

Se supone que ahora fabricar un apoyabrazos ya no es un misterio tan grande como antes. Aplicando las técnicas que mencionamos, se puede hacer un apoyabrazos del tipo y forma que se le ocurra. El reto es aplicar estas técnicas a otras ideas. Deje volar la imaginación. ¿Cómo podría utilizar otros productos para crear más formas y hacerlas más interesantes? ¿Tiene que ser el apoyabrazos sólo del tamaño suficiente como para poder apoyar el codo? ¿Qué pasaría si abarcara todo el ancho de la puerta? Lo emocionante de la tapicería personalizada es desarrollar nuevos métodos para solucionar viejos problemas.

A esconder la cola

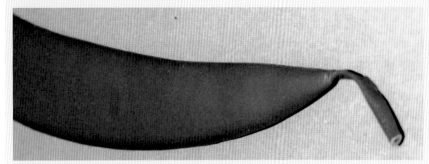

Este simpático truco se hace desde el panel anterior de un panel del 32. El panel que se ve en la foto será insertado dentro del panel de la puerta. Nótese la pequeña "cola" que sobresale de un sitio donde normalmente se la envolvería alrededor del panel para darle una terminación. Si alguna vez intentó terminar un panel de este tipo, sabrá lo difícil que es lograr que todo el material quede por debajo y bien sujeto. Inténtelo la próxima vez. Enrolle el último tramo del material formando una pequeña cola y adhiéralo con cemento.

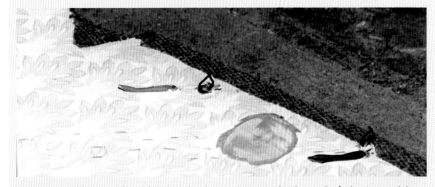

Perfore un orificio de 1/8 o 3/16 de pulgada exactamente donde quedará el extremo del panel decorativo sobre el panel de la puerta. Coloque el panel decorativo sobre el panel de la puerta de la forma habitual y pase la coleta a través del orificio. Jale bien fuerte y engrápela en la parte trasera.

El panel terminado no delata en absoluto lo que se ha hecho. Nótese el panel decorativo extremadamente delgado por encima de su par de mayor tamaño. En realidad, este panel tenía menos de 3/4 de pulgada de ancho.

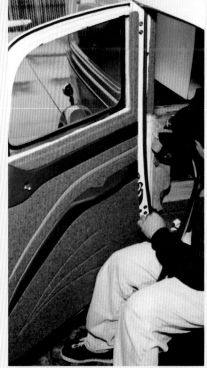

Nos pareció que le gustaría ver el panel completo. Indudablemente, llama la atención.

En los capítulos anteriores usted aprendió a hacer un molde y luego utilizó esos conocimientos para fabricar un apoyabrazos. Ahora ampliaremos nuestros conocimientos y aprenderemos a fabricar el panel de la puerta (utilizando el molde) y luego le colocaremos el apoyabrazos. Quizás sea útil volver al capítulo 2 y repasar cómo se hace el molde del panel de la puerta, de forma tal de partir desde allí.

Ajuste del panel de la puerta

Usted hizo el molde para la puerta, lo engrapó a un trozo de fibra o Masonite y lo cortó. Ahora debe asegurarse de que calce bien y que la puerta se pueda cerrar. El cierre de la puerta con el panel adosado es un punto donde es probable que el especialista en personalización de interiores cometa algún error. La persona hace el panel, lo cubre y lo coloca en la puerta, ¡pero ahora resulta que la puerta no cierra! El panel es demasiado grande. Para evitar esto, recorte el panel de la puerta primero, en vez de volver atrás y quitar la cubierta para recortarlo hasta que calce bien.

En nuestras ilustraciones hacemos una demostración con dos paneles de puertas; uno de una coupé Ford de 1957 que presentamos antes, y el otro es el del Willys del 41. Después de que Juanito hizo el molde para el Willys, lo trasladó a la fibra y cortó el panel de la puerta.

Coloque el panel cortado en forma aproximada sobre la puerta en la posición en que calce mejor. Perfórelo de cada lado e inserte un tornillo para sujetarlo en su lugar. En esta posición se puede ver dónde hay un sobrante. En las fotografías el panel choca contra la moldura de la ventana. Lo que no se ve es que no calza bien a lo largo del lado de las bisagras. Será muy fácil ver dónde no calza bien. Todo lo que hay que hacer es marcar el área que deberá

Foto 1. Para lograr un ajuste perfecto, Juanito debe primero sujetar el panel de la puerta a la puerta. Y para ello, lo hace en la posición que permite el "mejor calce". Cuando se logra el mejor calce en todo el contorno, colocará un tornillo de cada lado para sujetarlo en su lugar. Luego lo podrá marcar para recortarlo, quitarlo, trabajar sobre él y finalmente reemplazarlo exactamente.

Foto 2. Más allá de cuán exacto haga el molde, siempre tendrá que retocarlo un poco. Aquí, el panel se superpone a la moldura de la ventana; no es un gran problema, pero sí algo que debe corregirse.

recortarse y luego quitar el exceso. Si usa tornillos para sostener el panel, ello le permitirá retirar el panel varias veces y siempre poder colocarlo nuevamente en el lugar indicado.

Cuando logre ajustar todos los puntos que no calzan bien a simple vista, quédese dentro de la cabina y cierre la puerta. De esta forma podrá ver si el panel calza dentro del marco de la puerta. Si el panel toca el marco en alguna parte, tendrá que recortarlo para permitir que quede un espacio para el espesor del material que lo cubrirá. En el caso del cuero y el vinilo, calcule alrededor de 3/32 de pulgada. La tela tiene alrededor de media pulgada menos, quizás 1/16 de pulgada. Preste especial atención a la zona donde la puerta se topa con el balancín (borde del cárter inferior). Aquí es donde encontrará la mayor parte de los problemas.

A veces surgen problemas muy serios en la zona del balancín. Habrá poco o quizás nada de espacio para el espesor de la fibra y la funda de cobertura. Recuerde, en esta zona no tendrá solamente el espesor del material de cobertura, sino también el relleno que irá por debajo. Además, como en el caso del Ford, podrá tener parte de una alfombra aquí. Para resolver este problema quizás tenga que eliminar el relleno de la parte inferior del panel para lograr que la puerta cierre bien. Si usted cree que tendrá algún problema, coloque cemento provisoriamente en un trozo de relleno y material a lo largo de la parte inferior del panel para ver si cuenta con espacio suficiente. Cuando haya logrado ajustar bien el panel de la puerta dentro del marco con la distancia justa para los materiales que lo cubrirán, ya estará listo para fijar el panel a la puerta con las grapas.

Cómo fijar el panel

La forma más sencilla de fijar el panel a la puerta es con los sujetadores de tope Auveco® para paneles de puertas. Si usted nunca utilizó estos sujetadores, se venden en dos versiones según el tamaño del vástago: el pequeño, de 5/8 de pulgada, y el largo, de 1/4 de pulgada. Ello se adapta bien a las

Foto 3. Juanito está ocupado con la lijadora y le quita un trozo pequeño a la parte donde se topaba con la moldura de la ventana. También pulirá otras zonas donde el panel quedaba demasiado grande.

Foto 4. Aquí aparece el panel terminado y sin cubrir del lado del acompañante. Nótense los sujetadores Auveco que lo mantienen en su sitio. También verá un corte para el tirador de la puerta. Es interesante advertir que queda justo en la mitad del apoyabrazos. ¿Es esto un error o un problema de diseño? Lo veremos en una foto posterior.

Foto 5. Este es un panel terminado y sin cubrir para un Ford, y también está fijo a la puerta mediante sujetadores Auveco.

Fotos 6-8. George rellenó el panel de la puerta con espuma de poliuretano de alta densidad de 1/4 de pulgada. Ahora ubica los principales rasgos del diseño y marca la posición que tendrán con una lapicera. En la primera foto está ubicando la almohadilla que se analizó anteriormente. En la segunda coloca un apoyabrazos en el lugar donde pidió el cliente. En la última foto se ven sus marcas. Ahora va a cortar la espuma para poder insertar el panel y el apoyabrazos.

diferencias de espesor entre la fibra de vidrio y la plancha de metal estampada. El sujetador pequeño tiene el número 808 y el largo el número 1202.

Ajuste el panel de la puerta a la puerta con los dos tornillos. Cada 5 ó 6 pulgadas, perfore un orificio de 1/8 de pulgada a través del panel y la puerta. Continúe con los sujetadores Auveco® y colóquelos. La parte plana del sujetador debe quedar sobre la parte superior del panel mientras que los hombros del sujetador evitan que se salga de la puerta. Sin embargo, usted puede quitar el sujetador levantando el panel con un destornillador. Luego de haber quitado tres o cuatro sujetadores, simplemente podrá quitar el panel de la puerta jalándolo con la mano. Para reemplazar el panel, coloque los sujetadores en sus orificios, luego empújelos con el pulgar. Si necesita ejercer más presión que la que puede ejercer con el pulgar, dele un suave golpecito con la base de la mano. Cuando el relleno quede sobre la parte superior de los sujetadores, éstos ya no se verán.

Relleno del panel

En el capítulo 1 analizamos los tres diseños básicos utilizados en la personalización de interiores de los autos rod: el estilo "retro", el "duro" y el "suave". En este capítulo le mostraremos el estilo duro y el suave y analizaremos el estilo retro. El estilo "duro" incorpora la espuma de poliuretano de alta densidad como relleno mientras que el "suave" utiliza un relleno de poliéster (Dacron).

Comenzamos nuestra demostración con un panel de estilo "duro" para el Ford del 57. Vea la Foto 29 en la página 42 para ver el panel terminado. Fíjese en la zona sobre el apoyabrazos. Sobresale del resto del panel. Debajo de él se encuentra el apoyabrazos con una delgada línea de terminación. Esta terminación es una pieza de material liviano en el mismo tono amarillo que la pintura del auto. Debajo del apoyabrazos hay dos surcos muy atractivos que fluyen del panel delantero interior, a lo largo del panel de la puerta y finalizan en el panel lateral trasero. Se ve este efecto en las dos fotos que lo acompañan. Continuemos con George mientras rellena este panel para luego grabar el diseño de acuerdo con los deseos del cliente.

Para hacer el panel central que sobresale del panel básico, George corta un trozo de fibra con la forma deseada y cubre este panel central con un trozo de espuma de 1/4 de pulgada. Es la misma espuma que se utiliza debajo del recubrimiento vinílico. Ron compra esta espuma en dos espesores: 1/4 y 1/8 de pulgada. A diferencia de la espuma porosa (espuma de poliuretano), la espuma de poliuretano de alta densidad puede ser tallada, pulida y mantiene su forma al cementarla. George luego tallará los surcos en la espuma y cubrirá el panel. Describimos esta técnica a continuación.[1]

George coloca el panel pequeño sobre el panel de la puerta en la posición deseada. Calca el contorno de este panel con un bolígrafo. Luego coloca el apoyabrazos en el lugar deseado y le calca el contorno. Utilizando un patrón de medición, extiende el molde para los surcos que cortará a lo largo de la parte inferior. Éstos se ubican de acuerdo con el diseño que presentó el cliente. Ahora George está listo para cortar estas zonas. Para hacerlo usa una navaja de un solo filo. Se puede utilizar una navaja, un cuchillo X-ACTO® o una cuchilla para manualidades, siempre que esté tan afilada como una navaja.

Con la navaja, George comienza a cortar la espuma. Tiene suficiente cuidado de hacer que los bordes de la fibra sean de 90 grados. Esto se debe a que aquí se colocará una pieza. Los surcos se cortan en forma de "V" con cada lado de la "V" a 45 grados del panel. Esto, cuando se cubre con la tela, cuero o vinilo, le da un hermoso efecto labrado. Nótese la interesante herramienta fabricada en el taller que George utiliza para quitar el sobrante de los surcos. Este destornillador se inclina en un ángulo de 90 grados con la punta lo suficientemente afilada para quitar cualquier espuma sobrante de los surcos. El dibujo de la página 39 muestra cómo se afila la punta. Al igual que antes, George raspa la espuma para

Foto 9. George continúa creando el diseño del panel de la puerta. Aquí aparece extendiendo los surcos que luego cortará. Nótese el dibujo del cliente a la izquierda.

Foto 10. Los surcos se crean cortando aproximadamente 1/8 a 3/16 de pulgada a cada lado de la línea, haciendo un corte en forma de "V" de 45 grados. Si a usted le cuesta realizar bien un corte de este tipo, extienda el surco con un trozo de cinta adhesiva de 1/4 de pulgada. Luego podrá realizar un surco exacto de 1/4 de pulgada cortando a lo largo de cada uno de los lados de la cinta.

Fotos 11 & 12. Para quitar la tira de espuma después de cortar el lateral, George utiliza esta herramienta que él fabricó. Calentó y dobló un destornillador viejo y le afinó la punta hasta que logró calzarla dentro del surco. Usa esta herramienta para quitar la espuma y limpiar el cemento duro de un solo movimiento.

[1] Usted advertirá en las fotos que tanto el apoyabrazos como el panel central fueron hechos y cubiertos. El panel central, al igual que el apoyabrazos, es también un punto clave del diseño. Tal como ya mencionamos, el apoyabrazos se hace primero, de forma tal de incorporarlo al diseño. El panel central fue hecho primero por la misma razón.

Foto 13. Debemos continuar puliendo la membrana de la espuma. Si omitimos este paso, el material se adherirá a la membrana, pero ésta se desprenderá, dejando una zona que quedará suelta. George usa un viejo disco de pulir para esta operación.

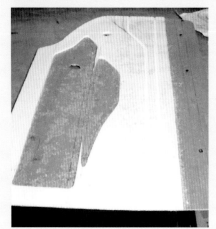

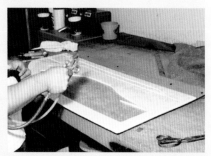

Foto 15. Delgado y seco son las dos palabras claves aquí. Una gruesa capa de cemento se adentrará en la espuma. El cemento deberá estar bastante seco, de forma que el material pueda quitarse en caso de que quede una arruga o un pliegue por accidente.

Foto 14. He aquí la espuma o relleno terminado, con todos los recortes.

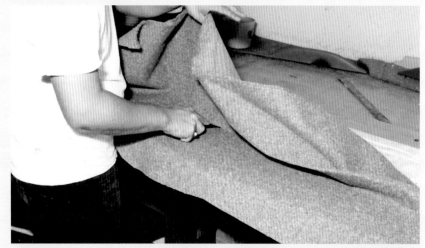

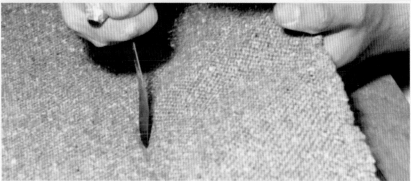

Fotos 16 y 17. George está trabajando el material desde la parte inferior del panel hacia la parte superior. Usa su espátula flexible para obligar a que el material se inserte en el surco y contribuya a definirlo.

quitar la membrana, lo cual permitirá que se adhiera el cemento. Ahora puede dedicarse a cubrir el panel.

Tapizado (o forrado) del panel

Hay una cierta técnica para cubrir el panel y hacer que el material se adose a las zonas cóncavas y luzca bien terminado y ceñido. Comience, como siempre, rociando una delgada capa de cemento sobre la espuma y el reverso de la tela. El secreto consiste en dejar que seque el cemento. Déjelo secar hasta que ya no se sienta pegajoso al tacto. Dependiendo de la temperatura y del clima, esto podría llevar apenas dos o tres minutos o hasta 10 ó 12. Ello le permitirá colocar el material suavemente sobre la espuma, y cuando sea necesario lo podrá levantar nuevamente sin que se adhiera. Luego, cuando le parezca que tiene el material en el lugar que lo desea, ejerza mucha presión sobre la superficie, con lo cual lo adherirá rápidamente a la espuma y la fibra que están por debajo. Ahora viene la parte difícil.

En el pasado siempre le sugeríamos que trabajara desde el centro hacia afuera. Si usted es un especialista en personalización de interiores con gran experiencia, ya habrá trabajado de esta manera desde que aprendió el oficio. Sin embargo, para este ejercicio deberá aprender una nueva técnica: deberá comenzar desde la parte inferior (o superior) e irá hacia arriba o hacia abajo. Ello permite que el material se adhiera formando pliegues en los surcos sin que se estire. Nuevamente, esto le da el hermoso acabado labrado que deseamos lograr.

En las fotografías se puede ver a George trabajando hacia arriba desde la parte inferior del panel. A medida que se acerca a los surcos, alisa el material presionando sobre ellos, pero sin estirarlo. Si estira el material o si intentara jalarlo fuerte, aplastaría la espuma y arruinaría el borde recto que logró hacer con la navaja. En la mano de Juanito vemos algo que parece ser una espátula flexible. La usa para definir los bordes de los surcos. Asimismo, crea la presión que mencionamos anteriormente que hace que el material se adhiera al panel. Aquí se puede ver cómo luce la superficie terminada del panel. George hizo la parte superior e insertó el panel de la misma forma. En vez de trabajar desde arriba hacia abajo, trabajó de un lado a otro.

Para fijar los bordes al reverso del panel, rocíe un poco de cemento, envuelva los bordes alrededor del panel y presione hacia abajo. Finalmente, recorte alrededor de los sujetadores y cualquier otro lugar donde se tienda a acumular el material.

Cómo fijar el apoyabrazos

El apoyabrazos (y, en el caso del Ford, el panel superior) se adhiere con cemento y se engrapa al panel principal de la puerta. Si le preocupa que le quede cemento sobre la tela, cubra los alrededores de la zona donde va a colocar el cemento. Como siempre, coloque el cemento de los dos lados, en la parte trasera del apoyabrazos y en el frente del panel de la puerta. Deje que el cemento se seque y luego coloque el apoyabrazos con cuidado en su lugar. Voltee el panel y coloque un par de docenas de grapas. Proceda con cuidado para seleccionar adecuadamente el largo de las grapas que usará, para así evitar que sobresalgan del apoyabrazos. Esto puede parecer una forma poco sólida de fijar un apoyabrazos, pero en todos los años en que Ron y yo hemos hecho esto, nunca se nos desprendió ni un apoyabrazos.

Cómo agregar el borde inferior de la alfombra

A menudo el cliente desea que se coloque una franja de alfombra a lo largo de la parte inferior del panel de la puerta. A veces esto es solamente por una cuestión de estética, otras veces es para que el panel de la puerta luzca "original". Le agregaremos la alfombra al panel de la puerta si el cliente así lo pide.

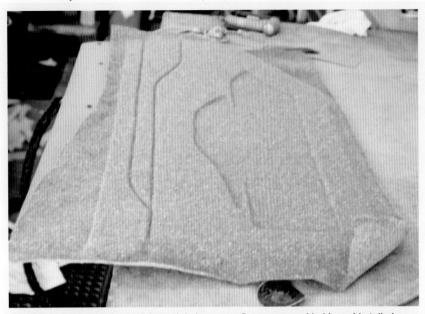

Foto 18. El frente terminado del panel de la puerta. Parece como si hubiera sido tallado a máquina. Los bordes están claros y bien definidos. Esto es el resultado de un trabajo muy cuidadoso; con cortes precisos y un material que fue colocado con sumo cuidado. Si usted sigue las instrucciones, sus trabajos deberán lucir tan bien como éste.

Foto 19. Para sujetar el apoyabrazos al panel de la puerta, rocíe una capa intermedia de cemento sobre el panel y el reverso del apoyabrazos. Una vez que los dos se secaron, únalos y luego coloque una gran cantidad de grapas desde la parte trasera. Cerciórese de que las grapas no penetren en el material del apoyabrazos, ya que de lo contrario se podrán advertir al tacto a través del material.

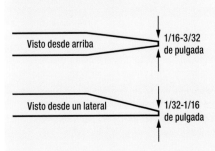

Visto desde arriba — 1/16-3/32 de pulgada

Visto desde un lateral — 1/32-1/16 de pulgada

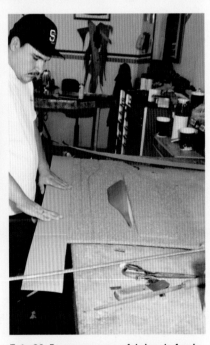

Foto 20. Para comenzar a fabricar la franja de la alfombra para la parte inferior del panel, George coloca un trozo de cartón prensado en el espacio a cubrir. Nótese que adhirió las dos piezas con cemento para lograr el largo total.

DIBUJOS 1 y 2 Si usted quiere hacer una herramienta para limpiar los surcos como la que usa George, tan sólo tendrá que copiar lo que se muestra aquí. Use un viejo destornillador. Caliente el vástago y flexiónelo a un ángulo de 90 grados, y luego afile la punta hasta lograr las dimensiones que se muestran.

Fotos 21 y 22. Adhiera el cartón y el reverso de la alfombra con cemento. Una ambas piezas y recorte el sobrante. Tenga cuidado de no recortar ninguna parte del cartón. De igual forma, cerciórese de que el pelo de la alfombra mire hacia abajo.

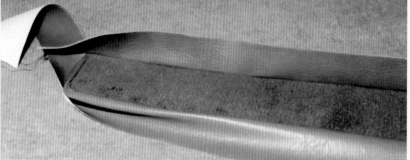

Foto 23 y 24. La alfombra deberá estar unida en todos sus lados. Comience en el borde anterior, recorra el contorno de la parte inferior y termine en el extremo trasero. Cerciórese de cerrar las puntadas en cada extremo. Corte el ribete (material de recorte) junto al borde superior de la alfombra. Extienda el ribete superior en su lugar con un sobrante de alrededor de 2 pulgadas. Este sobrante se envolverá alrededor del panel para darle un buen aspecto terminado. Cosa el ribete superior en el lugar.

La parte difícil de incluir la franja de alfombra radica en que el borde superior quede derecho, sin ondas ni protuberancias. Para lograrlo, primero aplicamos la alfombra sobre un trozo de cartón prensado (chipboard). George extiende el trozo de cartón a lo largo del borde inferior del panel y lo recorta hasta lograr un ajuste perfecto. Luego selecciona un trozo de alfombra que se ajuste a la base del cartón, cerciorándose de que el pelo o las hebras de la alfombra queden mirando hacia abajo. También se cerciorará de que haya suficiente alfombra para que el pelo de todos los trozos de alfombra para el panel de la puerta queden mirando hacia abajo.

Con la alfombra adherida al cartón y recortada hasta que calce bien, el próximo paso será coser las uniones de los cuatro lados. Corte dos tiras de 2 pulgadas de ancho de vinilo, cuero o tela, y una de ellas deberá ser lo suficientemente larga para cubrir alrededor de los dos extremos y la parte inferior, y otra lo suficientemente larga para ir a lo largo de la parte superior, con un sobrante de 2 ó 3 pulgadas. Estas tiras luego se cosen al borde de la alfombra a través de la alfombra y el cartón, dejando un espacio libre para la costura de alrededor de 3/8 de pulgada.

Voltee el producto terminado, rocíe el cemento sobre el reverso del producto terminado y sobre el borde superior del cartón. Una vez que esté seco, envuelva el producto recortado sobre el borde de la alfombra y presiónelo contra el borde cementado del cartón. Ahora tendrá un borde superior bien hecho y suave para la alfombra. Justo lo que deseábamos.

Ahora George puede adherir todo a la parte inferior del panel de la puerta. Le dará la terminación envolviendo las piezas recortadas alrededor del panel y cementándolas en su sitio. El aspecto terminado es de una serie de bordes perfectamente rectos. La foto muestra el panel de la puerta terminado. Luce como si hubiera sido labrado a partir de una sola pieza. Ahora usted puede ver por qué el cliente quedó realmente satisfecho con los resultados.

Para darle el aspecto suave

Ahora volvemos al Willys. El panel de la puerta de este auto fue hecho exactamente igual al del Ford, excepto en el caso de la pieza central con pliegues (o plisado). Frank tiene una habilidad especial para realizar interiores personalizados. Las fotos, comenzando por la foto 32, muestran el inicio del panel de la puerta. Lo fotografiamos luego de haber cubierto la parte externa. Lo que nos interesa es el centro.

Frank comienza haciendo un molde que corresponderá a la zona donde desea que se encuentre la zona suave u ondeada. En nuestro Willys ésta será la zona que rodea al interior del apoyabrazos. A partir de este molde Frank marca y corta un trozo de fibra del mismo material con que cortó el panel de la puerta. Lo adhiere con cemento y lo engrapa en su sitio, luego de cerciorarse de que se ajuste bien en la zona deseada.

A esta altura introduciremos un nuevo material, el poliéster. A menudo este producto es conocido como Dacron y este nombre ha sido usado desde hace tanto tiempo que se han vuelto sinónimos. Pero nos referiremos a él como poliéster. Quizás usted también lo conozca por uno de sus nombres comerciales: Fiberfill™.

El poliéster se vende de dos maneras. Uno que posee una unión muy delgada y termosellada, y recibe el nombre de poliéster reforzado. Si carece de esta unión simplemente lo llamamos poliéster común o simplemente poliéster. El poliéster común es el material que se usa para las almohadas, para rellenar muñecos y algunas veces como espuma de poliuretano lateral para las sillas y los almohadones de los sofás. En el taller generalmente utilizamos poliéster reforzado. Para nuestro trabajo en el Willys, Frank seleccionó un retazo de poliéster reforzado como el relleno para sus pliegues.

Frank adhiere con cemento un trozo de poliéster reforzado al trozo de fibra que acaba de instalar y lo recorta alrededor de los bordes.

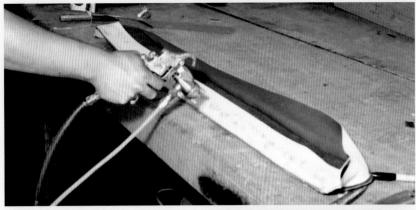

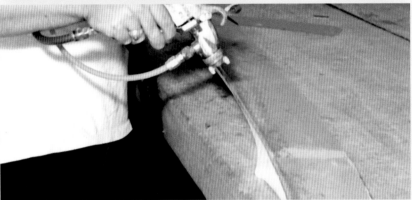

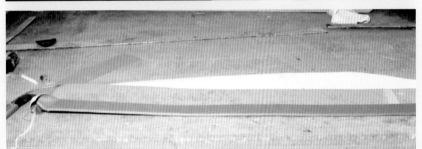

Fotos 25-27. Complete el acabado de la alfombra cementando el reverso del ribete superior al reverso del cartón. Recorte todo, dejando un margen de alrededor de 1/2 pulgada como sobrante. Ahora dispone de un borde superior bien recto y sin deformarse para la terminación de la alfombra.

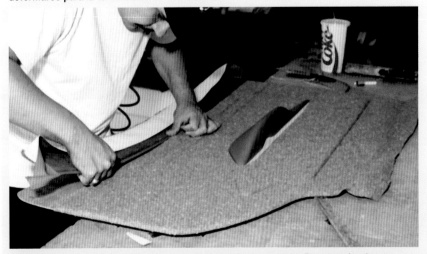

Foto 28. George adhiere la pieza recortada al panel con cemento. Para terminarlo va a envolver el ribete alrededor de la fibra y lo adherirá con cemento a la parte trasera. Las dos "colas" del ribete superior quedarán envueltas alrededor de la fibra y serán engrapadas del reverso.

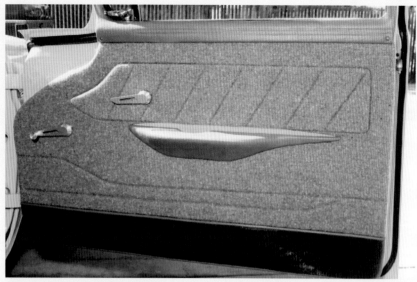

Foto 29. El panel terminado quedó perfecto. Con el debido cuidado, el panel permanecerá así por toda la vida útil del automóvil.

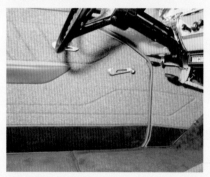

Fotos 30 y 31. Nótese cómo los surcos de la parte inferior del panel fluyen desde el panel delantero interior a lo largo de la parte inferior del panel de la puerta y hacia el panel lateral trasero. Esto requiere de una cierta planificación previa, pero los resultados bien valen la pena. Nótese también la forma inteligente en que surge el cinturón de seguridad entre el cuerpo del panel y la terminación de la alfombra. Estos pequeños toques son los que hacen que el auto se haga acreedor a un premio en las exposiciones.

Foto 32. Volvamos la atención al Willys. Observe todas las marcas de tiza en el cartón. Estas eran las combinaciones de diseño posibles que Ron y su cliente dibujaron a medida que contemplaban el diseño del panel de la puerta. Si avanzamos un poco y vemos dónde terminó el apoyabrazos, verá que cubre el tirador de la puerta. Ron y el cliente prefirieron mover el tirador de la puerta antes que cambiar el diseño.

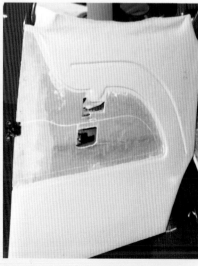

Foto 33. Se quitó el panel de la puerta, se bajó el tirador unas pocas pulgadas y se colocó la primera capa de tapizado (cuero) al panel sobre la espuma de poliuretano de alta densidad, al igual que se hizo con el Ford.

Foto 34. Frank terminó el apoyabrazos y lo colocó en posición. Ahora puede marcar alrededor del interior del apoyabrazos para crear la zona donde va a hacer pliegues. Preste especial atención a los detalles de este apoyabrazos. Incorpora todo el panel de la puerta. ¿Acaso no es éste el punto central del diseño del panel de la puerta?

Foto 35. Después de haber creado el molde de la zona central del apoyabrazos, Frank corta otro trozo de fibra para insertar una pieza. Esto se adhiere con cemento y se engrapa al panel principal.

Foto 36. En el centro, Frank cementa una capa de poliéster (Dacron) que será el relleno. Esto le da una sensación mucho más suave al tacto al trabajo terminado que el uso de espuma de poliuretano. Así como hace Frank deberá hacer usted: recorte con precisión el poliéster alrededor del borde del panel. Cualquier bulto o protuberancia se "traslucirá" a través del cuero.

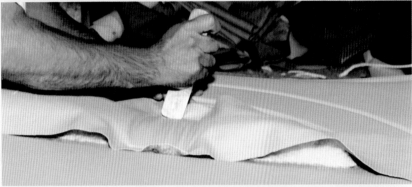

Luego selecciona un trozo de cuero cuyo largo deberá ser el doble o el triple de la extensión que desee cubrir. Con sumo cuidado rocía el cemento alrededor de los bordes externos del cuero, cerciorándose de que no quede nada de cemento en el centro. Luego rocía otra vez alrededor de la parte externa del panel y el centro del poliéster. No deberá colocar cemento ni en el centro del cuero ni en el poliéster; solamente en los bordes externos.

Con la misma espátula flexible que George utilizó para sujetar los surcos del Ford, Frank comienza a sellar los bordes del cuero en la base del panel de la puerta. Aquí, el gusto del especialista en personalización de interiores deberá ir de la mano de los deseos del cliente. ¿Cuál es la cantidad justa de pliegues realizar? Nuestro cliente del Willys quiso alrededor del 100 por ciento. Ello significaba que si la zona donde se iban a efectuar los pliegues era de 20 pulgadas de largo, el material que iba a cubrir esa superficie debería ser de 40 pulgadas. Frank "amontona" el material para que por cada pulgada use 2 pulgadas de material, sellándolo a medida que trabaja desde el centro hacia los extremos. Nótese cómo resalta con respecto al resto del panel. Este es el resultado de la fibra por debajo del poliéster.

Una vez que el cuero queda bien sujeto al panel, Frank recorta el sobrante y vuelve a sellar los bordes del cuero al panel. Esto genera una superficie plana sobre la cual se fijará el apoyabrazos. En la página 35 aparecen los resultados terminados.

El estilo "retro"

Para lograr un aspecto de antaño, o "retro", o tal como se lo llamaba antes: plisado y arrollado (en algunas zonas, pliegues y rollos) deberá esperar hasta que lleguemos a la sección sobre cómo hacer pliegues. Sin embargo, podemos explicarle cómo sujetar una cubierta con pliegues a la fibra para el panel de la puerta. Los pliegues son muy gruesos. Por lo tanto no se utilizará ningún tipo de relleno a excepción del de los pliegues. Hay sólo dos trucos para aprender a aplicar la cubierta.

Fotos 37 y 38. Trabaje los pliegues en el material desde el centro en ambos sentidos. El cliente quiere que estos pliegues queden totalmente llenos (100 por ciento). Ello significa que Frank tuvo que reunir el doble de material en los pliegues que lo que sugeriría el largo del panel. Tal como hizo George cuando definió los surcos en el panel del Ford, Frank ahora define el borde del panel con su espátula flexible.

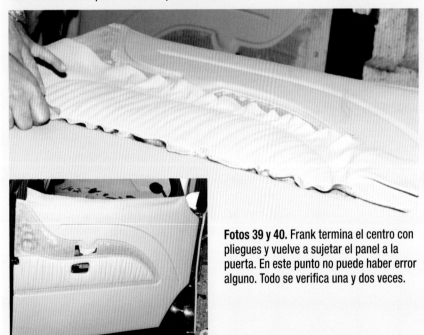

Fotos 39 y 40. Frank termina el centro con pliegues y vuelve a sujetar el panel a la puerta. En este punto no puede haber error alguno. Todo se verifica una y dos veces.

Foto 41. ¡Viva! El panel terminado, de cerca y al detalle. El tirador de la puerta es de un Volkswagen antiguo de modelo indescifrable. Fue teñido para combinar exactamente con el color del cuero. (Era originalmente negro). Si le interesa conocer el proceso del teñido, consulte la página 184 y vea cómo "La dama del vinilo" lleva a cabo su acto de magia.

Paneles de puerta personalizados para tractor de gran porte. Note el altavoz incorporado en la foto a la izquierda y la luz en la de la dercha.

Camioneta pickup Chevrolet-GMC del 1989-95 con apliques revestidos de tela y cuero sobre las cubiertas de plástico de fábrica.

Camión Chevrolet-GMC de 1956-59. Cubierta debajo del tablero de instrumentos. Paneles de las puertas con apoyabrazos personalizados.

El primer truco es asegurarse de que las costuras que forman cada pliegue individual estén adheridas individualmente a la fibra. Dibuje una línea central con una lapicera o un lápiz. Esta será la línea sobre la cual caerá la costura del pliegue central. Luego de colocar cemento en el reverso de los pliegues y la fibra, rocíe otra porción de cemento a lo largo de cada una de las costuras de cada pliegue. Ahora, con cuidado, extienda la costura central sobre la línea central y frótela bien fuerte. Con sumo cuidado extienda los pliegues hasta que caigan correctamente sobre el panel. Nunca permita que el centro de un pliegue quede en el borde del panel. El panel siempre deberá tener pliegues completos y homogéneos. Podrá terminar con una costura, o aun mejor, omitir la costura que va alrededor del borde del panel y simplemente envolver el material alrededor del panel, cementándolo del otro lado.

Igualmente, recorte el material a lo largo de la parte inferior del panel. No debería quedar nada de material (espuma de poliuretano ni algodón) envuelto alrededor del borde inferior del panel.

Llamas

Mientras tomábamos todas las fotos en el taller de Ron, una hermosa y pequeña coupé que tapizó el año pasado volvió a ingresar para que se le renovaran las alfombras para los pedales. Ron creó un interior muy interesante para este automóvil utilizando una ingeniosa aplicación de la confección de moldes. Queríamos mostrarle cómo se hizo esto, por tanto rápidamente recreamos lo que hizo Ron, aunque un poco después del episodio.

Al mirar las fotografías se puede ver que las llamas del trabajo de pintura se incorporaron a los paneles de las puertas. Pese a que no se muestra aquí, también aparecen como llamas fantasmales en el recubrimiento del techo. Para trasladar las llamas desde el exterior al interior, Ron usó vinílico transparente como material para el molde. Pegó una lámina de este material sobre el automóvil y, usando un lápiz de grasa (marcador chino), hizo el contorno de las llamas. Luego cortó las llamas de la lámina de vinilo y éstas se convirtieron en el modelo para la puerta, los paneles laterales traseros y los delanteros interiores. Las fotos muestran que el esfuerzo fue todo un éxito.

Resumen

Esperamos que haya aprendido algunos trucos bien interesantes para luego aplicarlos. Aprendió la ventaja de usar espuma de poliuretano de alta densidad con respecto a la espuma de poliuretano porosa. Puede moldearse, lijarse y esculpirse según las necesidades específicas. Ahora usted sabe cómo se incorporaron esos atractivos diseños para dar el aspecto actual de tecnología y estilo "duro" que va tan bien con nuestras tecnologías automotrices de avanzada.

Esperamos que no se confunda con el orden en que deberá trabajar en el panel de la puerta ya esculpido, donde deberá trabajar desde abajo hacia arriba, desde arriba hacia abajo o de lado a lado. Esto es bien diferente de trabajar desde el centro hacia afuera, pero se evitan una cantidad de problemas.

Finalmente analizamos el estilo "suave", un magnífico opuesto al estilo "duro" y que suaviza un poco la terminación. Lo importante a recordar aquí es que por lo menos hay que duplicar el largo (100 por ciento) del material que se va a plegar. Algunas veces se podrá usar hasta 150 a 200 por ciento. Pero dependerá de usted y de su cliente, o de sus inclinaciones artísticas.

Mike Rhine sirve de modelo en esta demostración. Generalmente Mike está en la oficina, cerciorándose de que la empresa funcione bien. Hoy hace de cuenta que es un especialista en personalización de automóviles. En su calidad de tal, pegó sobre un convertible una gran pieza de vinilo transparente que normalmente se usa para la cortina de atrás y para las cortinas laterales en un descapotable de dos plazas. Ahora está siendo utilizado para calcar las llamas en el exterior de la coupé, algo muy ingenioso.

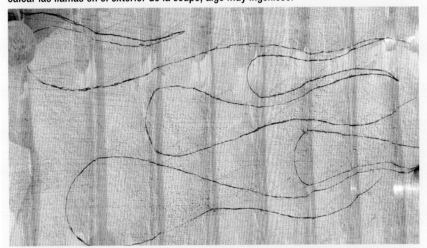

Así luce el calco terminado. El efecto marcado del vinilo es el resultado de haberlo enrollado, y haberlo dejado en un estante por un año con cientos de otros materiales encima. De haber tenido tiempo, habríamos extendido el material al sol para alisarlo. Lamentablemente, el auto tuvo que dejar el taller y queríamos fotografiar este truco para que usted lo viera.

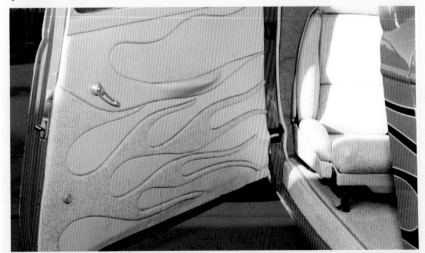

Este es el panel de la puerta terminado. Se cortaron las llamas del vinilo y se transfirieron. Incluso el apoyabrazos está incorporado a las llamas. Este es un elemento que constantemente llama la atención en todas las exposiciones y salidas grupales de este tipo de automóviles.

5 • Paneles especiales

En el mundo de la tapicería de automóviles personalizados el especialista tiene por función cubrir todas las áreas posibles del vehículo. Más allá de los asientos, el recubrimiento del techo y la alfombra, el resto es generalmente algún tipo de panel: el panel de la puerta, el panel lateral trasero, el panel delantero interior, el panel de la cajuela o maletero e incluso un panel que llamamos panel frontal o de cobertura. La mayoría de los paneles son planos y bastante simples. Muchos, sin embargo, son curvos. Y a menudo, no sólo son curvos en una dirección, sino en dos. Cuando algo es curvo en dos direcciones al mismo tiempo, a la curva que forma la llamamos curva compuesta. La curva compuesta por excelencia, por supuesto, es la esfera. Vemos esferas recubiertas todo el tiempo: simplemente las llamamos pelotas de béisbol.

En este capítulo analizaremos la fabricación de paneles de curvas compuestas. El uso más frecuente de estos paneles curvos es para ocultar "los caños" que se encuentran por debajo del tablero de instrumentos. Ello incluye todos los cables, caños, tubos, calefacción y aire acondicionado. Ante la falta de un nombre estándar para estos paneles los llamamos paneles frontales o de cobertura. En realidad, este nombre proviene del panel que se coloca al frente del escritorio de una secretaria para así preservar su intimidad debido a que viste falda. Esta es la lección del día.

Otros usos del panel de curvas compuestas incluyen los paneles de la cajuela o maletero, las consolas y reparos traseros que se integran al asiento o forman un gran apoyabrazos. Luego hay otros paneles por armar que todavía ni siquiera hemos analizado. Si desea ver un ejemplo interesante de un panel curvo, consulte la sección del manual sobre el tapizado de buggies (vehículos de carrocería baja y neumáticos anchos) para andar sobre la

Fotos 1 y 2. Fabricamos el panel trasero igual que el panel de la puerta. Juanito hizo un molde gigante y luego le dio forma hasta lograr el panel para la parte trasera del Willys.

arena. Básicamente, los asientos que se ven allí son paneles curvos.

Pese a que el primer panel que analizamos en este capítulo no es curvo, es de todas formas un panel especial. Lo incluimos por tres razones: primero, ya lo vio en parte en los capítulos anteriores. Segundo, es bastante complicado de armar. Finalmente, es un excelente ejemplo de cómo incorporar un bolsillo a un panel. A menudo nos piden bolsillos en los paneles, y usted debería ser capaz de hacerlos. Por tanto, el panel trasero de nuestro Willys es un gran punto de partida.

Cómo armar un panel con bolsillo

Comencemos el proceso, como siempre, haciendo un molde de la zona donde se desea colocar el panel. Nuestra primera ilustración es similar a la ilustración del capítulo 2, sólo que el molde tuvo que ser retocado y está listo para cortarse. Juanito corta el panel de un trozo de fibra y Frank lo prepara para revestirlo. En las fotos 5 y 6 verá una tira negra a lo largo de la parte superior del panel. Se trata de un trozo de burlete de goma semicircular para las puertas. Es otro producto Auveco, y se vende en anchos de 3/8, 1/2 y 5/8 de pulgada. Es un buen producto a tener en cuenta.

En este trabajo Frank usa el material de 3/8 de pulgada para darle un borde redondeado a la parte superior del panel. Esto le da una terminación muy suave sobre lo que antes era un trozo de fibra. También se usa sobre la cara de los paneles, como los paneles de la puerta, para darle un diseño en sobrerelieve. Cuando se combina con los surcos cortados en la espuma de poliuretano de alta densidad, tal como vimos en el capítulo anterior, se logra un efecto muy interesante. Usted encontrará decenas de usos para este producto.

Después de que Frank adhiera el burlete semicircular a la parte superior del panel, el próximo paso será biselar la espuma alrededor de todas las aberturas. Esto logrará una perfecta transición entre el revestimiento de

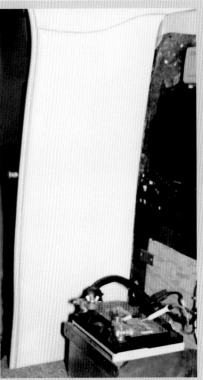

Fotos 3 y 4. He aquí otro panel. Este incorpora broches de plástico (producto Ford) para sujetarlo, y podría considerarse un panel lateral trasero.

Fotos 5 y 6. Frank aplica un burlete semicircular de goma suave a la parte superior del panel. Cuando se recubra con cuero, le dará un aspecto bien liso a la parte superior del panel. También ocultará el borde rugoso del panel. La fibra del panel tiene un espesor de 1/8 de pulgada y la espuma tiene un espesor de 1/4 de pulgada. En conjunto totalizan 3/8 de pulgada, por tanto no hay que hacer ningún retoque.

Foto 7. Comience el proceso de revestir el panel desde el centro y trabaje desde el centro hacia afuera. En la foto hay tanto cemento sobre la mesa de trabajo que el cuero se adhiere. Esto se puede ver por encima de la mano izquierda de Frank.

Foto 8. El panel terminado luce realmente bien. El panel más oscuro en el fondo será la parte trasera del bolsillo.

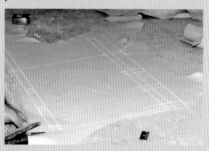

Foto 9. Aquí aparece la mitad del diagrama para el bolsillo. La parte superior se encuentra a la derecha. Frank comenzó a recortar la parte externa. Las líneas de la izquierda se recortarán. Se harán dos piezas y se coserán en el centro. Si desea analizar con mayor detalle cada una de las líneas, consulte el texto.

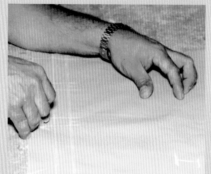

Foto 10. Frank está usando una hoja de afeitar para recortar las ranuras para que pase el elástico, y éstas formarán los pliegues cuando cosa todo.

Foto 11. El elástico pasa a través de las ranuras que Frank acaba de cortar con la hoja de afeitar. Ya efectuó la primera costura.

Foto 12. Esto también muestra el conducto por donde pasa el elástico y la costura final que se realiza para crear el espacio cerrado por donde pasará la cinta elástica.

cuero y los componentes. Una vez más, se lija la espuma, se aplica una capa fina y homogénea de cemento a la espuma y el cuero, y luego se los deja a secar.

Trabajando desde el centro en ambos sentidos, Frank fija el cuero a la espuma. Mientras usted lo haga, recuerde no presionar una pieza contra otra con excesiva fuerza. Una ligera presión le permitirá levantar el material sin desgarrar la espuma. Cuando la superficie esté sin arrugas, entonces podrá aplicar presión para ligar la unión. Cuando se ejerce la cantidad de presión adecuada, no se puede separar el cuero de la espuma sin romperla.

En la pieza terminada, nótense dos situaciones diferentes: en las aberturas para el reproductor de CDs y la radio FM el material envuelve el orificio y el sobrante se pega con cemento por el reverso, mientras que las aberturas para los altavoces fueron simplemente recortadas, dejándose alrededor de 2 pulgadas de cuero como excedente. Cuando se coloque la parte exterior del altavoz en el lugar sobre el cuero, no se verán huecos ni intersticios. Use este truco siempre que haya un tablero de instrumentos o una moldura translúcida. Con esto se logra una excelente terminación. En el ángulo derecho del panel verá un segundo panel de un tono diferente. Este será el respaldo del bolsillo con pliegues.

Cómo confeccionar el bolsillo

Hay varias formas de hacer un bolsillo con pliegues. La que se describe aquí es la más difícil porque requiere de muchas adaptaciones. Para comenzar, determine la cantidad de pliegues que va a tener el bolsillo.

En nuestra demostración, Frank decidió que con cinco pliegues el bolsillo lucirá mejor. Es una decisión arbitraria y se basa solamente en su experiencia en personalización de interiores. La cantidad de pliegues deberá entonces dividirse entre el ancho del bolsillo terminado. He aquí un ejemplo: si el panel tiene 30 pulgadas de ancho, los cinco pliegues deberán espaciarse a una distancia de cinco pulgadas. Si el panel tuviera 33 pulgadas de ancho, los pliegues estarían espaciados a 5½ pulgadas. Pero quedémonos con el panel de 30 pulgadas y veamos cuánto material necesitaremos para tener el bolsillo terminado.

Necesitaremos al menos 30 pulgadas de material como mínimo para el panel. Añadiremos 2 pulgadas para cada pliegue: 2 x 5 = 10. Por tanto, agregamos 10 pulgadas, llevando nuestro trozo de panel a 40 pulgadas. Debemos tener algo para envolver la fibra y sujetarla por el reverso, por tanto agregamos otras 2 pulgadas a cada lado. Nuestro ancho terminado será ahora de 44 pulgadas. Este es el ancho que tendremos en cuenta para cortar el material. Si hubiésemos querido que el bolsillo terminado tuviese un alto de 14 pulgadas, habríamos agregado 2 pulgadas para el pliegue que contiene el elástico y 2 pulgadas más para colocar alrededor de la base de la fibra para el bolsillo, con lo cual nuestra pieza tendría 18 pulgadas de alto. Entonces habríamos cortado un trozo de material de 18 x 44 pulgadas. Supongamos que este es el tamaño del bolsillo del panel trasero de nuestro Willys.

En el bolsillo que Frank hizo en la realidad, él no contaba con un trozo de cuero de 44 pulgadas de ancho. Sin embargo, tenía dos trozos de más de 22 pulgadas. Por lo tanto, hizo el bolsillo con una costura central (cosió las dos piezas). En la foto 9 de la página 48, Frank planteó el material para permitir el espacio necesario entre los 2-1/2 pliegues. (Cuando haga la otra parte del bolsillo, con una separación suficiente para albergar 2½ pliegues, tendrá la distancia total de separación para los 5 pliegues deseados). La parte superior del material se encuentra en el ángulo superior derecho de la foto.

La primera línea horizontal representa la zona donde Frank cortará el material. La segunda línea será la línea debajo de la cual se doblará el material. La tercera línea es la línea de la costura, que formará una cavidad para el elástico. Cada una de las líneas verticales (en la parte superior) representa la zona donde Frank hará un corte de navaja para que el elástico pase por debajo. En la foto 10 vemos a Frank

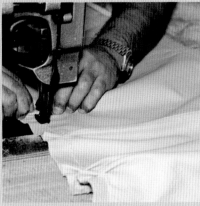

Foto 13. Voltee el bolsillo y cosa la parte inferior del pliegue. Proceda con cuidado y cerciórese de seguir las marcas de forma que todos los pliegues sean del mismo tamaño.

Foto 14. Esta es la pieza con la costura terminada. El elástico está dentro de una línea recta mientras que los pliegues están por encima del mismo. Esto permite abrir el bolsillo, y luego el elástico lo retrae a su posición inicial. Los pliegues de la parte inferior absorben el excedente de material creado por los pliegues de la parte superior.

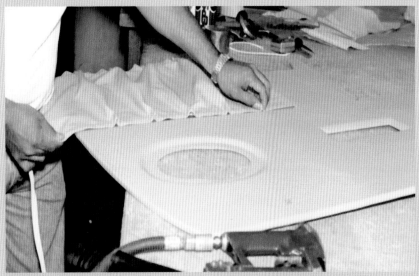

Foto 15. Frank verifica la tensión del elástico y el ajuste del bolsillo sobre el panel.

Foto 16. Uno de los bordes del bolsillo ya fue engrapado a la tabla que servirá de respaldo. El elástico pasa a través de una ranura previamente cortada en el panel principal. Cuando el elástico esté bien ubicado, Frank adherirá al panel principal la tabla que servirá de respaldo al bolsillo. Usted puede ver el corte cuidadosamente realizado a tales efectos.

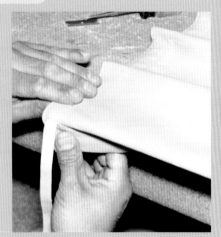

Foto 17. Esta es la zona de salida para el elástico. Frank va a jalarlo y luego lo engrapará al panel. No coloque el elástico demasiado tirante. Se estirará demasiado al abrir el bolsillo y provocará que se salga del panel.

Foto 18. El trabajo queda terminado al engrapar ambos lados del panel grande. Tenga cuidado al engrapar la parte inferior de los pliegues y cerciórese de que estén en la forma y posición correctas.

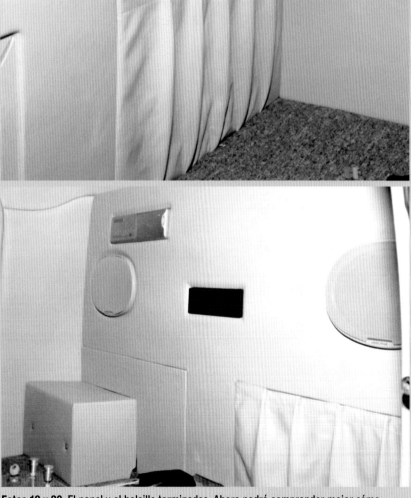

Fotos 19 y 20. El panel y el bolsillo terminados. Ahora podrá comprender mejor cómo funciona el elástico dentro del bolsillo. Nótense también las rejillas de los altavoces. Estas dos rejillas fueron teñidas con vinilo para combinar con el cuero.

efectuando este corte con una hoja de afeitar.

En la parte inferior de la foto 9 hay dos líneas horizontales. La que se encuentra en la parte inferior es la línea de corte y la que se encuentra más arriba será la línea sobre la cual Frank coserá la parte inferior del pliegue. Los dos grupos de tres líneas verticales indican la zona donde Frank doblará el material sobre sí mismo para hacer el pliegue. Observemos cómo lo hace.

Frank decidió que cada pliegue tendrá 1 pulgada de alto. Por lo tanto trazó las líneas para los pliegues con una separación de 2 pulgadas. Luego hizo un corte de alrededor de 7/8 de pulgada de largo para permitir la colocación de un elástico de 3/4 de pulgada. Cada línea tiene realizado un corte de 7/8 de pulgada, centrado con respecto a la línea por donde se doblará y el borde del material. Esto puede apreciarse en la foto 10. Aquí Frank dobló el material por la línea número dos y realizó una costura lo más cercana posible al borde de la línea por donde se doblará. En la foto 11 Frank está colocando el elástico a través de los cortes del borde. Si desea ver desde otro ángulo cómo se coloca el elástico, observe la ilustración de la página 55.

Dejando un trozo de elástico en cada extremo, Frank ahora realiza la segunda costura que formará la cavidad o bolsón por donde pasará el elástico. Tras finalizar la parte superior del bolsillo, Frank se dedica a hacer la parte inferior.

Se dobla cada pliegue, tal como se muestra en la ilustración de la página 55 y se cose en su sitio siguiendo la línea trazada previamente. Con esto queda terminada la confección del bolsillo y puede ser agregado al panel. Antes de sujetarlo al panel principal lo deberemos unir a su propio panel de soporte. Debido a que nuestro panel de muestra tiene sólo un borde terminado (los restantes son parte del panel principal), fue allí donde engrapamos el bolsillo. Esto puede verse en la fotografía del trabajo terminado que figura a la derecha.

Para terminar los extremos del elástico, Frank hace un pequeño orificio en el panel principal y pasa el elástico a través del mismo. Observe la foto 16. Frank lo engrapará al reverso del panel. Luego adhiere el panel del bolsillo al panel principal, estira el elástico hasta que apenas comience a ajustar y sujeta el otro extremo. Termina engrapando la parte inferior y lateral al panel principal. A la derecha se puede ver el producto terminado.

Este tipo de panel puede colocarse en cualquier lugar. Algunas de las ubicaciones más frecuentes son el panel delantero interior, el panel de la puerta y los paneles laterales traseros. Cada vez es más frecuente la práctica de colocarlos en la parte trasera y exterior de los asientos del conductor y acompañante. Incluso los hemos visto en las viseras o protectores para el sol. Quizás usted les encuentre un uso totalmente distinto.

Fabricación de paneles de curvas compuestas

La fabricación de paneles curvos es sumamente entretenida. Usted podrá dejar volar su imaginación y hacer muchas cosas interesantes. Sin embargo, nos pondremos un poco más serios y volveremos a usar a nuestro Willys como ejemplo. Aquí hacemos un panel para cubrir todo lo que se encuentra debajo del tablero de instrumentos y, tal como mencionamos anteriormente, lo llamamos panel frontal o de cobertura.

Repasemos los conceptos básicos

Son escasas las reglas a tener en cuenta cuando hacemos paneles curvos, y eso es lo que lo hace tan entretenido. Usted tendrá que pensar en la forma para sujetar el panel al vehículo. Nosotros usamos Velcro, sujetadores Auveco, broches a presión, tornillos y cualquier cosa que se nos ocurra. Por supuesto, el panel puede recubrirse con lo que usted desee.

Antes de que volvamos al panel frontal o de cobertura de nuestro

Foto 21. Esto se asemeja más a un plato de espaguetis negros que a la parte inferior de un tablero de instrumentos. Es el resultado de hacer calzar el aire acondicionado en una zona pensada originalmente sólo para un calentador muy pequeño (un accesorio de lujo opcional en 1941). Nuestro pequeño Willys nunca ganaría un premio con este aspecto, pero eso lo podemos arreglar.

Foto 22. Con tan sólo dos piezas de cartón ya luce mejor. Este es el comienzo de la fabricación de un panel para cubrir todos los desagradables "espaguetis".

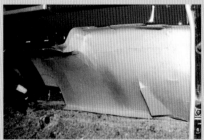

Fotos 23-25. Al adherir pieza tras pieza sobre el panel principal creamos un panel sólido y robusto que encaja en la zona que deseamos cubrir. Vea cómo se colocan las diversas piezas para lograr una buena superficie, bastante lisa. En este momento luce muy mal, pero recién comenzamos.

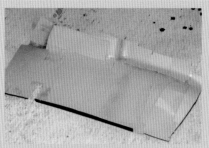

Foto 26. Aquí tenemos la misma perspectiva, sólo que hemos quitado el panel del automóvil. Note que mantiene muy bien la forma. El hecho de ejercer presiones opuestas, sumado a la presencia del cemento, mantiene la forma.

Foto 27. Este es otro panel frontal o de cobertura moldeado en torno a la columna de dirección. Fue hecho a partir de dos trozos de fibra impermeable. ¿Puede contar las capas de cartón? Yo veo cinco del lado derecho. Esto le da cuerpo suficiente para comenzar a pulirlo y darle forma.

Fotos 28 y 29. Se lija el panel para darle una buena superficie suave. Gran parte del material ya fue quitado al lijarlo. Por eso es tan importante usar varias capas de cartón. ¿Puede ver lo bien que fue extendido en la zona donde se cementó el cartón a la fibra impermeable?

Fotos 30 y 31. En estas dos fotografías el panel se recubrió con espuma y luego se tapizó. Si usted no lo supiera, quizás habría pensado que el panel había sido hecho a partir de una lámina de aluminio.

Foto 32. También se lijó el panel del Willys. Ahora comienza a asemejarse a un trabajo hecho a medida. Observe detenidamente la zona que rodea la salida del aire acondicionado. Juanito logró incorporar detalles muy pequeños aquí.

 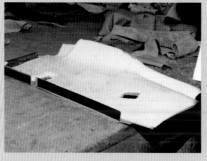

Fotos 33 y 34. Aquí está nuestro panel con espuma. Observe detenidamente el borde izquierdo. Juanito montó una pieza de madera de pino de 1 x 1 pulgada aquí. Este será el punto donde se montará el panel que cubrirá la columna de dirección. También puede ver el Velcro en la parte inferior del panel.

Willys, comentemos un poco acerca de las generalidades de los paneles curvos. Ahora usted podrá aplicar todas las destrezas que haya adquirido en la confección de moldes a la creación de paneles curvos. Al igual que la confección de moldes, la creación de paneles es el proceso por el cual se adhiere un grupo de piezas de material rígido hasta que se logra algo que se asemeja a la forma que usted busca. Luego se pule todo para que quede liso, se recubre con espuma de poliuretano de alta densidad y se tapiza. ¡Es tan sencillo que ni siquiera necesitamos completar el capítulo! Pero como usted probablemente no se conforme sólo con eso, vamos a tratar el tema con mayor detalle.

Los materiales que usamos son madera laminada, fibra, cartón prensado, fibra impermeable y diversos trozos sueltos de madera, fundamentalmente pino y abeto. El cartón prensado es por lejos el material más usado, seguido de cerca por la fibra impermeable. Los principales materiales que se usan para sujetar son Velcro®, tornillos y broches ocultos. El 90 por ciento de las veces se usa espuma de poliuretano de alta densidad, mientras que en el restante 10 por ciento se utilizan trozos más gruesos de espuma, tales como la espuma de poliuretano de 1 pulgada. En el capítulo dedicado a los asientos le mostraremos básicamente qué es un panel de curvas compuestas. Aquí utilizaremos 10 pulgadas de espuma de poliuretano. Usted aprenderá todos los pequeños trucos e ideas para luego ponerlos en práctica de formas nuevas e interesantes. Tomemos estos trucos y los materiales y hagamos un panel frontal para el Willys.

En nuestra demostración, Juanito cumplirá la función de panelista principal. Los moldes y paneles son la especialidad de Juanito. Comienza con dos trozos de cartón prensado adheridos para lograr el espesor necesario. Se doblaron alrededor de 1½ pulgada a 2 pulgadas por debajo y se adhirió la mitad de una tira de Velcro. La alfombra del Willys formará un bucle berebere para que la mitad de la tira del Velcro quede bien sujeta. Una capa de cemento muy, pero muy fina sostiene la parte superior del cartón prensado al tablero de instrumentos y a la fuente de ventilación de aire acondicionado. (Esto luego se quita con un disolvente de silicona y cera que se vende en las pinturerías).

Moldeado

Observe las fotos de la página 51 para ver cómo Juanito comienza a armar el panel. A medida que adhiere y dobla un trozo de cartón sobre el otro, la combinación de presiones hace que toda la pieza mantenga su forma. Nótese que varias de las piezas se cortan muy pequeñas y se pegan sobre la parte superior de las demás para lograr la curva adecuada. Algunas piezas se golpean fuertemente para doblarlas en dos direcciones diferentes.

También agregamos otro panel a nuestras ilustraciones que fue desarrollado como un panel frontal de una sola pieza. (El Willys requiere de tres piezas). La plancha oscura debajo del cartón es de fibra impermeable. Esto se debe a que en virtud de su espesor y su construcción es un gran material para los tramos largos, planos y anchos. Si usted cuenta con espacio suficiente, incluso puede usar fibra. ¡Usted decide!

Si uno estudia con cuidado las fotografías de ambos paneles, verá un mínimo de tres capas de cartón por cada curva. Si utiliza menos de tres capas, el material no mantendrá bien la forma. Incluso si luce bien con dos capas, agréguele otra por seguridad. Por supuesto que tres es el mínimo, pero cuatro es aun mejor. Tenga en cuenta que va a descartar mucho material al pulirlo, por tanto, no escatime.

Cuando el panel haya tomado la forma deseada, deberá quitar todos los bultos y protuberancias, convirtiéndolo en una base lisa para la espuma que colocará a continuación. Nuevamente, podrá usar el disco pulidor de 2 a 3 pulgadas conectado al motor de su taladro. En el taller, el personal que trabaja con Ron usa una pulidora neumática de gran velocidad, la misma que se usa en los trabajos de carrocería. Debido a que usted está trabajando con un cartón muy suave y un disco muy áspero, abrasivo y de gran velocidad,

Foto 35. El panel terminado y colocado en el tablero de instrumentos. Todavía no se incluyó la alfombra pero debemos asegurarnos de que calce bien. La alfombra solapará con el panel, cubriendo el borde que evitará que éste se deslice sobre el suelo.

Foto 36. Usando el mismo método que se acaba de describir hemos hecho otro panel para el lado izquierdo de la columna de dirección. También rellenamos el espacio entre la columna y el tablero de instrumentos. Adviértase la presencia de sujetadores (indicados por flechas).

Foto 37. Juanito comienza a fabricar la cubierta para la mitad inferior de la columna de dirección. La sujetará al bloque de madera montado previamente sobre el panel frontal.

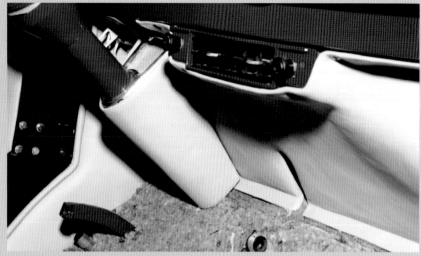

Foto 38. Ahora está todo terminado. Toda aquella fealdad debajo del tablero de instrumentos quedó oculta. Estamos logrando un auto que luce muy bien.

Foto 39. He aquí otro panel curvo. Este es un panel lateral trasero con un enorme apoyabrazos fabricado para calzar bien sobre la rueda. La parte plana está hecha de madera laminada de 3/8 de pulgada y la curva es de fibra impermeable.

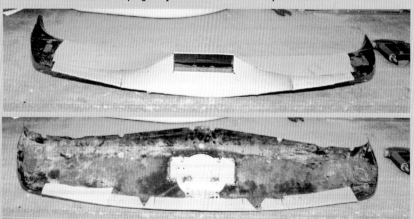

Fotos 40 y 41. Aquí vemos otra utilización de los paneles curvos. Reforzamos un tablero de instrumentos muy desmejorado y le dimos una nueva forma. Para lograr un tablero de instrumentos nuevo y personalizado, fabricado a partir de aluminio o acero, necesitaríamos obtener un préstamo con garantía federal para poder financiarlo. En el taller hicimos esto en media hora. ¿El costo de materiales? Alrededor de un dólar.

tenga cuidado pues puede quitar una gran cantidad de material en un abrir y cerrar de ojos. Proceda con cuidado para no pulir el panel excesivamente.

Si usted nunca hizo esta tipo de trabajo, le sugerimos que practique con una pieza de muestra para probar la técnica. En realidad no tiene ningún secreto, simplemente uno tiende a quitar más material del deseado con demasiada facilidad.

Perfilado

Comience la sesión de perfilado golpeando simplemente en los puntos altos. Luego, comience a extender los bordes del cartón sobre la pieza que está por debajo. Si desea un análisis excelente sobre cómo extender los bordes en sentido horizontal, estudie el capítulo correspondiente en el Automotive Upholstery Handbook (Manual de tapizado de automóviles) de los manuales California Bill. Continúe extendiendo los bordes hasta que todos se unan bien. A continuación, termine el perfilado para que luzca liso y plano, y también se sienta así al tacto.

Si por accidente usted hace una hendidura en un lugar equivocado, adhiera otro trozo de cartón y luego alíselo bien. Esto es como usar Bondo para rellenar una abolladura en un panel de carrocería. Cuando el panel queda como usted desea, ya está listo para rellenarlo.

Cómo rellenar el panel

Rellenar un panel curvo no es demasiado diferente de rellenar un panel plano para la puerta. Deberá tener en cuenta unas pocas cosas. La mayoría de los paneles frontales o de cobertura, y varios otros paneles curvos, se posicionan de forma tal que el material de relleno y de cobertura quedan sometidos a una presión descendente debido a la acción de la gravedad. En otras palabras, el panel "cuelga" de un soporte por encima del mismo. A menos que usted tenga sumo cuidado en el proceso de colocación del cemento, hay grandes posibilidades de que la espuma y los materiales se separen del cuerpo del panel.

Para evitar que ocurra un desastre de este tipo es necesario lijar no sólo el anverso o frente de la espuma de poliuretano de alta densidad con que cubrirá el panel, sino también el reverso. Ello le asegurará una buena adhesión al panel y al material también. Hay pocas probabilidades de que algo se separe si trabajó tomando todas las precauciones del caso. También cabe mencionar que éste es el procedimiento que utilizamos para el recubrimiento del techo. ¡Nadie desea que el recubrimiento del techo le quede literalmente colgando sobre la cabeza!

Tal como analizamos en la sección dedicada a los paneles de las puertas, aplique una capa mediana de cemento al panel y la espuma. Déjelos secar hasta que no estén pegajosos. Si usted no puede darse cuenta utilizando los dedos, presione un trozo de una bolsa de papel color café (papel kraft) sobre la superficie con cemento. Cuando el papel ya no se adhiera, entonces el cemento estará lo suficientemente seco.

Una la espuma y el panel y ejerza presión como para sellarlos. Recuerde, si ejerce escasa presión o si no la ejerce, podrá luego levantar y ajustar la espuma sin problema alguno. Solamente se logra la verdadera unión ejerciendo una fuerte presión. En el caso de las curvas interiores de dos sentidos (compuestas) tendrá problemas.

Verá que la espuma se amontona en una zona como ésta. Usted tiene más espuma del espacio que cuenta para distribuirla. Por lo tanto tendrá que recortarle alguna parte. Con una hoja de afeitar o una navaja, haga un corte en la espuma desde el centro de la zona cóncava hasta el borde. Presione uno de los bordes del corte hacia abajo, uniéndolo al panel. El otro borde ahora "sobresaldrá" con respecto al que quedó unido al panel. Con cuidado recorte el exceso que sobra del borde que unió previamente de forma que pueda desarrollar un nuevo borde que quede alineado con el primero. Simplemente tendrá que recortar una gran "V" en la espuma, y retirar el sobrante.

En algunas zonas ligeramente cóncavas podrá forzar la espuma para que quede en su lugar. Sin embargo, no se moldeará fácilmente y no tendrá suficiente material para recortar. En este caso, deberá lijar las arrugas. Alise la parte superior. Tenga cuidado de no lijar demasiado la zona superior. Ahora ya está listo para cubrir su obra de arte.

Tapizado

Siempre que sea posible, nos gusta revestir el panel frontal con una pieza de material que carezca de costuras. Si usa cuero o tela no tendrá grandes problemas para hacer que cualquiera de estos dos materiales se adhieran a la forma de las curvas compuestas. Simplemente recuerde trabajar desde el centro hacia los bordes. Esto le da espacio para que se eliminen las arrugas o cualquier sobrante. Si usted trata de trabajar desde un borde hacia el otro, entonces le quedarán arrugas y protuberancias. Recuerde: siempre trabaje desde el centro (la mitad) hacia afuera.

El vinilo a veces le podrá presentar un problema similar al de la espuma. En las zonas cóncavas tenderá a amontonarse. Eso a menudo puede solucionarse recortando el material excedente, haciendo un corte en "V" como el que se mencionó anteriormente. Deje un espacio de 1/2 pulgada para la costura y para poder coser a máquina lo que ahora es una pinza. Una costura con dobladillo (a veces llamada costura francesa doble) es lo que mejor se adapta aquí. Simplemente recuerde ajustar bien ambas piezas antes de adherir nada. Ajústelas bien y cósalas, y luego coloque el cemento. Termine su trabajo envolviendo el material sobrante alrededor del panel y adhiriéndolo a la parte trasera e instalándolo en el automóvil.

Resumen

He aquí otro gran truco que ya aprendió: una forma muy simple de hacer paneles de curvas compuestas. Comience con una base de cartón, fibra impermeable, madera laminada o fibra, y trabaje a partir de allí, adhiriendo con cemento las pequeñas piezas de cartón a la base, moldeándolas a medida que trabaja. ¿Qué es lo que debe recordar? Correcto, no menos de tres capas de cartón, preferentemente cuatro o más.

Para alisarlo debe comenzar a extender horizontalmente los bordes rugosos con una lijadora de disco pequeño. Luego termine de moldearlo según lo desee. Complete el trabajo con el espuma de poliuretano de alta densidad bien lijada y unida a la base.

Tenga cuidado al tapizar las zonas muy cóncavas y convexas. Generalmente, una pinza simple le solucionará cualquier problema que surja al utilizar vinilo. El cuero y la tela pueden estirarse o moldearse en algunas zonas bien difíciles. Como último recurso use dos o más piezas de material para lograr un calce perfecto.

Cómo hacer pliegues

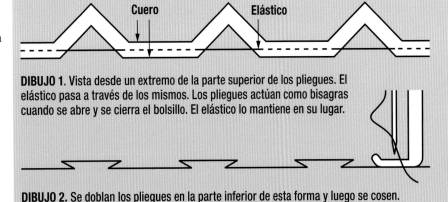

DIBUJO 1. Vista desde un extremo de la parte superior de los pliegues. El elástico pasa a través de los mismos. Los pliegues actúan como bisagras cuando se abre y se cierra el bolsillo. El elástico lo mantiene en su lugar.

DIBUJO 2. Se doblan los pliegues en la parte inferior de esta forma y luego se cosen.

6 • Fabricación e instalación del recubrimiento del techo

Foto 1. Este es el material reciclado (rebond) del que hablamos en este manual. Ha sido enrollado con la parte de aluminio hacia afuera. El rollo grande que está al lado es de espuma de poliuretano de 1/2 pulgada.

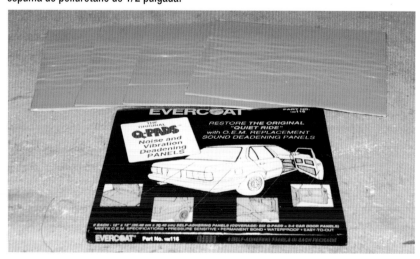

Foto 2. Estos "Q-Pads" son realmente eficaces para disminuir el ruido proveniente de la carretera y el producido por el viento y las vibraciones, así como para reducir el calor. Si no los encuentra en su localidad, vea la lista de proveedores.

Primera parte. Preparación

Como decisión arbitraria, decidimos tratar el tema del recubrimiento del techo como el siguiente paso en el proceso de acabado. Desde la época de los carruajes, y hasta del buggy, el recubrimiento del techo ha sido una parte integral del interior. En realidad, han cambiado poco desde sus orígenes. Desde un comienzo el recubrimiento del techo se sujetaba al interior del vehículo mediante cintas cocidas a la tela y suspendidas de arcos o argollas (vea el capítulo 7). Cuando llegaron los autos con capotas de metal, siguió el mismo método de fabricación, sólo que las cintas se clavaban a arcos de madera; una parte de la armazón de madera de la capota.

En los años 30 estos componentes de madera fueron reemplazados por arcos de metal, y las cintas se cocían formando presillas por las que pasaban los arcos. Eso tuvo buenos resultados hasta la década de 1960, cuando aparecieron los recubrimientos de techo de una sola pieza en fibra, los cuales se revestían con espuma de poliuretano y una capa de tela adherida con pegamento. Este "sandwich" se ponía en su sitio a presión y se mantenía allí por su propia tensión. Y así ha seguido siendo durante los últimos veinticinco años.

Si el tapicero especialista tiene que instalar un nuevo recubrimiento, generalmente compra uno del mercado de reposición o del fabricante original. Entonces lo instala a presión. Ya casi no se hacen recubrimientos de techo desde cero. Pero en el próximo capítulo vamos a remediar esa situación.

Vamos a ver a Frank y Juanito hacer un recubrimiento de techo de una sola pieza tapizado en cuero —y sin costuras— para el Willys con el que hemos estado trabajando; y George Torres hará otro recubrimiento de tres paneles para una camioneta de reparto del 34. George también cortará, colocará y cocerá un recubrimiento de techo "a la antigua" (aunque la tela no tiene nada de antigua) para nuestro Ford del 57. Además, trataremos todos los pasos previos: aislamiento, moldeado de los paneles para los recubrimientos de tres piezas y de una sola, colocación de relleno de espuma, además de confeccionar e instalar burletes. Se trata de un procedimiento que implica mucho trabajo, de modo que lo trataremos en dos capítulos.

En este capítulo cubriremos el tema del aislamiento térmico y acústico de la capota, cómo hacer paneles, revestir de espuma, tallar diseños y confeccionar burletes. En el capítulo siguiente pasaremos a los materiales de tapizado, cómo se instalan y todos los trucos para adaptar el Ford del 57. Si usted alguna vez se pasó toda una semana tratando de ajustar un recubrimiento de techo, los siguientes dos capítulos le cambiarán la vida. ¡Llegarán a encantarle los recubrimientos de techo!

Aislamiento

Durante las últimas dos décadas y media, las mayoría de los recubrimientos de techo se hacían con una capa de dos pulgadas de fibra de vidrio, el mismo material utilizado en los nuevos aislamientos de hogares. Después de unos pocos años la fibra de vidrio comenzó a desprenderse y caer sobre el conductor y los pasajeros. Pero eso sólo duró hasta que apareció el recubrimiento hecho de una sola plancha de fibra moldeada. En la actualidad podemos librarnos de todo eso con un par de nuevos materiales.

Rebond

Si ha tenido algo de experiencia en personalización de autos, estará familiarizado con el fantástico material reciclado llamado rebond. Los fabricantes que hacen productos con diversas telas venden los retazos a una empresa que los muele y los convierte en un material de relleno de unas 3/8 a

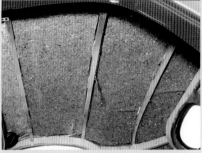

Foto 3. Este es el interior del techo del Willys. Hay dos cosas para destacar: los arcos de madera y el aislamiento de rebond. Si tuviéramos que instalar un recubrimiento de techo común, lo coceríamos a cintas (como verá en el próximo capítulo) y los clavaríamos con tachuelas a los arcos. Pero en vez de eso, usaremos esos arcos para sostener la madera de fibra.

Foto 4. La carrocería del Willys no viene con cableado para colocar el foco del techo. Así que Juanito debe hacer este soporte. No parece gran cosa, pero habrá que usar un martillo neumático para sacarlo.

Foto 5. Juanito hace los ajustes finales después de cortar la fibra para la capota.

Fotos 6 y 7. Con la fibra instalada, se rellenan los huecos y grietas grandes con fibra impermeable gruesa. Al igual que la madera de fibra, la fibra impermeable se cementa y se engrapa en su lugar.

Foto 8. Parte por parte, Juanito rellena los espacios que quedan entre la fibra impermeable y la madera de fibra con cartón prensado. Cementando sólo pequeños trozos por vez puede formar las curvas compuestas que requiere el trabajo.

Foto 9. Para emparejar y nivelar los bordes del cartón, Juanito debe lijarlo. Observe que tiene puestos anteojos protectores, respirador y pañoleta para que el polvo no le entre en los ojos o en los pulmones ni manche su camisa. Los anteojos de seguridad y el respirador son elementos imprescindibles para cuidar la salud.

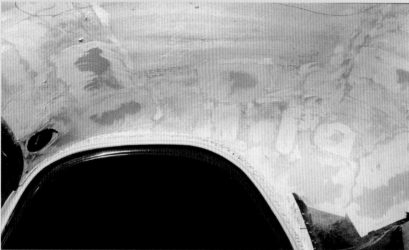

Fotos 10 y 11. Aquí está la base terminada. Note el corte para los altavoces por encima del parabrisas. Se hará algo novedoso con ellos cuando Frank instale el recubrimiento del techo.

Foto 12. Este es el interior de la camioneta de reparto. Al igual que con el Willys, el recubrimiento del techo será sostenido por madera de fibra. En este caso, sin embargo, la capota y los lados serán moldeados para que parezca una sola pieza. Nuevamente, el cartón prensado es el responsable de formar las curvas.

1/2 pulgada de grosor. Para la industria de la personalización de autos, este material viene en rollos de 48 pulgadas de ancho y se usa como relleno debajo de las alfombras. Y nosotros lo usamos por doquier. Sin embargo, un reciente avance ha mejorado este material en un cien por ciento.

Un producto con la marca Quality Heat Shield® añade al rebond una capa de tejido plástico y sobre eso, un baño de aluminio. El tejido plástico le da mucha más resistencia, y el aluminio rechaza el calor. Sinceramente, este maravilloso material debería estar en el depósito de todo taller de personalización de autos. Si no lo consigue de su distribuidor, vea la lista de nuestros proveedores al final del libro y diríjase a ellos.

Asimismo, asegúrese de tender todos los cables previamente. Es realmente una pesadilla tener que retirar este aislamiento. Tendrá que usar la raspadora más grande que tenga y deberá luchar con las zonas abultadas que dejará. Verifique que todo esté cubierto antes de comenzar a poner el aislamiento.

Para utilizar este material sólo es necesario cortarlo y darle forma con una tijera. Cemente la parte refractiva hacia la fuente de calor. Si es para el techo del auto, cemente esa parte contra el metal. De esa manera, los rayos de sol que den contra el techo serán rechazados, disminuyendo el calor. Al usarlo debajo de las alfombras, cemente la cara de aluminio hacia el compartimiento del motor o hacia el suelo, lo cual aislará el calor proveniente de esas zonas.

Sea generoso con el aislamiento; ponga trozos que calcen bien contra todo borde contiguo, como otra pieza o un arco del techo (como en nuestro Willys) o un trozo de metal. Si tiene suficiente espacio, ponga dos capas. Pero tenga cuidado de que no aumente demasiado el grosor del relleno debajo del recubrimiento del techo. Si queda demasiado grueso, podría notarse a través del material del recubrimiento o de cualquier otro.

Espuma de caucho de celdas cerradas, con plomo

El caucho con plomo es un producto fantástico como aislante. La única desventaja es su peso; dependiendo de la composición, puede llegar a pesar hasta 2 libras por pie cuadrado. Hay de muchos grosores. Nosotros usamos las planchas de 3/8 y 1/2 pulgada.

Uno de tales productos, Sound Mat™, de Sound Coat, consta de una capa de Mylar aluminizado, otra de espuma de celdas cerradas[1], una capa de plomo y una capa más de espuma. Al igual que el aluminio del rebond, el Mylar aluminizado rechaza el calor. La primera capa de caucho absorbe el sonido (y el calor), mientras que la capa de plomo rechaza y absorbe el resto del sonido que pasa a través de la primera capa de caucho. Por último, si algo se filtra por estas dos capas, la tercera lo absorbe. Es un producto muy, muy eficaz. Lamentablemente, el precio es acorde con su calidad.

Hay otro producto un poco más accesible (pero más pesado) que se usa en el taller de Ron. Se llama Q-Pad, un producto de Ever-coat. Viene en almohadillas de 12 por 12 pulgadas, en paquetes de cuatro unidades. Se trata también de un compuesto de caucho y plomo. A diferencia de Sound Mat, sin embargo, no tiene un baño de Mylar refractivo. Lo que sí tiene es un revestimiento adhesivo, por lo cual no es necesario aplicar cemento para adherirlo a los paneles de la carrocería del auto. Al igual que el rebond, ambos productos pueden cortarse con tijera (también con una hoja de afeitar). Con este material, al igual que con el rebond, cuánto más ajustado se coloque, mejor será la calidad del aislamiento, tanto térmico como acústico.

[1] Las celdas cerradas de esta espuma de poliuretano de alta densidad son mucho más pequeñas, están compactadas de forma mucho más densa y tienen paredes mucho más gruesas que la de la espuma que utilizamos en los capítulos anteriores. Es mucho más sensible al calor que el material que se describió anteriormente. Además, es de color gris, no blanca como la espuma que usamos para rellenar los apoyabrazos y los paneles de las puertas.

Si decide usar uno de los compuestos de caucho para el techo del vehículo, hay varias precauciones que debe tomar para que el peso de las planchas no desprenda el recubrimiento. La primera medida es, antes de aplicar el caucho, quitar de la superficie todo rastro de óxido, polvo, cemento viejo, alquitrán (supresor de ruidos), fibra de vidrio, así como cualquier otra sustancia extraña.

Lo mejor es primero limpiar todo con solvente. Eso quitará cualquier residuo de goma, alquitrán u otros materiales similares. Luego puede terminar de alisar la superficie con una lijadora de disco. También sirve el papel de lija de grano 80; desgasta muy poco metal o fibra de vidrio, pero es muy bueno para el óxido, el polvo y otros residuos. Luego del lijado, lave todo otra vez con solvente. Después de eso, la superficie debería quedar lo suficientemente limpia como para retener firmemente cualquier adhesivo. El procedimiento que describimos a continuación debe hacerse sólo cuando la capota esté fría. Si el auto estuvo al sol, póngalo en la sombra y déjelo enfriar por más o menos una hora. Si vive en una zona donde hace mucho calor, es preferible que deje enfriar el auto durante la noche.

Si va a colocar una plancha autoadhesiva, córtela del tamaño adecuado antes de retirar la lámina protectora del adhesivo. Cuando tenga la pieza de un tamaño que calce bien (y el auto se haya enfriado), quite la lámina protectora y coloque la plancha. Trate de colocar la pieza en el lugar correcto de primera, así no tendrá que quitarla para ajustar la posición. Una vez que esté colocada correctamente, presiónela fuertemente contra la superficie. De esa forma el adhesivo penetra en los poros del metal o la fibra de vidrio. Cuando haya terminado el trabajo, deje el auto en la sombra (o adentro) durante 24 horas, sin que quede expuesto al sol hasta que el adhesivo se asiente.

Para pegar este material con el cemento que usa siempre, empiece por limpiar la superficie como ya mencionamos. Recuerde: cuánto más limpia esté la superficie, mejor será la adherencia. Con cualquier solvente

Foto 13. Esta foto ilustra cómo hacer una curva compuesta bien cerrada. Corte un trozo de cartón de unas 8 pulgadas de diámetro. Luego, hágale cortes alrededor de los bordes dejando aproximadamente 1 pulgada entre cada uno. Cemente el reverso, presiónelo contra la esquina, y luego lije los bordes como siempre.

Foto 14. George vuelve para hacer unos retoques de lijado que Ron le pidió. Aún debería tener puesto su equipo de seguridad.

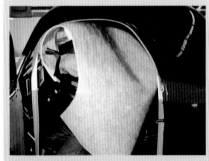

Foto 15. Frank comienza el proceso de instalación de la espuma en la capota del Willys. Mire la parte inferior de la foto; verá las rodilleras que usa Frank cuando hace este tipo de trabajo. No hay nada mejor para proteger las rodillas.

Foto 16. Frank acaba de quitar la última arruga y está empezando a hacer un acabado primario alrededor del parabrisas. Puede ver muchas de las marcas que quedaron donde eliminó los salientes de las arrugas.

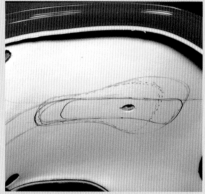

Foto 17. Aquí vemos por lo menos tres, tal vez cuatro, distintos diseños que Frank ha probado para el centro del recubrimiento del techo: la sección en sobrerelieve que ya mencionamos.

Fotos 18 y 19. Todo el mundo se pone de acuerdo en hacer un franja. Frank comienza por hacer un modelo de cartón. Y también vemos el producto terminado. Note la línea central que permite alinear los materiales de ambos lados y dejarlos bien centrados.

de buena calidad, limpie la superficie de goma donde rociará el cemento. Dicha superficie también debe estar limpia y sin sustancias que impidan la adherencia. Una vez que la superficie esté limpia y fría, puede comenzar a cementar.

Empiece por rociar una capa mediana de cemento tanto a la goma como a la capota. Luego déjelo secar por lo menos veinte minutos. Si dispone del tiempo, déjelo una hora. El tiempo de secado es importante; hay que permitir que pase el tiempo necesario para que el catalizador (el solvente) se evapore. Eso endurece el cemento de caucho y éste se adhiere firmemente a las dos superficies.

Cuando la primera capa de cemento esté seca, rocíela con una segunda capa liviana. En cuanto la segunda capa esté seca al tacto (haga la prueba con papel kraft) ponga la goma en contacto con el metal y presione con fuerza. Deje pasar de 8 a 12 horas antes de exponer el auto al sol. Siguiendo estas instrucciones podrá mantener el más pesado de los cauchos con plomo en su lugar, sin que termine sobre su cabeza o la del cliente.

Fabricación y moldeado de paneles

Al comienzo de este capítulo hablamos un poco acerca de la historia de los recubrimientos de techo. Mencionamos los arcos y cintas que se usaban para sostenerlo. Bueno, los amantes de los hot rod, los street rod y todo tipo de autos personalizados no van con la corriente de la historia. Les gusta quebrar las reglas, y hacen cosas que lucen completamente diferente de lo común. Lo que estamos a punto de hacer es precisamente eso: quebrar las reglas para obtener un aspecto totalmente distinto.

Nuestro Willys y la camioneta de reparto del 34 no tendrán recubrimientos de techo con arcos y cintas. El del Willys será de una sola pieza, en cuero y sin costuras. Y la camioneta tendrá un recubrimiento de techo novedoso de tres piezas que se integrarán a los paneles laterales, dando

la apariencia de ser una sola unidad. Comencemos con el Willys.

Fabricación del recubrimiento del techo

Observe la fotografía del recubrimiento del techo del Willys terminado en la foto 41 de la página 76. Parece como si se hubiese revestido una plancha de fibra de vidrio y se hubiera ajustado en su lugar. Bueno, no es tan así. Todo está hecho de madera de fibra y cartón prensado, algo parecido a lo que hicimos con el panel frontal del capítulo anterior.

Cuando el Willys llegó al taller, tenía arcos de madera en el techo. En vez de usarlos para sujetar las cintas, los dejamos para sostener una gran plancha de fibra. Juanito hizo un modelo del interior de la capota y lo transfirió a la fibra. Luego lo cortó y lo probó varias veces en el techo. Una vez que hubo calzado bien, lo cementó y lo engrapó a lo largo de los arcos. A partir de allí, se podían trabajar los lados y los bordes.

En la parte frontal, Juanito engrapó una gran pieza de fibra impermeable. Esto se engrapó primero a la armazón de madera que rodea el parabrisas, y luego a la fibra y al primer arco. Las piezas de la armazón de madera abarcan el parabrisas, las puertas, la ventana trasera y el área de los paneles traseros. De manera similar, instaló una pieza de fibra impermeable entre la ventana y el arco traseros. Por último, cementó pequeños trozos de cartón prensado para dar forma a las curvas compuestas en los paneles traseros, alrededor de las puertas y en la parte superior del parabrisas. Note los cortes para los altavoces de agudos justo encima del parabrisas a los lados de los asientos delanteros. Página 58, foto 11.

El último paso, al igual que el moldeado del panel frontal, fue afinar los bordes del cartón, dejando una base suave y lisa sobre la cual colocar la espuma y el cuero. Y también al igual que con el panel frontal, poner varias capas de cartón le dio una excelente fortaleza y forma. Veamos ahora la camioneta de reparto, la cual incorpora las mismas técnicas.

Incorporación del recubrimiento del techo y los paneles laterales

El trabajo novedoso de la camioneta comienza con la instalación de paneles laterales desde la línea del techo hasta el piso. Estos paneles se instalan de forma permanente atornillándolos a las piezas de acero estampado del interior. Luego, al igual que en el Willys, se usan trozos de cartón prensado para dar forma a la curva entre el techo y los lados. Vea en las fotos cómo el cartón forma todas las curvas entre los paneles y las puertas. Este método sirve muy bien para la zona compuesta, de forma cóncava, de los paneles traseros superiores que van junto a la puerta trasera. Como siempre, el cartón prensado se afina para dar la forma adecuada. Lo que en algún momento fueron dos piezas independientes —el recubrimiento del techo y los paneles laterales—, ahora se ha convertido en una única superficie grande que ha de ser tapizada. En el siguiente capítulo le mostraremos cómo se hace.

Ahora ya le habrá quedado claro cuántas cosas interesantes e ingeniosas se pueden hacer con la técnica del cartón prensado y la fibra. Piense en otros lugares donde se podría aplicar: en la cajuela o maletero, en una consola de formas intrincadas, para hacer llamas alrededor de objetos salientes, como los altavoces o focos. Las posibilidades son infinitas.

Colocación de la espuma

Si por casualidad comenzó a leer el manual aquí, vaya al capítulo 3 o 4 y lea la descripción de cómo se une a los paneles la espuma de poliuretano de alta densidad (closed-cell foam) de 1/4 de pulgada. Se trata de información importante que no debe pasarse por alto. En esta sección analizaremos cómo moldear la espuma para obtener una forma cóncava.

Al mirar la zona del recubrimiento del techo del Willys, se puede imaginar la parte superior del interior del auto como un gran tazón. Si tratara de forrar con papel un tazón, no podría hacerlo

Fotos 20 y 21. Estas dos fotos muestran un trabajo muy diestro en el afinado de los bordes de la espuma. Arriba está el corte para el foco, y abajo se ve la espuma lijada perfectamente hasta encontrarse con el burlete.

Foto 22. Una vista interior de la camioneta de reparto. Las dos franjas a lo largo de la capota son tiras de cinta adhesiva protectora que George ha colocado para definir hasta dónde desea que llegue la espuma. Los lados del recubrimiento del techo (y paneles laterales) serán tapizados en tela. El cono del medio será de vinilo.

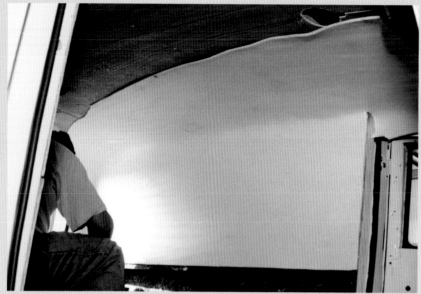

Foto 23. George coloca dos piezas de espuma en el camión, tal como Frank hizo en el Willys.

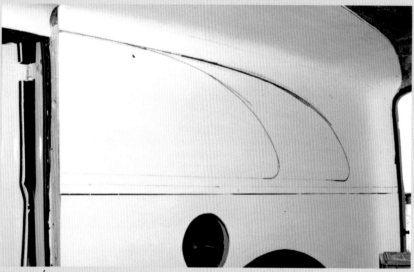

Foto 24. Éstas son las ideas de George para un diseño del panel lateral. Sólo falló un par de veces antes de llegar a esta idea, del gusto del cliente y de su jefe.

Foto 25. George define mejor el diseño con cinta adhesiva de 1/4 de pulgada. Le servirá como guía para la hoja de afeitar cuando haga el corte en forma de "V" en la espuma.

sin que el papel quedase arrugado. De igual modo, moldear la espuma puede presentar la misma dificultad. Sin embargo, se puede hacer, y sin arrugas. Como describimos anteriormente, comience por raspar con una lijadora la espuma sobre la cual aplicará el cemento.

No escatime al cortar la espuma. Deje que sobre al menos 1 pie todo alrededor. Así tendrá un campo de acción un poco más grande al comienzo. Marque una línea central en el panel del recubrimiento del techo y en la espuma. Que sea lo suficientemente oscura como para poder verla después de aplicado el cemento. Trace una línea central desde la parte frontal hasta la trasera y de lado a lado, tanto en la fibra como en la espuma.

Introduzca la espuma cementada en el auto, alinee la intersección formada por los dos conjuntos de líneas y coloque poco a poco la espuma presionándola suavemente sobre un área de aproximadamente 1 pie cuadrado. A continuación podrá moldear la espuma en forma de tazón, sin formar arrugas.

Trabajando desde el centro hacia afuera, alise suavemente la espuma sobre la fibra, pasando la mano en movimientos circulares cada vez más amplios. Todo irá bien hasta que empiece a acercarse a las curvas más cerradas. En cuanto la espuma tienda a arrugarse, jale en la dirección de la arruga. De ese modo logrará dos cosas: primero, al estirar la espuma, algunas de las arrugas desaparecerán por el efecto de la tensión; segundo, esa misma tensión disminuirá el tamaño de las arrugas restantes.

Es importante aplicar muy poca presión al realizar esta operación, ya que así podrá retirar la espuma de la fibra si las arrugas son muy grandes, y volver a intentarlo estirando un poco más o con un tironcito hacia la derecha o la izquierda. El objetivo es deshacerse de cuantas arrugas se pueda y que las que queden sean lo más pequeñas posible. Cuando la espuma se coloca bien, las arrugas que quedan son muy, muy pequeñas. A continuación, presione la espuma firmemente contra la fibra, y entonces estará listo para deshacerse de las arrugas que hayan quedado. Necesitará papel de lija de grano 80.

En la zona donde se hayan formado las arrugas, rocíe una capa muy leve de cemento. Espere varios minutos para que se seque, o un poco más, si tiene tiempo. Veinte minutos no es demasiado. Con un papel de lija de grano 80, empiece a lijar con mucho cuidado y delicadeza las partes salientes de las arrugas. El cemento habrá endurecido la superficie de la espuma sólo un poco, lo suficiente como para poder quitar las arrugas. Naturalmente, si se pone a frotar con la lija, terminará atravesando la espuma y dejando al descubierto la fibra. Por ello, el lijado debe hacerse con suma delicadeza.

Saque lo menos posible cada vez que pase el papel de lija. No se apresure. Pase la mano para sentir la textura de la superficie; será mucho mejor que simplemente mirar para ver si quedan arrugas. Por último, ¡deténgase cuando haya quitado la última arruga! Es que todos tienen la tendencia a seguir lijando un poquito más. A veces, ese "poquito" es más de lo esperado y se convierte en un hueco. De modo que ejerza cuidado; deténgase cuando logre su propósito.

Lijado de los bordes

Ya analizamos este procedimiento de lijado en el capítulo anterior. Pero esa vez fue el lijado del borde de un panel; ahora debe aprender a afinar los bordes de la espuma. Los principios son los mismos, sólo cambian los materiales. Dado que usamos espuma de 1/4 de pulgada, al cubrirla con tela, vinilo o cuero, los bordes quedarán abultados. Para evitar que eso suceda, vamos a afinar todos los bordes. Observe las fotos de la espuma del Willys en la página 61. Allí, Frank ha afinado el borde de la espuma junto al burlete y alrededor del orificio para la luz.

Con un papel de lija de grano 80, comience a lijar a partir de una distancia mínima de una pulgada desde el borde. Dependiendo de la zona que quiera afinar, tal vez deba comenzar a dos o tres pulgadas del borde. Como siempre, hágalo con

Foto 26. He aquí el trabajo de la espuma terminado. Puede comenzar a vislumbrar cómo lucirá el recubrimiento del techo terminado. ¡Pero no espíe el próximo capítulo para ver qué precioso quedó!

Fotos 27 a 29. Frank corta la tira para su burlete de la parte más grande del cuero. Así podrá obtener un trozo largo de burlete sin uniones. Cementa sólo el cuero y sella los bordes, dejando la goma en el centro.

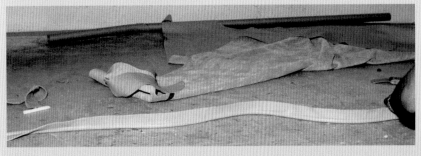

Fotos 30 y 31. George confecciona su burlete de vinilo igual que hizo Frank con el de cuero. En la foto está usando el mango de su tijera para plegar el material firmemente contra la goma cilíndrica. Vea qué sellado queda a la goma; casi parece moldeado.

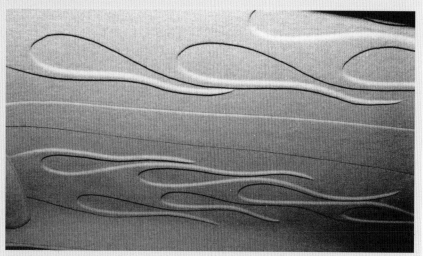

Foto 32. Recubrimiento del techo con llamas en un Chevrolet de 1955-57 en estilo "duro". La misma idea se puede aplicar a la mayoría de los autos de 1928 a 1995.

Cómo hacer un dardo

Juntar estas partes

Haga puntadas a lo largo de esta línea, uniendo las dos capas para juntar la tela sobrante. Luego corte el sobrante. O corte una "V" en el material y haga una costura uniendo los bordes.

delicadeza, sacando lo menos posible con cada pasada. Mantenga los bordes derechos y nivelados. Si comenzó a lijar a dos pulgadas del borde, mantenga esas dos pulgadas por toda la zona que deba afinar. Si el lijado pasa de una pulgada a dos una y otra vez, se notará la diferencia cuando se cemente el material. ¡Así que tenga cuidado!

Incorporación de diseños

Nuestros dos ejemplos, el Willys y el Ford, incorporan dos estilos distintos en el diseño de la espuma. En el Ford, el diseño está tallado en la espuma, mientras que el Willys tiene una pieza adicional de espuma encima de la base, para darle una efecto de sobrerelieve.

Tallado

Al mirar las fotos de la camioneta de reparto podrá ver los bocetos de las ideas que fue elaborando George para llegar al diseño. Por último, cuando el diseño quedó a gusto de todos (de George, Ron y el cliente), George lo rodeó con cinta adhesiva protectora, igual que hicimos con los paneles. Y nuevamente, como con los paneles de las puertas, se guió por los bordes de la cinta para cortar con la hoja de afeitar. Sosteniendo la hoja de afeitar en un ángulo de 45 grados, cortó un surco en forma de "V" muy definida, del largo completo del diseño hecho con la cinta adhesiva.

Es un procedimiento muy sencillo, pero requiere un poco de habilidad para lograr un corte parejo y liso. Si ésta es su primera vez, le recomendamos que haga un panel de prueba para practicar antes de hacer un trabajo real.

Capas de espuma

En la página 60 se pueden ver bosquejadas algunas de las ideas de Frank para el diseño de la capota del Willys. Nosotros le encontramos un poco de forma de guitarra. El cliente tuvo la misma impresión, y al final el efecto de la "franja" ancha quedó a gusto de todos los implicados. Frank comenzó el proceso haciendo un molde de cartón prensado. Luego lo cortó con cuidado y lo probó, guiándose por una línea central por la cual había doblado el cartón. Esto permitió a Frank hacer ambos lados de la franja con exactamente la misma forma.

También había hecho líneas centrales tanto en la espuma del techo como en la espuma de la franja. Eso le permitió cementar la franja a la espuma del techo sin tener que preocuparse de que se le descentrara. Trabaje siempre con líneas centrales. No importa si está haciendo un trabajo personalizado o un tapizado normal para el mercado de reposición; sin líneas centrales y esquinas rectas, el trabajo terminará descentrado o torcido. Cuanto más tiempo dedique a la planificación, mejor quedará el trabajo.

Burletes

La historia del burlete se remonta a la época de los carruajes. Al principio se trataba de una cinta de tela que se ponía alrededor de las puertas y de las cortinas laterales para impedir que entrara el viento por las ranuras. Con la llegada del automóvil pasó a ser un "tubo" de goma revestido en tela o cuero (primero era realmente una manguera de goma, y luego era de goma sólida, más bien, de espuma de goma). Eso permaneció así hasta la década del 60, cuando aparecieron los buenos burletes que finalmente no permitían pasar casi nada de viento por las puertas. Entonces, pues, tenemos que hacer nuevos burletes cuando acondicionamos el interior de los vehículos fabricados desde los años 20 hasta los 60.

Observemos a Frank y George mientras hacen los burletes. Frank para el Willys, y George para el Ford del 57. La goma cilíndrica viene en rollos de 3/8 o 1/2 pulgada de diámetro. Casi todos los vehículos que usted hará necesitarán la de 1/2 pulgada. Sólo en contadas ocasiones tendrá que usar la de 3/8 de pulgada. Los dos hacen el burlete de la misma forma.

No se ve con buenos ojos que haya una unión (dos trozos de material unidos) en ninguna parte a lo largo del burlete. Por eso, para dar toda la vuelta alrededor de la puerta del Willys, Frank tuvo que cortar el material del centro de una pieza de cuero. George está utilizando vinilo, así que sólo tuvo que cortar el rollo para conseguir todo el largo que necesitaba.

Los dos cortan el material de 2 a 2 1/2 pulgadas de ancho y del largo necesario para rodear el marco de la puerta. A continuación aplican una capa mediana de cemento sobre el reverso del cuero o vinilo. No se pone cemento sobre la goma. Note cómo extienden el material completamente sobre la mesa de trabajo. Esto impide que el burlete terminado se tuerza. Se envuelve la goma, rodeándola con el material, se alinean los bordes y luego se cierra. Por último, usan una herramienta para sellar el cuero o vinilo firmemente contra la goma.

Algunos de ustedes habrán tenido la experiencia de tener que fabricar burletes. Pero habrán tenido que coser el material alrededor de la goma, como si se tratase de un ribete gigante. Así que pruebe esta nueva técnica con la cual no hay que coser. Notamos que deja el borde del burlete mucho más definido y con menos tendencia a torcerse.

En el próximo capítulo observaremos cómo Frank y George instalan estos burletes y veremos un par de buenos trucos que usan para mantenerlos adheridos al marco de la puerta.

Resumen

En este capítulo usted ha visto a dos excelentes especialistas construir bases sobre las cuales instalar diversos estilos de recubrimientos de techo. Y ya conoce los tipos de materiales que se usan como aislamiento térmico y acústico. También aprendió cómo cementar los pesados materiales a base de goma en el techo sin que se caigan.

Además, se mostraron más trucos para dar forma al interior de la capota y los lados del auto para poder instalar recubrimientos de techo personalizados. Para ello, se utilizó fibra y cartón prensado, de forma similar que en la fabricación de los paneles frontales. El cartón prensado se puede utilizar casi en cualquier lugar para formar superficies curvas y fuertes.

Lo que estuvo un poquito difícil fue lograr que la espuma de poliuretano de 1/4 de pulgada quedara colocada perfectamente y sin ninguna arruga sobre las curvas compuestas del interior. El secreto reside en jalar en la dirección de la arruga. Esto debe de contradecir su experiencia y la lógica. Lo que se hace normalmente es intentar eliminar la arruga estirándola hacia los lados. Lamentablemente, eso sólo transfiere la arruga a otro lugar. La técnica que le enseñamos se aprende rápidamente, y pensamos que le va a gustar mucho.

Pruebe hacer sus próximos burletes de la forma que los hicieron Frank y George. También sirve para eliminar las arrugas en las esquinas de curvas cerradas, de las cuales cada puerta tiene dos.

7 • Fabricación e instalación del recubrimiento del techo

Foto 1. Esta es la tira de vinilo de la que hablamos en el manual. Dos piezas unidas con cemento, una sobre la otra. Para asegurarlas mejor, también se han engrapado.

Sugunda parte Instalación

Ya estamos listos para comenzar a fabricar y luego instalar un recubrimiento de techo personalizado. Este es un capítulo largo, así que no haremos una gran introducción, sino que pasaremos directamente a los detalles.

Burletes

En el capítulo anterior vimos cómo se hacen los burletes personalizados: cementados, no cocidos. A fin de tratar el tema de la colocación de espuma en un orden lógico, omitimos el proceso de instalación. Seguiremos desde allí.

Dado que en el mundo de la tapicería de autos hot rod todo se hace sobre la marcha, cualquier cosa que usted pueda hacer para que el burlete se mantenga alrededor de la puerta está bien. La mayoría de los autos que se convierten en rod tienen más de 30 años de antigüedad. Después de 30 o 50 años, el material que una vez sostuvo los burletes adheridos a la carrocería se ha deteriorado y ya no existe. Entonces, nos toca a nosotros ya sea reemplazar el material o encontrar la manera de mantener el burlete en su lugar. El Ford del 57 presenta algunas soluciones interesantes para este problema y nos sirve como punto de partida.

Reemplazo de la banda de retención

Lo que se usaba originalmente para sostener los burletes era una especie de "banda de retención" que se sujetaba con tachuelas. Al principio se hacían de fibra impregnada en alquitrán. Esto funcionaba muy bien cuando los especialistas que acondicionaban los autos utilizaban tachuelas.

Este material perdió prestigio en sólo unos pocos años. Cuando el alquitrán se calentaba, se derretía y manchaba el burlete y el recubrimiento del techo. Entonces, se reemplazó por papel kraft; se retorcía como una cuerda, se aplanaba con una prensa, y quedaba en una forma cuadrada. Venían en tiras de 3/8 por 5/8 de pulgada.

Este material ya no manchaba la tela, pero se negaba a quedarse sujeto con una tachuela por mucho tiempo. La llegada de la pistola grapadora para reemplazar el colocado manual de tachuelas solucionó el problema. Luego, en la década del 60 también se dejaron de hacer los antiguos burletes, y todo se convirtió en una cuestión muy debatible. Por años, sin embargo, siguieron haciendo la banda de retención de papel. Lamentablemente, para 1980 ya no se podían encontrar más, y los especialistas en personalización de autos comenzaron a desarrollar sus propias soluciones. La más popular fue una banda de vinilo de 1/4 de pulgada por 5/8. Todavía se le da muchos usos en la actualidad. Se puede comprar en rollos de 50 y 100 pies en las tiendas de telas. Si no hay una en su localidad, busque en nuestra lista para ver cuál es el proveedor más cercano.

Ford de 1957

Nuestro Ford tiene ese material en parte de la canaleta de la puerta. Dado que la banda de retención original tenía un grosor de 1/2 pulgada, tuvimos que usar dos capas del material vinílico. Se mantiene sujeta en su lugar con cemento de contacto y por su propia tensión en la canaleta. En muchos casos es necesario no sólo cementarla, sino poner algunos tornillos para asegurarla.

Para ello, usamos tornillos de cabeza plana Phillips, número 6 u 8. La cabeza ancha y plana del tornillo presenta una buena superficie para presionar sobre el vinilo. Algunos utilizan tornillos de cabeza avellanada, pero hemos visto que el vinilo a veces se sale. Así que use tornillos de cabeza plana de ser posible.

Los Ford de los años 50 venían con una especie de abrazadera de

Fotos 2 y 3. Este es un gran truco para reemplazar las bandas de retención de todos los Ford de los últimos años de la década del 50. Incluso si tiene los retenes de los burletes, deséchelos. Entonces, aplane las dos aletas horizontales con un martillo (ver flechas). Coloque sobre el borde un listón de madera de 1/2 pulgada y sosténgalo con la aleta de arriba. Por último, ponga un par de tornillos en los extremos.

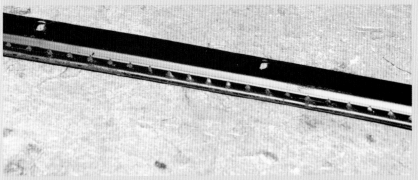

Foto 4. Este es un trozo del retén del recubrimiento del techo de un Ford Pinto del 70. Lo que se ve aquí es el reverso de la tira. Se pueden notar las endentaduras que sostienen el recubrimiento.

Fotos 5 y 6. Para moldear el retén de la forma de la puerta, haga cortes a intervalos de aproximadamente una pulgada a lo largo del borde. De ese modo podrá doblarlo. Utilice una cizalla para hacer los cortes, y póngase guantes gruesos de cuero para doblar el metal.

Foto 7. Para terminar de sujetar el burlete al auto, he aquí un método más. Corte un trozo de madera laminada que calce en el surco. Adhiéralo con cemento, tornillos o ambos. En este ejemplo no había suficiente espacio para los tornillos.

retención de metal de muy mala calidad para sujetar el burlete. Sólo se podía usar una vez, y luego se rompía. Durante la década del 60 todavía se podían conseguir a través de los concesionarios. Ahora, ellos ni siquiera saben lo que son, así que ni pensar en que las tengan. A nuestro amigo George se le ha ocurrido una gran solución.

Hay tres "aletas" estampadas en la lámina de metal, que originalmente sujetaban el gancho del burlete. George aplana las dos aletas horizontales y deja la vertical en su lugar. Entonces corta un listón de 1/2 pulgada del mismo ancho de la abertura de la puerta. Lo coloca en la canaleta encima de la puerta, martilla la aleta vertical hacia abajo por encima para sujetarlo, y sujeta los extremos con tornillos para láminas de metal número 6. De esta forma se obtiene una instalación muy sólida, en la cual se pueden poner grapas sin temer que se salgan. Creo que es un muy buen truco.

Con esa base sólida, es fácil engrapar el burlete todo en derredor de la puerta. Nos gusta que al terminar nos sobre aproximadamente una pulgada de burlete, para luego atornillarlo sobre el piso del auto. La alfombra se encarga de cubrir el extremo y el tornillo. Haciendo esto, nadie podrá desprender el burlete con un puntapié al entrar o salir del auto.

El Willys

Nuestro Willys presenta una serie de problemas totalmente diferentes. Debido a que es una réplica de fibra de vidrio, no hay ningún método "original" de colocación de los burletes. Así que Ron inventó uno. Recuerde, la mayor parte de la capota de este auto está cubierta de fibra. Por eso es fácil sencillamente cementar o engrapar el burlete. Donde no hay fibra, Ron utilizó madera laminada de 1/2 pulgada cortada con la misma forma. No es muy original, pero sí eficaz. La parte original del montaje es el acabado del recubrimiento del techo todo alrededor de los burletes.

En los primeros años, el acabado de los recubrimientos de techo alrededor de los burletes se hacía con un producto llamado Hide-um. Era un ribete decorativo en el que se podían poner tachuelas en una hendidura a tales efectos. Luego esa hendidura se cerraba, dejando la tachuela cubierta. Después, los paneles cubrían las tachuelas que sostenían el recubrimiento del techo y se moldeaban para que calzaran perfectamente contra los burletes.

En los últimos años de la década del 50 y durante la mayoría de la del 60, la mayor parte de los autos tenían lo que algunos especialistas llamaban una "tira tigre". Era de acero o aluminio y tenía un borde arrollado debajo del cual había una hilera de protuberancias parecidas a dientes afilados. El recubrimiento del techo se colocaba de manera que quedara sujetado debajo de ese borde. Los "dientes" impedían que el recubrimiento se saliera de su lugar. Por supuesto, esa pieza se hacía siguiendo el contorno de los burletes. Cuando Ron trató de comprar este material, casi todo lo que encontró ya estaba moldeado en la forma de determinadas puertas en particular. Pero entonces se topó con la solución: los Ford Pinto.

El Pinto tiene unas bandas de retención largas y rectas. Por ser rectas, se pueden curvar en la forma que uno necesite. Mire las fotos 4, 5 y 6. Ron hace cortes a lo largo del borde superior a intervalos de aproximadamente una pulgada con una cizalla (una de esas grandes tijeras para cortar metal). Luego, con no poco trabajo manual, dobla el material de modo que se amolde a casi cualquier puerta. Una vez que logra la forma deseada, lo sujeta con tornillos. Observe, sin embargo, la cantidad de tornillos que coloca, muy cerca unos de otros. Eso facilita el procedimiento de moldeado y permite una buena retención. Ahora sólo habrá que colocar el borde del recubrimiento del techo debajo del retén para lograr ese primoroso acabado del borde, alineado perfectamente con el burlete.

La camioneta de reparto

En la camioneta de reparto hay una combinación de todo lo que hemos visto hasta ahora; además de un

Fotos 8 y 9. A veces, las carrocerías de fibra no son perfectas. Aquí se puede ver que las jambas de la puerta no están completamente derechas. Para compensarlo, Frank dispone el burlete en forma recta. Con la puerta cerrada y dentro del auto, el panel y el burlete coinciden bien.

Foto 10. Sujete el burlete al auto de cualquier manera que pueda, siempre que esté derecho y luzca bien. En nuestra camioneta de reparto, Ron utilizó remaches pop.

Foto 11. Note que George ha instalado un aislante acústico de rebond entre cada uno de los arcos. Nunca instale un recubrimiento de techo sin algún tipo de aislamiento.

Foto 12. Esta foto demuestra cómo la experiencia hace que el trabajo se realice con más rapidez. Le recomendamos colocar todo el panel en el auto antes de marcarlo. Aquí, George doble el material en dos, lo sostiene con la cabeza y marca un extremo. Usando esta marca, cortará los dos extremos juntos. Ese procedimiento le ahorró unos cinco minutos. Cinco minutos por día, doce veces, ahorra una hora completa. Sin embargo, si es un principiante, no se apresure; tómese el tiempo necesario para hacerlo bien. Más adelante podrá tomar velocidad.

Fotos 13 y 14. Esta es la forma en que le recomendamos que ajuste los paneles del recubrimiento del techo. Coloque el material en el lugar indicado con cemento y marque el lugar de las costuras y la ubicación de la pieza. Agregue marcas testigo en cualquier sitio donde crea que le será de utilidad para cocer o en la instalación.

Fotos 15 y 16. Tras marcar un extremo para la costura, George corta lo que sobra. Luego dobla el material al medio y utiliza el primer extremo como un molde para el otro. Esto le asegura que ambos extremos del panel serán idénticos.

Foto 17. Mire la foto 14 y note las marcas que George hizo para el comienzo de las cintas. En esta foto puede ver cómo comienza a cocer la cinta en esa marca. Cuando hace cualquier tipo de marca es como si se escribiera una nota a usted mismo, de modo que utilícelas ampliamente para asegurarse de que todo encaje bien.

Foto 18. Inserte los arcos del recubrimiento dentro de las cintas. Comience a hacerlo desde la parte trasera hacia adelante.

Foto 19. George tiene el recubrimiento extendido desde la mitad en ambas direcciones y cementado temporalmente en la parte delantera. Observe qué pocas arrugas hay cuando llega a esta etapa. La razón es que primero hizo un ajuste muy preciso.

pequeño truco. A lo largo del marco de la puerta, en la zona del panel lateral delantero, el equipo de Ron no sólo decidió cementar el burlete, sino también agregar remaches pop. El papel lateral delantero y el burlete que lo rodea soportan muchos golpes. Si no puede colocar algunas grapas en esta zona, use tornillos o remaches pop para sujetar bien el burlete.

Fabricación e instalación del recubrimiento del techo

La mayoría de los que tenemos experiencia en la personalización de autos llamamos a uno de los fabricantes del mercado de reposición cuando necesitamos un nuevo recubrimiento de techo. Si el cliente quiere usar un material poco usual para su recubrimiento, lo empacamos y se lo enviamos al fabricante. Ellos se encargan de cortarlo con uno de sus moldes y cocerlo, y luego nos lo vuelven a enviar.

Es interesante que para hacer su molde, el fabricante primero compró un recubrimiento original, lo desarmó, y luego hizo moldes a partir de esas piezas. Muy pocos se hicieron ajustándolos al auto. Por ello, para muchos de nosotros, se ha convertido en un arte perdido. Usted, sin embargo, tiene la oportunidad de volver a aprender ese místico arte y así convertirse en uno de los pocos que pueden hacer un recubrimiento de techo a medida para cualquier automóvil que exista.

Preparación

El Ford del 57 es el modelo que utilizaremos para esta demostración. Observaremos a George mientras hace todo esto. Sólo para darnos un poco más de envidia, George cortó el recubrimiento, lo coció y lo instaló en poco más de nueve horas.

El auto vino al taller sin ventana trasera ni parabrisas. También se le habían quitado todos los arcos y no estaban sus marcas. Así que, para ahorrarse una enormidad de tiempo y muchos dolores de cabeza, numere los arcos antes de quitarlos. El acabado del recubrimiento también quedará mucho mejor si quita el parabrisas y la ventana trasera.

George coloca cuidadosamente cada arco en su lugar. Luego los fija bien con un poco de cemento de contacto para que no se muevan cuando esté probando el recubrimiento. No hay que usar mucho cemento para no tener problemas más tarde. Después de instalar los arcos en su posición correcta, comienza el procedimiento de medición y ajuste.

Ajuste

Como con cualquier operación de tapizado o acondicionamiento hay dos pasos iniciales: buscar la línea central y encuadrar el material. George comienza con una línea central en el frente y otra en la parte trasera. Si lo desea, puede hacer líneas centrales en cada uno de los arcos. Sin embargo, no es necesario, ya que realizará marcas testigo a lo largo de cada pieza para alinearlas. Además, deberá ubicar y hacer coincidir los centros de cada pieza que ajuste.

George mide el ancho más grande entre cada arco y agrega aproximadamente 2 pulgadas a cada lado. Esto le dará suficiente espacio para hacer los ajustes necesarios. Note que en la ventana trasera, mide y corta desde el último arco hasta el panel de la cajuela o maletero. Esto permite que el panel sea de una sola pieza a lo largo del borde de la ventana trasera. El trabajo de ajuste comienza en el frente y sigue hacia la parte trasera.

El secreto de todo esto está en rociar una capa de cemento, liviana y angosta en el arco y en el material. Ahora puede colocarlo, mantenerlo en su lugar, estirarlo para eliminar las arrugas, y luego marcarlo con tiza a lo largo de cada arco.

George dobla a la mitad la pieza delantera, hace un pequeño corte en el borde con la tijera para marcar el centro, y luego hace una línea central

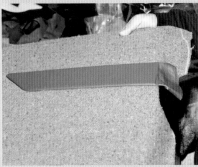

Foto 20. Luego de sujetarlo en el frente, George cementa la parte trasera. En los talleres de trabajo rápido desprenden la goma de alrededor de la ventana trasera y cementan el sobrante del recubrimiento detrás de ella. Nunca luce bien, y raramente queda liso. Pero si usted es un tapicero de autos personalizados, siempre quite el parabrisas y la ventana trasera.

Fotos 24 y 25. Al igual que hizo con el panel de la puerta, George agrega piezas accesorias al recubrimiento del techo y los paneles laterales; las instala con cemento y grapas.

Foto 21. El recubrimiento del techo está completamente instalado y listo para colocar el vidrio.

Foto 22. El recubrimiento terminado y listo para entregar. Un trabajo impecable, sin duda.

Foto 23. George ha aplicado la tela a la capota y los lados de la camioneta. Siempre comience con una línea central en la tela así como en la espuma. De ese modo podrá hacer que las dos coincidan, lo cual resultará en una aplicación pareja. Si omite este paso, es posible que termine con el material en ángulo.

Fotos 26 y 27. La camioneta de reparto comienza a tomar forma. Sin lugar a dudas luce muy diferente que la tapicería original.

72

Foto 28. Para hacer la pieza central, George tuvo que unir con cemento tres planchas de cartón prensado. Note la línea central trazada con lápiz.

Foto 29. Estamos listos para recubrir de espuma el panel central. Si observa detenidamente, notará las zonas donde se lijaron los bordes de unión del cartón. De esa forma, no se verán a través del producto terminado.

Foto 30. George ya tiene el panel listo para tapizar. Los agujeros para los focos del techo se han cortado y la superficie de la espuma se ha raspado para que el cemento se adhiera mejor.

Foto 30a. El panel terminado cementado en su sitio. Le recomendamos que rocíe ambas superficies con una capa mediana de cemento y permita que se sequen. Cuando estén totalmente secas (por lo menos una hora), aplique una segunda capa fina, deje secar por unos cinco minutos y luego las dos superficies.

en todo el ancho del material. En la fotografía se puede ver a George con el material doblado sobre sí mismo en la línea central y ajustando el primer arco. George lleva años haciendo este tipo de trabajo. Puede ajustar una mitad y hacer el otro lado a partir del que ya ajustó. Si éste es su primer intento, o incluso uno de varios intentos, coloque todo el panel totalmente extendido de modo que pueda ver que no queden arrugas.

En las fotografías puede ver que George coloca los paneles uno a la vez, pegando y ajustándolos, y luego hace sus marcas testigo. Note que también hace una marca de ajuste en el borde del marco de cada puerta y a lo largo del marco de la ventana. Esto será importante cuando recorte los sobrantes en la mesa de trabajo. Cuando todas las piezas están ajustadas y numeradas, George las reúne y las lleva a la mesa de trabajo.

Recorte

Para comenzar, George despliega la pieza delantera sobre la mesa de trabajo y comienza a recortar los sobrantes, dejando 1/2 pulgada para la costura. Sin embargo, sólo recorta la mitad de la pieza. Luego la dobla por la línea central. Verifica que la otra mitad de las líneas de ajuste del panel coincidan con la mitad que acaba de recortar. A continuación corta la segunda mitad para que coincida con la primera.

De este modo, George se asegura que ambos lados del panel sean idénticos. Si un lado es más angosto que el otro, se puede corregir en esta etapa. Y también si es más grande. En ocasiones es necesario recortar un poco el primer lado y agregar un poco en el otro para obtener un ajuste idéntico. Es más importante que ambos extremos del panel sean iguales que preocuparse demasiado por 1/4 ó 1/2 pulgada. Con este material, una cantidad tan pequeña se puede compensar estirándolo.

Anteriormente mencionamos que era importante marcar alrededor del borde del marco de la puerta y de la ventana. De ese modo logrará dos cosas. Primero, cuando comience a coser tendrá las líneas necesarias para

hacer coincidir el material. Segundo, si dobla el material de modo que las marcas se junten, obtendrá un centro exacto. Haga una pequeña muesca con la tijera, y tendrá una línea central marcada. Una vez más, ajuste cada extremo del panel de modo que sean iguales. Haga lo mismo con todos los paneles. Cuando cada uno de los paneles esté recortado con 1/2 pulgada para la costura, ambos extremos sean iguales, y haya marcado una línea central, entonces estará listo para comenzar a coser.

Costura

De aquí en más es bastante sencillo. George tiene un rollo de cinta de 3 pulgadas. Si usted no realiza suficientes revestimientos de techo como para justificar la compra de rollos de cinta, confeccione su propia cinta con muselina bien fina, de un grosor similar al de una sábana. Corte tantas tiras de 3 pulgadas de ancho de este material como la cantidad de arcos que tenga. Si desea un resultado de primer nivel, corte el material al sesgo (diagonalmente). Esto permite que el material se estire en dos sentidos y producirá menos arrugas.

Doble el material a la mitad y cosa los extremos al vinilo o a la tela. Lo que estará haciendo, realmente, será un "tubo" o un "túnel" de tela para que el arco que lleva el recubrimiento del techo calce dentro del mismo.

Comience a colocar las cintas aproximadamente a 1-1/2 pulgadas de la marca que hizo en el marco de la puerta y la ventana. Es mejor si no tiene cinta en esta zona, ya que cuando ponga el material alrededor de los retenes del recubrimiento, no convendrá que tenga el grosor adicional que provocaría la tira. Cósalos entre sí, haciendo coincidir todas las marcas.

Es posible que deba estirar un poquito aquí y allá para que todas las marcas queden alineadas. Si algunas de las marcas están demasiado alejadas entre sí como para alinearlas correctamente, es que hizo algo mal. Desarme su trabajo y vuelva a ajustarlo. Pronto descubrirá su error. Corríjalo a tiempo, antes de intentar instalarlo.

Instalación

Si aún no lo hizo, ponga aislante en la capota, según las instrucciones del capítulo 6. No omita este paso; es muy importante para la calidad del aislamiento acústico en el trabajo terminado. Con el aislamiento colocado, instale los arcos.

Comience con el arco delantero o con el trasero y páselo por las cintas. Por el momento, céntrelo a ojo. Luego, uno a uno, inserte los otros, también centrándolos a ojo. Ordene todo, reúna la piezas del recubrimiento del techo y suba al vehículo.

Instale primero el arco trasero. Trabaje siempre desde la parte trasera hacia la delantera. Todos los productos Ford y la mayoría de las demás marcas tienen uno o dos pequeños ganchos que fijan el arco al borde superior del marco de la ventana trasera. Si éstos se han perdido, haga unos nuevos con un trozo de alambre. Asegúrese de que los extremos no perforen el recubrimiento del techo. Al hacer esto, cuando jale del recubrimiento del techo para dejarlo tirante a medida que trabaja hacia el frente, no quitará el arco trasero de su posición. Cuando estén instalados todos los arcos, centre el recubrimiento del techo.

Para ello, alinee las marcas centrales en los paneles delanteros y traseros con las líneas centrales que dibujó en la capota. Céméntelos temporalmente en su lugar. A continuación, comience a quitar las arrugas. Alíselas hacia los bordes. Comience con el arco del medio y recorte aproximadamente 1/2 pulgada de las cintas. Puede cortar en cualquier lugar de las cintas excepto en la línea de la costura. Mantenga intacta la costura. Alise algunas arrugas dando pequeño tirón. Repita esta operación tantas veces como sea necesario para quitar las arrugas de uno de los lados de la costura. Luego haga lo mismo del otro lado. Debe repetir esta operación a lo largo de todas las costuras hasta que no haya ninguna arruga en el recubrimiento del techo. De aquí en más, el recubrimiento del techo se instala de la misma forma que cualquier unidad del fabricante original o del mercado de reposición.

Si desea un análisis detallado del procedimiento de instalación del recubrimiento del techo, consulte el libro *Automotive Upholstery Handbook* de California Bill's Automotive Handbooks. Allí encontrará todos los detalles sobre dónde cortar, cómo jalar, el uso de herramientas y todo lo que necesite para instalar su primer recubrimiento de techo o mejorar su técnica actual.

Recubrimiento del techo de una pieza o sin costuras

Uno de los "trucos" que adoran los amantes de los hot rod son los recubrimientos de techo de una pieza creados sin costuras. Cuando se hace un recubrimiento de ese tipo, es posible tallar diseños en la espuma subyacente y formar zonas más prominentes agregando espuma y de otras maneras; sólo hay que dejar volar la imaginación para crear algo fascinante, inusual y creativo. La primera demostración de este tipo de recubrimiento del techo comienza con la camioneta de reparto. Luego lo analizaremos y lo demostraremos con el Willys.

La camioneta de reparto

Preparación

Cuando dejamos la camioneta de reparto, tenía instaladas todas las piezas de fibra de la capota y los lados. Se habían hecho las curvas de cartón prensado y se había cementado y colocado una capa de espuma de poliuretano de alta densidad de 1/4 de pulgada. George Torres había tallado unas atractivas líneas en la espuma. Ahora, estamos listos para comenzar a tapizarla.

Como se puede observar en las fotografías, el recubrimiento del techo de la camioneta de reparto tiene una disposición de tres piezas. Una pieza central grande está revestida en cuero (el largo de un cuero entero) con dos

Foto 31. Frank y George deben tomar el cuero cementado entre los dos y introducirlo en el auto. Note que está doblado al medio, a lo largo de la línea central.

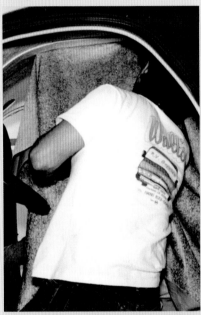

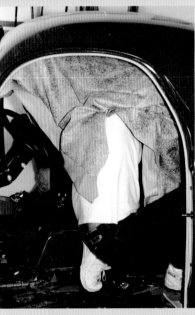

Fotos 32 y 33. Frank comienza la colocación haciendo coincidir las líneas centrales. Después de alisar el centro, comienza a trabajar en el lado del conductor.

Foto 34. Retomamos el trabajo después de terminado el lado del conductor. El centro está sujeto con firmeza, pero el borde todavía no está definido.

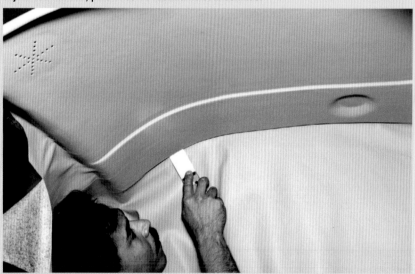

Foto 35. Con su espátula flexible, Frank trabaja alrededor del borde de la pieza central y la ajusta bien.

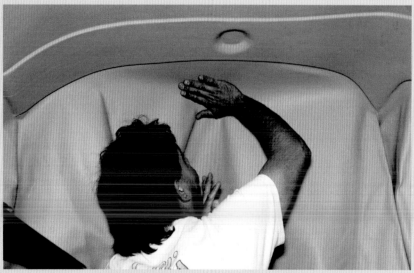

Foto 36. Comienza trabajando el cuero hacia afuera desde el centro en todas direcciones. Puede ver la hendidura para la luz justo detrás de su mano derecha.

piezas a los lados que cubren un tercio de la capota y llegan hasta la mitad de los paneles laterales. El resto de los lados están hechos de dos piezas de todo el ancho de la tela, que mide 54 pulgadas. Esto se demuestra muy bien si se observa la fotografía 22 en la página 61 y luego la fotografía 30a en la página 72. La pieza que nos interesa es la que compone parte del recubrimiento del techo.

George desea que la tela se extienda en forma recta en todo el largo del vehículo. Por lo tanto, marca una línea central del largo de la sección que planea tapizar y una línea central correspondiente a lo largo del reverso de la tela. Al hacer coincidir estas dos líneas centrales el material se extenderá recto y parejo.

Instalación

George rocía una capa mediana de cemento tanto en la tela como en la espuma. Deja que se seque hasta que pase la prueba que se describió anteriormente. Cuando ambas piezas están secas, hace coincidir las líneas centrales y pasa su mano sobre el material, colocándolo en su lugar. Como se describió anteriormente, si aplica muy poca presión en esta etapa, el material se puede despegar de la espuma sin efectos negativos. Ahora George comienza a trabajar desde la línea central hacia ambos lados, alisando el material sobre la espuma para eliminar cualquier arrugas. Si nota que se está formando una arruga, despega la tela, ajusta el exceso de tela que está formando la arruga y luego alisa el material en su lugar una vez más. Por último, como lo vio hacer en la sección del panel de la puerta, usará su espátula flexible para introducir la tela en los surcos cortados previamente en la espuma. Esto proporciona el efecto de diseño que llamamos estilo "duro".

La tercera sección del recubrimiento del techo de "una pieza" es la parte central de cuero. Para hacerlo, George comenzó haciendo un molde. Debido al largo de la misma, la formó cementando tres planchas de cartón prensado. Luego dibujó una línea central del largo de las tres piezas. Dibujó, a ojo, una línea curva que se adecua a la idea de su diseño. Finalmente, se refinó esta línea y se cortó el sobrante. La forma más rápida y sencilla de refinar una línea curva es doblar una vara de una yarda a lo largo de la misma. Mientras sostiene la vara doblada, haga que un ayudante marque la línea corregida con un lápiz o un bolígrafo.

Para que ambos lados fueran iguales, George dobló las mitades a lo largo de la línea central, luego usó el borde formado como un molde para marcar el lado opuesto. Es lo mismo que hizo George para igualar los dos extremos de las piezas del recubrimiento del techo del modelo del 57. El modelo resultante, con lados idénticos, se podía usar entonces para dos soluciones. La primera era elaborar las líneas de la fibra de la capota sobre la cual George colocaría la espuma, y la segunda era hacer una pieza central para revestir en cuero.

Para la camioneta de reparto, Ron, George y el cliente decidieron que la pieza central debería construirse de cartón prensado recubierto con espuma de 1/4 de pulgada. Si hubieran deseado que el diseño se destacara más con respecto a las piezas laterales, éste se podría haber hecho de una plancha de fibra o incluso de madera laminada.

George cementó tres plachas más de cartón prensado entre sí para hacer la base para su pieza central. Sin embargo, esta vez pulió los bordes del cartón en la unión del pegamento para evitar que se formaran bultos que afectaran la espuma y el cuero en estas uniones. Terminó el panel cementando una capa de espuma de 1/4 de pulgada sobre el cartón y cubriéndolo con cuero. El producto terminado se destacó del resto del recubrimiento del techo por el espesor del cuero, del cartón y del borde de la tela del recubrimiento, sobre la que se cementó el panel. Este espesor fue de aproximadamente 3/16 de pulgada.

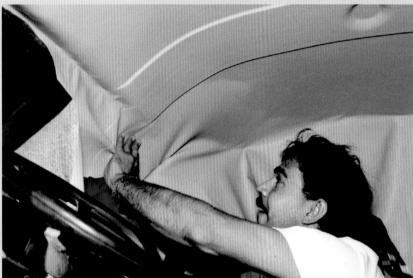

Fotos 37 a 39. Desde el centro, trabaja hacia atrás; luego, desde el centro hacia el frente. Puede ver su mano derecha detrás del cuero, manteniéndolo separado de la espuma mientras que con su mano izquierda lo presiona con fuerza. También usa la mano derecha para jalar el material.

Foto 40. El último paso es hacer la terminación alrededor del burlete y luego pasar el borde del sobrante por debajo de la banda de retención.

Foto 41. Hermoso trabajo. Parece como si el cuero se hubiese aplicado en aerosol. Siga cuidadosamente las instrucciones, y hasta su primer trabajo puede quedar así.

Instalación del recubrimiento del techo del Willys

El recubrimiento del techo del Willys presentó un problema mayor que el de la camioneta de reparto. El recubrimiento del techo del Willys es verdaderamente un área cóncava de dos vías que se debe cubrir sin costuras. Si bien es una tarea impresionante, no es imposible. El secreto yace en el estiramiento.

¡Frank comienza con una pieza de cuero completa! En lugar de preocuparse por cuánto debe dejar como sobrante, simplemente usa una pieza completa. Todo lo que recorte, si las piezas son lo suficientemente grandes, lo usará para otras cosas. No desea que le falte después de trabajar toda la mañana para hacer entrar esta cosa.

Como siempre, se aplica cemento tanto al cuero como a la espuma y se deja secar. También, como de costumbre, Frank comienza en el centro y va trabajando hacia ambos lados. Sólo hay una curva en dos sentidos en el centro del recubrimiento. Esto le proporciona a Frank una buena base para comenzar el proyecto con una instalación sencilla. Comienza aplicando suavemente el cuero sobre la porción de espuma que está elevada y que vimos en el último capítulo. Trabaja el cuero cuidadosamente sobre el borde de esta pieza central y luego define el borde con su espátula flexible. Trabaja primero sobre un lado del vehículo y luego sobre el otro.

Como se dijo anteriormente, el secreto para hacer esta curva interna es la forma en la que se estira el cuero. Imagine el interior del vehículo como un tazón gigante. Debe trabajar el cuero no sólo desde el centro hacia la derecha o hacia la izquierda, sino desde el centro en todas las direcciones (360 grados). Después de establecer la base, Frank jala suavemente desde el centro hacia fuera, primero en un lado, luego en el otro, trabajando como si estuviera en un tazón, desde el centro hacia el borde y, en nuestro caso, desde el centro hacia el piso. Jala con una mano y alisa con la otra.

En el último capítulo, cuando Frank instaló la espuma, jaló casi de la misma forma. Allí, tuvo algunas pequeñas arrugas que pudieron quitarse con papel de lija. Las arrugas que se forman en el cuero no se pueden lijar. Por lo tanto, debe estirar cada una de ellas, jalando directamente hacia abajo y no hacia el costado. Esto fuerza a las arrugas entre sí. El cuero puede ceder lo suficiente de modo que absorba las arrugas más pequeñas. Esto funciona también con la tela pero no tan bien con el vinilo. El vinilo es tan denso que hay muy poco espacio para absorber arrugas. Cuando Frank ve que se está intentando formar una arruga importante, levanta el cuero, lo ajusta un poco y lo vuelve a trabajar hacia abajo, esta vez sin la arruga.

Finalmente, todas las arrugas se estiran, se comprimen o desaparecen alrededor del marco de las ventanas o de la puerta. Luego Frank le da la terminación alrededor de las puertas empujando el borde del sobrante del cuero debajo de las "tiras tigre" que instaló anteriormente y cementando los extremos sueltos alrededor de las ventanas.

Resumen

Este capítulo le ha ofrecido mucha información nueva. Ha visto a George hacer un recubrimiento de techo de varias piezas. El truco consistía en cementar los paneles de tela a los arcos y hacer el ajuste a partir de allí. La mayoría de los especialistas en personalización de autos que conocemos utilizan el recubrimiento viejo como molde o compran una unidad ya hecha. Ahora usted puede hacer un recubrimiento de techo para cualquier vehículo, incluso un Bugatti Royale o un Hispano-Suiza.

En la camioneta y el Willys vio cómo dos excelentes artesanos "moldeaban" los recubrimientos dentro del vehículo sin arcos ni costuras, sino con mucho jalar y jalar. Es importante trabajar despacio en ese caso. No se apresure. Si trabaja lenta y cuidadosamente, le saldrá bien la primera vez. Si lo hace muy de prisa, cometerá errores y tendrá que retirar el material y volver a empezar, lo cual le llevará el doble de tiempo.

ALTAVOZ

¡Cielos, creo que tapó los altavoces con ese recubrimiento de techo!

Bueno, da esa impresión, pero no los tapó. El taller de Ron se ha encontrado con este problema antes, de modo que Frank estaba listo. Sigamos las fotos y veamos cómo se ha resuelto el problema.

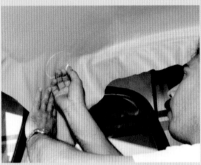

1. Frank comienza cuando la capota está casi terminada. Busca la ubicación del altavoz y traza un círculo con tiza alrededor.

2. A ojo, hace una línea vertical y otra horizontal dentro del círculo.

3. Esta es una herramienta que Ron inventó para resolver el problema que estamos demostrando. Es un círculo de cuero con agujeros de 1/8 de pulgada dispuestos en anillos concéntricos.

4. Frank coloca este molde sobre el círculo que acaba de dibujar y alinea los agujeros del molde con las líneas que trazó.

5. Con un lápiz, hace marcas en el cuero a través de los agujeros del molde. A continuación utiliza un borde derecho para asegurarse de que todos los puntos sigan una línea recta.

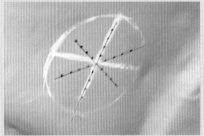

6. Así es como se ven las marcas terminadas. Frank optó por un diseño un poco diferente del que había dibujado con tiza al principio.

7. Con un punzón para cuero, Frank perfora cada una de las marcas del cuero. Para este trabajo escoge el punzón más largo de la herramienta: el de 1/8 de pulgada.

8. El trabajo terminado es sutil, no obstruye nada, y es muy eficaz.

8 • Fabricación y colocación de alfombras

Parte anterior, trasera y cajuela

El interior de nuestro automóvil está casi completo. Todavía quedan por completar dos componentes principales. El automóvil debe tener todo el revestimiento de la alfombra, y luego se podrán instalar los asientos recién tapizados. En el próximo capítulo comenzaremos el análisis de los asientos. Sin embargo, por ahora debemos concentrar nuestra atención en la colocación de la alfombra. Comencemos con una breve descripción de las nociones básicas para la colocación de alfombras.

Tipos de pelo

Hay dos tipos principales de alfombras: de pelo en bucle (buclé) y de pelo recortado. En la fabricación de alfombras, para lograr la altura del pelo, la máquina que teje la alfombra enrolla las hebras en forma de bucle aproximadamente de 3/16 a 1/2 pulgada por encima de la base o entramado de fondo. Si esta trama queda intacta, la llamamos alfombra buclé. Una alternativa a dejar el pelo tal como proviene del telar es cortar la parte superior del bucle. Cuando hacemos eso la llamamos alfombra de pelo recortado. Debido a que se trata de un paso que se agrega en el proceso de manufactura, la alfombra de pelo recortado es más costosa que la alfombra buclé.

Cuando la fábrica produce una tanda de alfombras de hebra recortada se tejen las hebras más apretadas entre sí para crear una alfombra más densa. Debido a que se utiliza más hebra, y ello implica un mayor costo de manufactura, el precio aumenta.

Foto 1. La forma más segura de cortar la alfombra es contar con un diagrama de corte. Si usted se queda sin la suficiente cantidad de alfombra, como le ocurrió a Juanito, realice su diagrama de corte directamente sobre la alfombra.

Tipos de hebra

El pelo de la alfombra se teje a partir de tres hebras diferentes: rayón, nylon y lana.

El rayón es el menos costoso de los tres, seguido de cerca por el nylon. La lana, el material que elige la mayoría de los entusiastas de los hot rod, es un tercer material muy costoso. En general la lana es cuatro veces más cara que el nylon. No obstante, sin tener en cuenta la sensación al tacto que produce una alfombra de lana auténtica, también durará más de cuatro veces que el nylon o el rayón. En consecuencia, no solamente es un material de lujo, sino que también es rentable para el cliente.

Base

La base o entramado de fondo, al igual que el pelo, también se presenta en tres (a veces cuatro) tipos o estilos. El menos costoso es un material de lona-algodón. Debido a que el algodón es tan liviano el fabricante deberá reforzar esta base con un material similar al plástico que se rocía durante el proceso de manufactura. Esto tiene dos objetivos: primero, le agrega mayor cuerpo a la alfombra, y segundo, evita que el pelo se desprenda o se deshilache.

Las alfombras más costosas se fabrican con una base de yute. Este material, mucho más robusto que el algodón, prácticamente elimina la posibilidad de que las hebras se desprendan o se deshilachen. Las alfombras de lana de calidad superior siempre tienen una base doble de yute.

En las alfombras con doble base de yute el pelo se teje sobre una capa de yute, y luego se une otra capa a la primera. Este tipo de fabricación hace que la alfombra sea prácticamente indestructible.

A veces nos encontraremos con una alfombra cuyos bucles están unidos con una base plastificada que posee una red de nylon incrustada en la misma. Este es el tipo de base que se encontrará con frecuencia en las alfombras bereberes (que se analizan más adelante). Una de las ventajas de este tipo de alfombras es que se puede quitar la red de nylon de la

Fotos 2 a 4. Para obtener el máximo rendimiento a partir de su alfombra, efectúe el molde de la zona que desea recubrir. Juanito tuvo que hacer un molde del panel lateral trasero para la cajuela o maletero. Trasladó el molde a la alfombra, y se ahorró varias pulgadas cuadradas con respecto al procedimiento de cortar la alfombra primero para luego ajustarla.

Foto 5. Siempre comience por el túnel de transmisión. Recúbralo primero y luego ajuste los contornos.

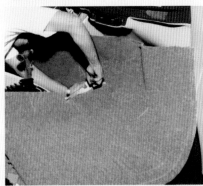

Fotos 6 y 7. Aquí vemos a Frank mientras ajusta la alfombra directamente sobre la zona que tiene pensado recubrir. Esto es más rápido y a veces más exacto que si se hiciera el molde primero. No obstante, siempre requiere una mayor cantidad de material.

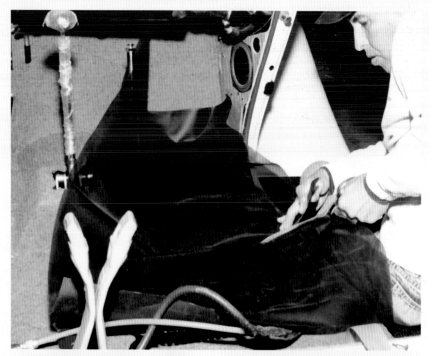

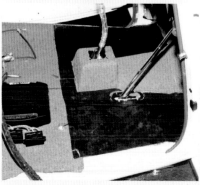

Fotos 8 a 12. En esta serie vemos a Ron usando un material "translúcido" para la confección del molde. Ninguno de nosotros conoce el nombre de este material, ya que se compró especialmente en una subasta para este fin. Gracias a la posibilidad de ver a través del material, Ron puede rápidamente marcar con tiza o gis la zona que desea cubrir. Luego traslada el molde a la fibra. Sería imposible ajustar la fibra sin contar con un molde.

Foto 13. En el caso de los paneles de la parte trasera Ron puede trabajar directamente con el cartón prensado. Aquí tiene la ventaja de comenzar con un borde cuadrado. Ello elimina parte de los ajustes a realizar.

parte trasera. Ello le permite moldear a mano la alfombra en torno a curvas poco pronunciadas y en dos direcciones (o compuestas). Cuando se quita el material de soporte de la parte trasera de la alfombra, la misma debe adherirse al material de aislamiento para evitar que se deshilache.

Estos son los principales tipos de alfombra. Sin embargo, los fabricantes siempre están buscando nuevas formas de producir alfombras mejores y más económicas. En su trabajo, usted verá una gran cantidad de combinaciones de lo anterior y muchas otras que no hemos descrito.

Recuerde que la alfombra de lana es el producto de calidad superior. La mayoría de los clientes deseará tener una alfombra de lana con pelo recortado. No obstante, en los últimos años un tipo de alfombra de lana con pelo de buclé ha adquirido mayor popularidad. Usted debería familiarizarse con este producto. Su nombre proviene de la denominación utilizada en la decoración de interiores: alfombra berebere.

Las alfombras bereberes toman su nombre del pueblo que las tejió por primera vez: los nómades bereberes de Medio Oriente. Estos nómades del desierto tejen una alfombra de pelo de buclé extremadamente ajustado a partir de la lana de sus ovejas. Se utiliza para el piso y los lados de sus tiendas, con lo cual evitan las inclemencias de la arena, el sol, el viento y las ocasionales lluvias. No obstante, en el caso de la industria automotriz y residencial no son los bereberes quienes tejen estas alfombras. Éstas se tejen en fábricas de alfombras comunes pero mantienen el nombre berebere para denotar su estilo y linaje.

Usted o su cliente deberán elegir la alfombra que mejor se adapte a su presupuesto. Sin embargo, tenga en cuenta lo que mencionamos anteriormente a la hora de escoger. Siempre busque lograr la mayor calidad posible por el dinero invertido.

En los capítulos anteriores analizamos el aislamiento del automóvil para amortiguar ruidos y controlar temperatura (manténgalo afuera durante el verano y adentro durante el invierno). Siempre comience su trabajo de instalación de alfombras aislando completamente el piso. Use todo el aislamiento posible y de la mayor calidad que su presupuesto le permita. Volvemos a analizar el tema del aislamiento debido a que su presencia o ausencia alterarán la forma en que ajustará la alfombra. En otras palabras: aísle primero y ajuste después.

Partimos de la base de que usted tiene algo de experiencia en la colocación de alfombras para automóviles. Por lo tanto analizaremos los trucos que utilizamos, así como los problemas a que nos enfrentamos y la forma en que los solucionamos. Si usted no está seguro de cómo colocar una alfombra, consulte nuevamente el manual automotor *Automotive Upholstery Handbook* de la serie de manuales de California Bill. Le guiará paso a paso por todos los puntos básicos.

Volveremos a usar el Willys y el Ford del 34. También observaremos a Ron mientras realiza un par de cosas sobre el modelo del 57.

Disposición y ajuste de las piezas

Para disponer bien las piezas que va a colocar se necesita una buena planificación. Decida primero cuáles sectores serán revestidos con la alfombra y en qué orden lo hará. El procedimiento habitual para la parte anterior de un automóvil es cubrir primero el "montículo" de la transmisión. Luego deberá continuar por la mampara cortafuegos, y a continuación las zonas del conductor y el acompañante. Algunas veces las zonas del conductor y el acompañante incluyen la mampara cortafuegos con una costura que une ambas en el centro del túnel de transmisión. Estas son consideraciones de diseño que únicamente usted deberá sopesar.

A menudo el piso trasero se cubre con una pieza con pinzas cosidas en los ángulos si el panel del piso está por debajo del nivel del eje de mando. Esto es muy frecuente en todos los automóviles de modelos más recientes (desde 1948 en adelante). Los modelos anteriores, como el Willys y la camioneta de reparto, tienen un panel

Foto 14. Se colocó el aislamiento de la cajuela del Willys. Nótense las zonas que se cortaron alrededor de los arcos para las ruedas a fin de albergar el borde sobrante de la alfombra. Este es un ejemplo de una buena planificación previa.

Foto 15. En la sucesión de tareas para revestir una cajuela o maletero con una alfombra, comience por el panel lateral trasero.

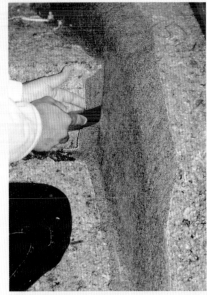

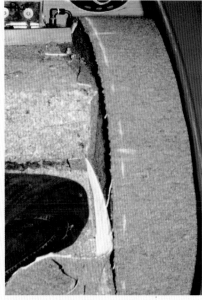

Fotos 16 y 17. Continúe con la parte externa del arco para la rueda. Juanito recorta el material externo para hacer coincidir los bordes del aislamiento a lo largo de la parte superior del arco para la rueda, alrededor del tanque de combustible y sobre el piso. Previendo que lo hará de esta forma, recorta el aislamiento para dejar espacio suficiente.

Fotos 18 y 19. El segundo paso en el operativo de revestimiento es hacer la cubierta para la parte superior del arco de la rueda. Note los cortes que efectuó Juanito para lograr un buen ajuste alrededor de la parte trasera del arco de la rueda junto al panel lateral trasero.

Foto 20. He aquí el producto terminado. Los dos paneles laterales traseros y los arcos de las ruedas se revistieron con la alfombra, sumados al tanque de combustible que se encuentra entre ambos. Juanito sólo debe cortar la alfombra para el piso para así poder terminar el trabajo.

del piso por encima del eje de mando, por lo cual un trozo de alfombra plano suele ser suficiente.

La forma más sencilla de planificar los cortes que realizará es medir y luego dibujar un diagrama de corte. Esto siempre le ahorrará material y a menudo tiempo.

Sin embargo, la realización del diagrama también lleva un poco de tiempo. El material de la alfombra para el Willys es una alfombra berebere de pelo de buclé de uso residencial, tal como lo analizamos anteriormente. Lamentablemente, sólo quedó una pieza, y el equipo de Ron tuvo que lograr todo a partir de esa pieza. Para cerciorarse de cortarlo correctamente Frank y Juanito extendieron la alfombra sobre el piso y dibujaron el diagrama de corte directamente sobre la misma.

En general, usted medirá el área a cubrir utilizando un cuadrado o rectángulo: 15 x 34 ó 21 x 22 pulgadas. Esto es correcto si cuenta con abundante material. No obstante, si tiene poco material haga un molde de la zona a revestir. Luego extienda el molde sobre la alfombra colocándolo en la posición, ángulo o ubicación más favorable. Esto le ahorrará muchísimo material. Juanito hizo un molde para el panel lateral trasero de la cajuela del Willys. Al observar la forma del mismo se puede ver cuánto se habría desperdiciado si se hubiera cortado un gran trozo rectangular para hacerlo calzar en la zona en cuestión.

Otra demostración interesante es el uso que Ron le da a un material que posee un tejido suelto y similar a una red para hacer un molde para el lado del conductor y del acompañante en la camioneta de reparto. Ron puede ver a través de este material y en consecuencia seguirá las líneas debajo del mismo sin necesidad de doblarlo para ver dónde esta marcando. Simplemente extiende el material del molde sobre la superficie a cubrir, dibuja la forma y la recorta correctamente ya en la primera vez. También podrá usar vinilo transparente o un tejido para dar sombra (malla) en este tipo de revestimiento.

Siempre deberá tener un plan; si

no es sobre el papel, al menos deberá tener en su mente la secuencia en la cual revestirá cada zona con la alfombra. Esta secuencia determinará el tamaño de varias de las piezas, y en algunos casos la forma en que se instalará el aislamiento. Esto queda bien demostrado en la cajuela del Willys. Observe las fotografías a medida que analizamos el procedimiento.

Mire detenidamente la foto 14 de la página 81. Allí verá zonas en la parte superior de las ruedas, la parte inferior del alojamiento o arco para las ruedas y otras zonas específicas que carecen de aislamiento. Podrá ver cómo resalta la zona del piso sin revestir. Esto es para permitir que el borde sobrante de la alfombra se inserte en ese espacio. Este borde se convierte en parte del aislamiento. Adelántese hasta las fotos 16 y 17. Allí podrá ver el borde sobrante de la alfombra que se topa contra el aislamiento del rebond. La superficie sobre el arco de la rueda está ahora completamente aislada y lo suficientemente lisa como para colocarle una franja de alfombra (fotos 18 y 19).

En el caso del revestimiento del panel lateral trasero, los arcos de las ruedas y la parte central (sobre el tanque de combustible), proceda de la siguiente manera (página 82):

1. Cubra los paneles laterales traseros entre el arco para la rueda y el guardabarros.

2. Cubra la parte externa del arco para la rueda, dejando un borde sobrante sobre el tanque de combustible y a lo largo del piso, y solapando el aislamiento en la parte superior del arco para la rueda.

3. Cubra la parte superior de los arcos para las ruedas, uniendo cada lado y dejando un sobrante a la altura del piso.

4. Cubra el tanque de combustible terminando los bordes contra la parte exterior de los arcos para las ruedas.

Esta es una secuencia bastante habitual para revestir el interior de la cajuela. Le da un agradable aspecto alrededor de los arcos para las ruedas, más que con cualquiera de los otros sistemas que hemos utilizado. ¡Úselo como si fuera suyo!

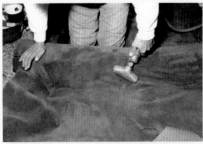

Foto 21. Ron utiliza el vaporizador de mano para trabajar la alfombra y moldearla según la curva del panel del piso del Ford del 57.

Foto 22. Este es el resultado. Utilizando un poco de solvente de limpieza Ron quitará el cemento del borde donde se efectuó la pinza y la costura ni se verá.

Foto 23. Al utilizar una alfombra rígida (como la alfombra berebere del Willys) use un vinilo al tono para realizar los ribetes. De esa forma la terminación quedará mucho mejor que con una unión de paño comprada. Juanito corta su ribete en tiras de 2 pulgadas de ancho.

Foto 24. El uso de una segunda costura a lo largo del borde de la alfombra y el ribete impide que el borde de la alfombra se transluzca a través del vinilo luego de ajustarlo bien alrededor del borde. También contribuye a que las esquinas de la alfombra queden aplanadas.

Fotos 25 y 26. Después de coser el ribete, adhiera la superficie desde el reverso. No omita este paso, pues le da una terminación mucho mejor que si simplemente intentara coserla. Al cortar los ángulos de los ribetes para aliviar la tensión, proceda con cuidado para no efectuar un corte demasiado profundo en los ribetes, lo cual podría verse desde la parte superior.

Foto 27. Termine el ribete de la alfombra "cosiendo por la hendidura" (una vieja expresión típica de la confección de acolchados tradicionales) entre el ribete y el pelo. Trabaje lenta y minuciosamente para evitar torcer la línea y desviarse sobre el ribete o el pelo.

Foto 28. Recorte el sobrante del ribete luego de coserlo.

Foto 29. No todos los paneles del 34 están hechos de fibra. Aquí Ron crea uno con cartón prensado. En este caso podrá usar el molde como su panel, ahorrándose un paso dentro del proceso.

Fotos 30 y 31. Ron cubre los paneles del piso de la misma forma que lo haría con el panel de la puerta. A partir de su molde fabrica un panel y lo recubre con espuma. Talla el diseño, adhiere la tela a la espuma y luego retoca el molde con la espátula flexible.

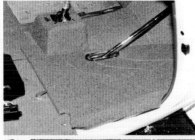

Fotos 32 y 33. He aquí los resultados de haber confeccionado el molde y de haber recubierto los paneles con la alfombra. Un concepto muy interesante.

Realización de cortes

En realidad, cortar es cortar. Usted rebana y después cose. Sin embargo hay dos escuelas en materia de cortar alfombras y usted debería comprender ambas. La mayoría de los especialistas marcan el lado superior (pelo) de la alfombra con tiza o gis y cortan la pieza con un par de tijeras. Esto es rápido y efectivo, y en el caso de las alfombras delgadas funciona bastante bien. La otra escuela marca el reverso y lo corta con una hoja de afeitar.

La hoja de afeitar funciona muy bien sobre las alfombras gruesas. Primero, al trabajar desde el reverso se puede ver cómo se tejió la base. Al seguir el tejido de la base como una línea desde la cual usted efectúa un cuadriculado, sus líneas rectas automáticamente seguirán el tejido tanto en sentido horizontal como vertical. Esto será de gran ayuda cuando la alfombra no se tejió en línea recta.

La segunda ventaja de efectuar el corte desde el reverso con una hoja de afeitar es que nunca cortará el pelo en un ángulo. Esto es especialmente útil en el caso de las alfombras de lana. Algunas veces, la realización de cortes con tijera deja un borde irregular que no se puede ocultar al unirlo. Corte un trozo de alfombra de esta forma y fíjese si le convence. (Ron corta desde el anverso con tijeras; Don desde el reverso con una hoja de afeitar).

Realización de costuras

Gran parte de las costuras que se realizan sobre un trozo de alfombra corresponden al ribete. En escasas ocasiones usted tendrá que coser unas pocas pinzas, como lo hicimos en nuestro ejemplo del panel del piso descendido de los automóviles posteriores a la década del 50. Esto se ve en la foto del piso de la parte trasera del Ford del 57 en la página 83.

Si una alfombra es lo suficientemente delgada, podrá coserse al igual que si fuera un trozo de tela. A diferencia de la tela, en el caso de la alfombra es mejor adherir los bordes sobrantes al cuerpo de la misma por el reverso. Esto contribuye a que quede más plana sobre el piso. A menudo, las alfombras de pelo recortado que tienen una pinza pueden ser cortadas, luego unidas y adheridas al piso sin necesidad de ninguna costura o ribete. Si usted necesariamente tiene que unir la alfombra con un ribete, siga la ilustración de la página 91 para ver cómo se hace.

El hecho de ribetear una alfombra para un trabajo personalizado es más que simplemente coser un trozo de paño o vinilo al borde. Siga a Frank a medida que ribetea la alfombra para la parte anterior del Willys. Observe las fotos de la página 83.

Juanito comienza cortando tiras de vinilo de 2 pulgadas que Frank utilizará para sus uniones. Al extender la cara del vinilo contra el pelo de la alfombra, Frank cose con sumo cuidado a 1/2 pulgada del borde alrededor de todo el largo de la zona en cuestión. Procede con sumo cuidado y se cerciora de mantener el borde de la alfombra y la unión bien alineados. Luego efectúa una costura idéntica lo más cerca posible del borde de las dos piezas.

Frank efectúa la segunda costura para aplanar el borde. Sin la segunda costura, el vinilo se vería empujado hacia arriba por el pelo de la alfombra. Este borde vertical luego se advertiría a través del vinilo que recubre la alfombra. Con una sola costura el borde ribeteado luce redondeado; con la costura doble el borde luce aplanado.

Al completar las dos costuras, Frank coloca una capa mediana de cemento en el interior del ribete y en el reverso de la alfombra. Cuando el cemento haya secado, Frank ajustará el ribete alrededor del borde de la alfombra, y engrapará los ángulos de forma que el conjunto luzca bien aplanado.

Frank vuelve a la máquina de coser y con sumo cuidado efectúa una costura en la hendidura ("pequeña zanja") entre el ribete y el pelo. Esta costura no se debería ver. No deberá asomarse sobre el ribete de vinilo ni deberá enganchar ninguna parte del pelo. En realidad, el pelo debe ocultar la hebra. Esta costura evita que se despegue el ribete del reverso de la alfombra. También contribuye a evitar que se arrollen los bordes. Cuando todo quede correctamente cosido, Frank recortará el sobrante del ribete desde el reverso de la alfombra.

Mientras tanto Ron terminó el modelo del 57 y se concentró en la camioneta de reparto. La "alfombra" para este camión no es una alfombra en realidad. El cliente decidió que quiere que el piso se tapice como el resto del automóvil, por lo tanto Ron utilizará el mismo material (tweed) para el piso que para los paneles laterales. Pese a que esto podría considerarse tremendamente poco práctico, la practicidad no es el objetivo final que el cliente busca; las consideraciones estéticas son más importantes. El vehículo nunca será utilizado para transportar cargas mayores que un canasto de picnic. Observe las fotos 30 y 31 de la página 79.

Anteriormente lo vimos colocar los paneles del piso utilizando cartón prensado y tejido metálico. Ahora cortó la madera laminada y se prepara para revestirla. Esta operación de revestimiento se efectúa igual que si fuera el panel para una puerta. De hecho, en las fotos se puede ver el lugar donde Ron talló un diseño en la espuma, igual que George lo hizo en los paneles laterales. El tejido se adhiere a la espuma con cemento, el tallado se acentúa con la espátula flexible y los bordes se adhieren con cemento al reverso de los paneles. El trabajo terminado luce como el cliente deseaba: un compartimiento tapizado, a diferencia de lo que sería un compartimiento alfombrado.

Colocación

En el mundo de la tapicería de fábrica compramos un kit de alfombras (generalmente moldeado para lograr un buen ajuste) al distribuidor local de alfombras, lo extraemos de la caja y lo adherimos al auto, algunas veces sin siquiera quitar los asientos. Pero en la tapicería personalizada no podemos hacerlo así. Se debe hacer cada pieza por separado para luego fijarla en su sitio. Adherir la alfombra en su lugar utilizando cemento evita la aparición de arrugas. También le da un aspecto

mucho más agradable.

Finalmente, con un poco de habilidad, a menudo podrá hacer que la alfombra se adapte a una curva compuesta.

Utilización de vapor

Una de las herramientas más importantes para un especialista en personalización de interiores es el vaporizador de mano. Éstos se venden en varios tamaños y diseños. El que se usa en el taller de Ron y que se aprecia en las fotografías es un equipo de 110 voltios que puede desplazarse de un auto a otro sobre pequeñas ruedas como si fuera una aspiradora comercial.

Conviene usar agua destilada en estos equipos. Ello cumple dos funciones: primero, evita la acumulación de residuos minerales en el surtidor y en el vástago o aplicador. El segundo punto es una consecuencia del primero: al no tener acumulación de residuos, no se generarán grandes cantidades de residuos minerales grises ni saldrán del aplicador para depositarse en su alfombra color beige claro. He aquí un truco para aquellos que hayan estado utilizando agua corriente o del grifo en sus vaporizadores de mano: vierta un galón de vinagre blanco en su equipo, y eso eliminará la mayor parte de los minerales.

A veces se requerirá de un segundo galón si el primero no cumple su función. Advertencia: No realice el enjuague con vinagre mientras esté trabajando sobre la alfombra o sobre la tela. Vierta el vinagre cuando el equipo no esté en uso.

El vapor caliente afloja el tejido del material y la base de la alfombra. En este estado más suelto es más fácil hacer que la alfombra quede plana o incluso hacer que se ajuste dentro de una zona recortada. Con el vapor suficiente, a menudo se pueden quitar las pequeñas arrugas.

Aplique una capa de cemento a la alfombra y el aislamiento. Desde el anverso de la alfombra haga que el vapor penetre en el pelo y en la base de la misma. Ahora presione la alfombra hacia la zona que desee cubrir. Algunas

Foto 34. Para hacer paneles extraíbles y revestirlos con alfombra, Juanito deberá hacer nuevamente un molde. Aquí confeccionará tres.

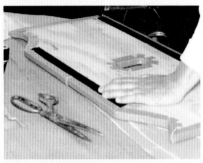

Foto 35. Después de hacer el molde, lo usará para formar un panel de madera laminada, y luego lo revestirá con la alfombra. Aquí lo vemos engrapando el Velcro en su lugar. Ello impide que el vinilo se desprenda.

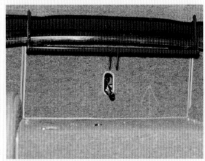

Fotos 36 y 37. El producto terminado. El cliente puede retirar los paneles para reparar su equipo de sonido. Nótese que no hay ningún sujetador visible.

Fotos 38 a 40. Su herramienta más importante a la hora de hacer que la alfombra se adapte bien es el vaporizador de mano. El vapor ablanda el reverso y las fibras, lo cual le permite moldear y perfilar aquello que de otra manera sería un trozo de material muy rígido. Juanito lo utiliza en la cajuela o maletero, Frank en el túnel de transmisión y Ron en el Ford del 57.

veces tendrá que levantar la alfombra y volver a ajustarla. Si no la presiona demasiado fuerte hacia abajo la primera vez, la alfombra saldrá sin romper el aislamiento. Una vez que ajustó la alfombra imprímale un poco más de vapor y quite cualquier pequeña arruga que pueda haber quedado. Si usted está trabajando con una alfombra de pelo recortado, cepille el pelo en una dirección y déjelo secar sin tocarlo.

Otros métodos para sujetarla

Algunas veces el cliente querrá tener la posibilidad de quitar ciertas partes de la alfombra. Esto lo vemos en la cajuela de Willys y en el piso de la parte trasera de la camioneta de reparto. Pero observemos el Willys primero. Vea las fotos en la Página 87.

Aquí el cliente deberá poder acceder al sistema de sonido para realizar cualquier ajuste o reparación. Una vez más, el trabajo comienza con la confección de un molde. Nótese en las fotos que Juanito utiliza tres piezas para hacer el revestimiento, una sobre cada rueda y una en el centro.

Después de hacer el molde en cartón prensado, Juanito corta paneles de madera laminada de 1/2 pulgada. Luego recorta la alfombra para que tenga el tamaño exacto del panel. Utilizando el vinilo de 2 pulgadas que cortó anteriormente, une todos los bordes de cada pieza. Nuevamente se cosen los ribetes o uniones con una costura doble. A continuación adhiere la alfombra al panel con cemento, luego dobla el ribete alrededor de los bordes de la madera y los adhiere al reverso del panel.

Para que el panel quede fijo en su lugar usted tiene varias opciones. Juanito usó Velcro en los paneles del Willys, pero si le preocupa la integridad estructural use tornillos. En algunas ocasiones podrá utilizar broches a presión o sujetadores Lift-a-Dot™. Sin embargo, en la mayoría de los casos preferirá el Velcro.

Volvamos al modelo del 34 y veamos lo que Ron está haciendo en la parte trasera. Aquí tenemos una instalación muy simple pero elegante.

Toda la parte trasera del 34 consta de cuatro trozos de fibra. Al igual que en la parte anterior, la fibra se recubre con espuma, se talla sobre la misma un molde que coincida con la parte anterior y todo se recubre con el mismo tweed. Este es un concepto muy interesante y muy bien llevado a cabo. Estos paneles se mantienen en su lugar gracias a un calce a presión. Con cierta frecuencia deben ser quitados, por tanto el cliente no quiso complicarse con sujetadores o broches. Vea las fotos 41 y 42.

Terminación de los bordes

Nuestra última decisión será ver qué haremos con los bordes de la alfombra que yacen a lo largo de la parte superior del panel de la solera de la puerta. Varios autos, como el modelo del 57, poseen paneles protectores de reposición que se pueden adquirir. Se recorta la alfombra y se instala el panel de protección. En la camioneta de reparto fue un taller local de carrocería el que se encargó de moldear a medida los paneles de protección en aluminio. Ron luego los tapizó en cuero al tono. No obstante, ¿qué alternativas tiene usted si no hay ningún producto de reposición y en su taller no se puede soldar el aluminio? Fíjese cómo quedó terminado el Willys.

Ron acudió a la ferretería local y compró dos largos de protector de bordes para alfombras de uso residencial. Éste se utiliza de forma tal que un borde cubra la alfombra y el otro se deslice para entrar en contacto con una baldosa o con el piso de madera dura. Eso es exactamente lo que tenemos en cualquier auto. El borde de la alfombra descansa sobre la solera de la puerta (la solera de la puerta representa una baldosa o loseta o el piso de madera dura). Observe las fotos 43 y 44.

El próximo paso es cortar los protectores del borde de aluminio según el largo adecuado. Una vez que lo hizo, Ron perforó unos orificios en el largo, cerciorándose de colocar uno en cada extremo. Luego, utilizando un trozo grande avellanó cada orificio. Es más seguro utilizar un trozo avellanado

porque así no se corre el peligro de que el trozo se hunda y genere un avellanado mucho mayor de lo deseado.

En la mesa de trabajo Ron recubrió cada uno de los protectores de bordes con cuero al tono. Luego, lo único que tuvo que hacer fue sujetarlos en su lugar utilizando tornillos cromados, avellanados y de metal. Muy bien logrado.

Alfombra para los pedales y botas para los cambios

Si hay algo clave a la hora de lograr un tapizado de interiores digno de concurso, es la atención que se presta a los detalles. Esta atención a los detalles es aquello que distingue a los profesionales de los aficionados. Nosotros queremos que usted sea de los primeros. Por lo tanto, también deberá prestar atención a los detalles. Dos de los más importantes son las alfombras para los pedales y las botas que cubren todo lo que emerge del piso. Ello incluye los cambios, el freno de emergencia y algunas veces incluso el pedal del freno.

Sea generoso con la alfombra para los pedales. Cualquier taller de buena calidad fabricará una alfombra para los pedales lo suficientemente grande como para cubrir toda la superficie del lado del conductor y del acompañante en el piso. Ajuste la alfombra para los pedales de forma tal que calce en todas las zonas; no se limite a cortar un cuadrado y darse por satisfecho.

Para hacer las alfombras para el Willys, Frank revistió los reversos con un producto utilizado en el sector mobiliario de la tapicería. Es el paño o franela que usted encontrará en el reverso de cada mueble. Este material recibe el nombre de Cambric (se pronuncia keim-bric). No lo confunda con un material de revestimiento llamado Cambria. Sin la base de Cambric, el nylon del reverso de la alfombra se engancharía con los bucles de la alfombra sobre la cual se encontraba la alfombrilla para los pedales. Al poco tiempo esto comenzaría a deshilacharla lentamente y la alfombra luciría como si estuviera llena de pelusa o como el pelo de un

Fotos 41 y 42. Todo el piso del 34 está hecho con paneles, todos ellos con diseños tallados. El trabajo de tapicería personalizada se basa en la nueva aplicación de viejas técnicas.

Fotos 43 y 44. Este es un truco realmente ingenioso: haga sus placas protectoras con perfilado (extrusión) de aluminio usado para cubrir el borde de una alfombra de uso doméstico en la zona donde se une a un piso de madera maciza o de baldosa o losetas. Frank avellana sus orificios antes de cubrir el perfilado con cuero. Luego utiliza tornillos avellanados o embutidos para sujetar la pieza en su lugar. El producto terminado luce como si hubiese sido diseñado exactamente para el auto.

Fotos 45 y 46. Forre el reverso de las alfombras para los pedales a fin de evitar que éste desgaste el pelo de la alfombra que deben proteger. Evite que se deslicen continuamente sujetándolas con broches de Velcro cuando queden superpuestas sobre una alfombra de pelo de buclé.

Fotos 47 y 48. Para cubrir una bota como ésta, ajústela por los cuatro costados, realice un dobladillo en la parte superior y adhiera la parte inferior del cuero a la parte inferior de la bota de goma. Cada vez que fabrique una bota, haga el molde correspondiente. Es muy probable que tenga que hacer otra en algún otro momento.

Fotos 50 y 51. He aquí dos ejemplos para sujetar la parte superior de la bota con una abrazadera para cables (Ty-Wrap®). Estas abrazaderas para cables se venden en todos los largos imaginables, por tanto le será fácil encontrar la que se adapte a sus necesidades. Cerciórese de recortar el extremo lo más cercano posible al punto de fijación. Nos gusta intentar colocar el sujetador dentro del dobladillo, de forma tal que no pueda verse.

Foto 49. Ron es un fanático de los detalles. Después de que terminó el auto decidió repasarlo y fabricar esta bota para el pedal del freno. Ron, ¿estaremos exagerando?

Foto 52. Si desea un aspecto aún más terminado, coloque la abrazadera para cables dentro de la bota. Ello se realiza trabajando con la bota del lado del revés. Haga pasar la palanca por dentro de la bota y sujétela en el punto que desee. Luego coloque la bota del lado del derecho. ¡Listo! La abrazadera para cables desapareció.

gato erizado.

Para evitar que la alfombra se deslice, Frank cosió el lado "macho" de la cinta de Velcro en el reverso. El lado "macho" del Velcro se prende a los bucles del pelo y la alfombra se mantienen en su lugar.

Un segundo método para la fabricación de alfombras para los pedales utiliza la espuma de poliuretano en el reverso de la alfombra. Usted puede comprar espuma de poliuretano de cualquier espesor. Ron utiliza un trozo especial de un grosor de 1/8 de pulgada para la base de la alfombra para los pedales.

Después de que se corta la alfombra según la forma buscada, se adhiere con cemento una capa de espuma de poliuretano de 1/8 de pulgada del reverso. Recórtela hasta que calce bien y luego cosa el ribete tal como se describe anteriormente. Se garantiza que la alfombra para los pedales no se deslizará. Cuando no pueda utilizar Velcro, éste es un gran método a tener en cuenta.

Pero aún hay una tercera posibilidad. En las casas de venta de alfombras para uso residencial también se vende un material de malla con una capa de goma utilizado para evitar que las alfombras pequeñas se deslicen sobre los pisos de madera. Este material se puede adherir al reverso de la alfombra para los pedales y cumple el mismo fin que la espuma de poliuretano. Don utiliza este método porque en su opinión da un mejor resultado que la espuma de poliuretano.

Botas

Las botas ocultan gran parte de las desagradables uniones mecánicas y le dan al conjunto un aspecto terminado. Cada bota difiere en algo de las demás, con lo cual se dificulta hacer una verdadera demostración de cómo se fabrican. En general están confeccionadas a partir de dos, tres o cuatro piezas de forma piramidal. La bota para el cambio de velocidades del Willys está hecha de cuatro piezas cosidas a la funda de goma que se incluía como parte del equipo original. La bota del freno de emergencia está

hecha de dos piezas y tiene una forma similar a la del cuello de un ganso.

La lección o truco importante a extraer de esta lectura es la forma en que se sujeta firmemente la bota alrededor de la palanca que recubre. El secreto son las abrazaderas para cables. Dentro de cada bota, en la zona donde encaja alrededor de la palanca, Ron cose una cinta o abrazadera de plástico (Ty-Wrap®).

Éstas se venden en el departamento eléctrico de cualquier ferretería o en Radio Shack®. Se utilizan para amarrar grupos de cables y mantenerlos unidos. Se usan con gran frecuencia en los hot rod para que los cables mantengan un aspecto pulcro y ordenado.

Observe la foto 51 de la página 88. Aquí se cosió la abrazadera para cables en forma expuesta. Se unieron y se ajustaron los dos extremos. Todo lo que se debe hacer es quitar el sobrante. En la fotografía contigua ya no se puede ver la abrazadera para cables.

Para ello, cosa la abrazadera tal como se muestra en las demás ilustraciones. Utilice la bota del lado del revés y deslice el cuello a través de la palanca. Ahora ajuste la abrazadera y recorte el sobrante. Voltee la bota y colóquela del lado del derecho, y la conexión ya quedó completamente cubierta. La mayoría de las botas se finalizan con un decorativo anillo cromado como terminación que se vende como parte del comando de cambios o la palanca del freno. En el caso de la bota de transmisión del Willys, ésta se adhirió a la parte inferior del interior de la bota de goma.

Tapa de la cajuela

Terminaremos la sección correspondiente a las alfombras con un breve análisis de cómo trabajamos la tapa de la cajuela o maletero. El interior de la tapa es una de las partes más desagradables del auto, sólo superada por el interior del capó. Dejaremos el capó para el taller de carrocería. Como especialistas en personalización de interiores es nuestra responsabilidad hacer que la cajuela luzca bien.

Lo que se ve en las fotos del modelo del 57 es la forma usual de

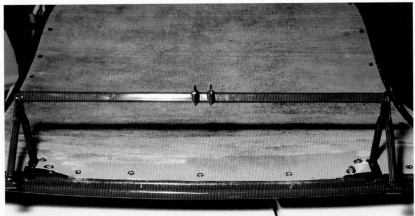

Fotos 53 a 55. Juanito realiza el revestimiento para la tapa de la cajuela o maletero del Willys, tal como hizo con los paneles para las puertas. Sin embargo, hay algunos agregados. En la base del panel donde se une con la bisagra, el panel forma una curva. Juanito no se hace problema ya que fabrica la parte curva a partir de capas de cartón prensado, tal como lo hizo cuando fabricó el panel frontal o de cobertura. Nótense los broches Auveco que sostienen el panel a la tapa de la cajuela o maletero.

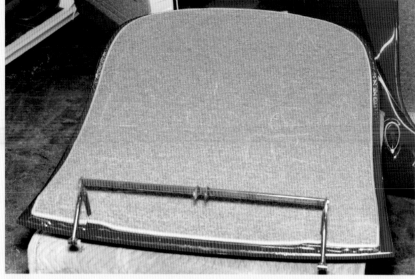

Foto 56. Decididamente aprobamos el trabajo terminado luego de una inspección ocular. Por supuesto que borraremos todas las marcas de tiza o gis realizadas sobre el pelo de la alfombra antes de que el cliente la examine.

Foto 57. Esto es lo usual en materia de revestimiento de las tapas de la cajuela o maletero: fabrique paneles que calcen entre los montantes y luego revístalos con la alfombra. No obstante, el del 57 es algo inusual. Aquí no hay ningún ribete...

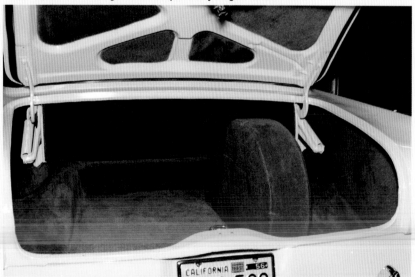

Foto 58. ...ni en cualquier otro sector. Todo luce bien moldeado. Con un buen trozo de alfombra y un vaporizador de mano ¡se puede hacer de todo!

terminar el interior de la tapa de la cajuela. Las zonas entre los ejes de la cajuela se revisten con la alfombra. Para el modelo del 57 se revistió el cartón prensado con la alfombra y se fijó con cemento. Note que se envolvieron los bordes del cartón con la alfombra. Aquí no hay ninguna unión o ribete.

Se podría haber adherido la alfombra al cartón (o fibra) con un ribete cosido. Sin embargo, fíjese que en el modelo del 57 no hay ningún ribete. Ello es parte del diseño de interiores del modelo. La alfombra debe lucir como si hubiese sido "rociada" sobre el auto.

El Willys presenta un enfoque totalmente diferente. Aquí, Frank y Juanito manejaron la cajuela o maletero como si se tratara de un panel para la puerta. Primero se hizo un molde en cartón prensado. El molde se trasladó a la fibra y se recubrió con la alfombra. Observe el borde que se encuentra más cercano al mecanismo de bisagra, en la página 84. Aquí el panel debe curvarse. ¿Recuerda nuestra sección sobre la creación de paneles curvos? He aquí otro uso de ese proceso. Después de construir el panel con la parte superior curva se instalaron los sujetadores Auveco, se recubrió el panel y se insertó en su lugar como si fuera un panel para la puerta. Si el cliente del modelo del 57 hubiera deseado que se fabricara la tapa de la cajuela de esta manera, ello se habría logrado fácilmente.

Resumen

¡Qué cantidad de alfombra lleva un auto! O, en el caso de la camioneta de reparto, ¡qué cantidad de tapizado! En este capítulo hemos aprendido un poco acerca de cómo se fabrican las alfombras. Con esta información usted tendrá una mejor idea de cómo se comportará cada tipo de alfombra mientras la coloca.

La colocación de la alfombra requiere que se coloque el aislamiento de forma tal que la misma deje espacio para el espesor del relleno. Una buena planificación logrará que el aislamiento y la alfombra calcen mejor, y se ahorrará material.

Al colocar la alfombra, tenga cerca un vaporizador de mano, lleno de agua destilada. El agua destilada impedirá que se acumulen residuos minerales que luego se verterían sobre la alfombra.

Cuando no existe el producto de fábrica, termine el borde de la alfombra con una terminación para bordes que se adquiere en cualquier ferretería.

El verdadero truco para sujetar las botas a la palanca es utilizar las abrazaderas para cables. Cómprelas en la ferretería o en Radio Shack®. Ajuste la bota utilizando dos, tres o cuatro piezas de material, dejando un amplio espacio en la parte inferior, y afinándola hacia arriba. Si desea que la abrazadera para cables quede oculta, voltee la bota y colóquela del reverso, pase la palanca por dentro de ella y ajústele el cierre. Luego coloque la bota del derecho y esconda la abrazadera para cables por dentro.

Usted aprendió que había más de una forma de terminar el interior de la tapa de una cajuela. Utilizando todos los conocimientos que adquirió anteriormente podrá fabricar un panel amplio para cubrir toda la zona. Funciona igual que si creara un panel para la puerta de tamaño grande.

Para unir dos trozos de alfombra de borde a borde, utilice esta técnica simple:

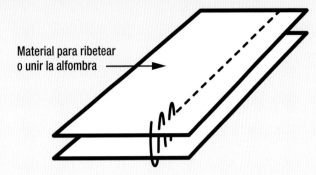

Material para ribetear o unir la alfombra

1. Extienda dos largos de ribete para alfombra cara contra cara, con el largo de la alfombra que desee unir. Únalos con costuras de alrededor de 3/8 a 1/2 pulgada hacia adentro del borde terminado del ribete.

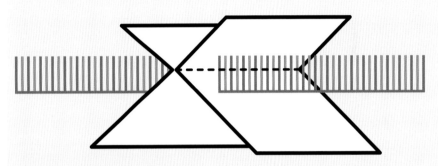

2. Pliegue la unión formando una "V" a lo largo de la línea de costura.

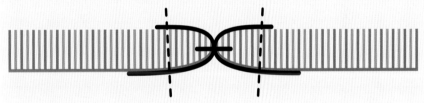

3. Inserte el borde de la alfombra en el canal de la "V" y cósalo como de costumbre. Cuando ambos bordes de la alfombra queden cosidos en sus respectivas "V" tendrá dos trozos de alfombra unidos de borde a borde sin ningún intersticio. Adhiera la unión al reverso de la alfombra.

Para unir una alfombra por el borde:

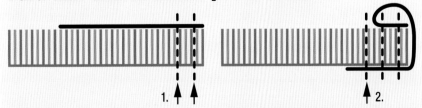

1. ↑ ↑   ↑ 2.

1. Cosa el ribete del borde a la parte superior de la alfombra dejando un espacio de 1/2 pulgada. Luego efectúe una costura idéntica lo más cercana posible a ambos bordes.

2. Bordee el ribete alrededor de la alfombra, envolviéndola, y adhiéralo por el reverso. Efectúe una costura "por la hendidura" para fijar el ribete a la alfombra en forma permanente.

9 • Fabricación de asientos

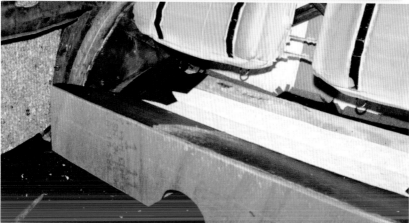

Ahora vamos a analizar cómo fabricamos el asiento para un hot rod. Cuando decimos fabricación, eso es justamente lo que queremos decir. No tapizar, sino verdaderamente hacer un asiento desde cero. ¿Recuerda cuando en el primer capítulo mencionamos cómo un auto muchas veces ingresa al taller sin ningún tipo de interior? Bueno, eso también incluye los asientos.

Este capítulo se divide en tres partes. La primera cubre la fabricación de asientos con trozos de madera, fibra y espuma. Luego veremos cómo Pete remodela los asientos de nuestro Ford del 57, comenzando únicamente con la antigua estructura o armazón y los resortes.

En las últimas partes volveremos a seguir a Frank, que en ese caso moldeará un par de asientos en desuso que se utilizarán en el Willys. Para cuando hayamos abarcado todo esto, usted debería ser capaz de reformar cualquier asiento para cualquier trabajo.

Primera parte— Confección de un asiento desde cero

La armazón

Lo que estamos por describir aquí es tan sólo una forma de muchas de fabricar un asiento desde cero. Ron y Frank usan madera laminada, fibra, fibra impermeable y cartón prensado para hacer la base. A eso le agregan capas de espuma de poliuretano moldeado para que se ajuste al contorno del cuerpo. Veamos cómo Ron arma el almohadón para un asiento trasero de un sedán de dos puertas.

A esta altura usted debería saber cuál es el primer paso de nuestro trabajo. Sí, es cómo hacer un molde. Ron comenzó haciendo un molde

Fotos 1 y 2. Dos vistas del asiento que Ron creó para la parte trasera del sedán de dos puertas. Unos pocos trozos de madera y fibra se convierten en una excelente armazón para el asiento. El calce perfecto se logró confeccionando moldes, al igual que hicimos en todos los demás trabajos.

del eje de mando para que el asiento quedara bien centrado frente a esta obstrucción. La base del asiento es de madera laminada de 1/2 pulgada. A la misma Ron le agregó una madera de 2 x 4 en el borde. Esto le brinda gran parte de la altura que necesita bajo las rodillas del pasajero. El resto lo hará con espuma.

Para obtener una altura inicial bajo las rodillas del pasajero usted tiene dos opciones. La primera es medir un asiento original en caso de tenerlo; la segunda es un poco más compleja. Coloque un bloque de espuma de poliuretano que tenga un grosor de 2 pulgadas como mínimo en la zona donde se sentará el pasajero. Siéntese sobre la espuma y vea cómo la siente. Verifique la altura libre en la parte superior (espacio entre la parte superior de su cabeza y el recubrimiento del techo). Se necesita un mínimo de 2 pulgadas aquí también, y en este caso, cuanto más, mejor. Tenemos alrededor de cuatro pulgadas.

Ajuste la espuma bajo la "zona para sentarse" hasta que logre un asiento cómodo con suficiente altura libre para la cabeza. Ahora mida alrededor de 4 pulgadas desde sus rodillas hasta el piso. Esta es la altura de su asiento terminado. Réstele a la altura que acaba de tomar el grosor de la espuma sobre la cual está sentado. Esta es la altura del borde anterior de la armazón de su asiento. Si usted está cómodamente sentado sobre 3 pulgadas de espuma y la distancia del piso al dorso de su pierna—4 pulgadas con respecto a su rodilla—es de 15 pulgadas, entonces la altura de la armazón del asiento deber ser de 12 pulgadas. Estas dimensiones se citan a modo de ejemplo. No las use para determinar la altura de su asiento, ya que usted deberá tener sus propias dimensiones.

En las fotos se puede ver que Ron cortó una base para el asiento a partir de madera laminada de 1/2 pulgada. El panel del piso debajo del asiento tiene cierta elevación, por tanto la base del asiento tiene una inclinación hacia atrás pero no la suficiente para darle la altura correcta bajo las rodillas. En el caso de Ron bastó con agregarle una viga 2 x 4 para darle la altura necesaria. Una madera de 2 x 4 mide en realidad

Foto 3. Esta vista del borde le permite apreciar exactamente cómo se ensambla la armazón o estructura. Comienza con una base de madera laminada y una viga de 2 x 4 que le brinda solidez. A ella se le agrega un trozo de fibra al frente y un trozo de fibra impermeable en la parte superior. Los trozos y elementos adicionales permiten el calce alrededor de los arcos para las ruedas.

Fotos 4 y 5. Ron se sienta primero sobre dos trozos de espuma para ver cómo siente el asiento. Luego agrega otra capa de goma para determinar el grado de comodidad del asiento terminado. Esto es parte del viejo axioma "mida dos veces y corte una".

Foto 6. Para brindar apoyo a la columna del pasajero Ron forma el borde trasero del asiento con un par de capas de espuma de 1 pulgada. Bisela cada capa antes de agregar la siguiente.

Foto 7. Después de crear el borde trasero, Ron comienza a agregar planchas completas de espuma de 1 pulgada, que luego recortará uniformemente con los bordes de la armazón.

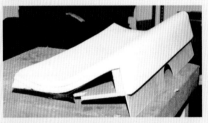

Foto 8. Este es el asiento totalmente recubierto de espuma. Nótese que la capa inferior de espuma está recortada de forma alineada contra el borde anterior. La segunda capa envuelve a la primera para generar un borde superior redondeado.

Fotos 9 y 10. Para evitar que aparezca un gran bulto bajo la parte anterior de la cubierta del asiento, Ron primero afina progresivamente el borde de la espuma con su sierra para espuma. Termina lijando bien el borde que cortó.

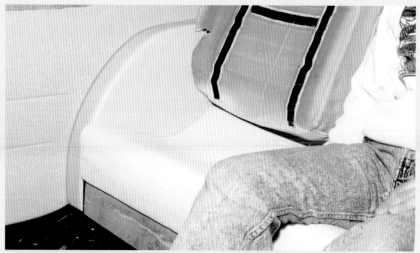

Foto 11. Ron prueba el asiento terminado en el auto. Luce bien, y es cómodo. Ahora puede comenzar a tapizarlo.

Foto 12. Este es el interior del descapotable sin el tapizado. El cliente desea un respaldo totalmente redondeado aquí, hecho a partir de una sola pieza.

Fotos 13 y 14. Pese a que no hemos visto a Frank hacer este respaldo con fibra impermeable, el texto le brinda una descripción completa de cómo hacerlo. Aquí vemos a Frank creando la zona del asiento para la parte baja de la columna. Hasta ahora utilizó cuatro capas de espuma en el armado. Para lograr la forma deseada, lija los bultos de la espuma con su lijadora.

Fotos 15 y 16. Capa por capa, Frank crea el respaldo desde abajo hacia arriba. Note que cada trozo supera en tamaño al anterior para así cubrirlo bien. Se afinan los bordes para evitar que queden bultos en la capa que se colocará encima.

1 y 1/2 x 3 y 1/2 pulgadas. Colocar la viga de 2 x 4 en el borde le dio otras 3 y 1/2 pulgadas de altura. Adhirió con pegamento y sujetó con tornillos la viga de 2 x 4 a la base de madera laminada, luego adhirió y engrapó la pieza anterior de fibra a la cara de la viga de 2 x 4 . Desde la parte superior de la viga de 2 x 4 a la parte trasera de madera laminada formó la parte superior del asiento con fibra impermeable. La adhirió con pegamento y la engrapó en su lugar. Todo el conjunto se transformó en la armazón del asiento. Un poco de relleno, el tapizado y ya tendremos un asiento.

Revestimiento de la armazón con espuma

En el taller de Ron se usa espuma de poliuretano porosa, de densidad intermedia y de 1 pulgada para hacer todos los asientos. En escasas ocasiones utilizan una espuma de alta densidad para la base. Sin embargo, cuando lo hacen siempre realizan la terminación con una o dos capas de material de densidad intermedia. Esta combinación le da un buen soporte con una buena sensación al tacto. Esto es especialmente útil a la hora de hacer asientos para motocicletas. La espuma dura absorbe el impacto de la calle mientras que la espuma blanda le da una sensación de comodidad. Pero volvamos con Ron y el asiento trasero del sedán de dos puertas.

Ahora, con la armazón para el asiento lista, vuelve a colocar capas de espuma debajo de sí para cerciorarse de contar con el grosor y la forma adecuados. Cuando quede satisfecho con la sensación al tacto y se cerciore de que tiene suficiente altura libre para la cabeza comenzará a moldearla.

El moldeado desarrolla el carácter del asiento, hace que el asiento se amolde a su cuerpo. Imagínese que usted está sentado de perfil sobre una tabla. Desde la curva de su espalda, bajo la rabadilla y hasta los huesos de la pelvis sobre los cuales está sentado se forma un triángulo con forma de medialuna donde se encuentra la recta más larga (hipotenusa). Entonces tendrá que haber algo con esa forma que brinde respaldo al extremo de su columna. Y es aquí donde Ron comienza.

Debajo de la zona de la rabadilla Ron adhiere un trozo de unas 3 pulgadas de ancho de espuma de 1 pulgada para todo el ancho del asiento. Con la sierra para espuma recorta el borde anterior del bloque, dejando una forma triangular. Sobre ella le agrega una segunda capa de espuma de aproximadamente 6 pulgadas de ancho, y nuevamente la recorta para formar un triángulo. Ahora ya tiene el respaldo para la columna (sobre la rabadilla).

A continuación, adhiere una lámina completa de espuma sobre los trozos de su triángulo hasta el borde del asiento, el cual recortará alineado. Finalmente agrega otra plancha completa, pero la envuelve alrededor del borde de la armazón y en la mitad de la parte anterior. Observe la foto 8, página 93, para ver los resultados. Nótese cómo la forma que creó tiene la misma forma del cuerpo humano en posición de sentado. Pese a que el pasajero tiene solamente 2 pulgadas de espuma debajo de los huesos de la pelvis, él o ella estarán totalmente cómodos porque todas las zonas del cuerpo están bien apoyadas.

No hay ninguna necesidad de sacrificar confort por estética en la confección de tapizados personalizados para hot rods. Un cliente que haya realizado una gran inversión en su automóvil pretenderá tener estilo, lujo y confort. Usted se lo podrá brindar si planifica todo minuciosamente y lo lleva a cabo tal como le indicamos.

Moldeado de la espuma

Debido a que la espuma tiene bordes rectos, es necesario anularlos antes de comenzar a colocar el tapizado. Podrá hacerlo fácilmente con dos herramientas: una sierra para espuma y un disco lijador en el motor de su taladro o esmeriladora. Con apenas un toque suave se puede lijar la espuma de poliuretano y darle la forma que usted desee. En las fotos vemos cómo Ron bisela la espuma con su cuchillo para espuma, y luego la alisa usando un disco lijador en su esmeriladora. Esto

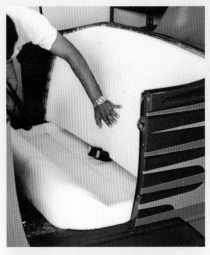

Foto 17. A medida que Frank hace el asiento, lo coloca nuevamente en el auto para cerciorarse de que todas las partes calcen bien.

Foto 18. Frank y Ron hacen una prueba mientras Juanito observa. El motivo de la discusión es si el respaldo es cómodo. ¿Hay suficiente apoyo lumbar? ¿Qué hay de los hombros? ¿Están cómodos?

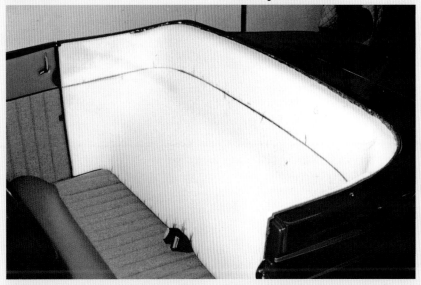

Foto 19. He aquí la espuma terminada para el asiento con las líneas trazadas para el tapizado de "pliegues y rollos" que se ve en el asiento.

Foto 20. Pese a que no hemos analizado estos asientos de camión a lo largo del texto, éstos merecen una mención por el original apoyo lumbar que poseen (indicado por flechas). Detrás de este apoyo se encuentran los orificios en la madera laminada, que funcionan como aberturas para los altavoces. El sonido de los altavoces fluirá hacia los lados por medio de ventilaciones en las cubiertas del tapizado de los asientos.

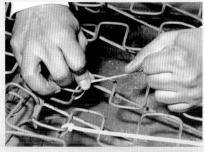

Fotos 21 y 22. Así es cómo Frank hunde la corona del asiento del Ford del 57. Utilizando abrazaderas para cables entramadas alrededor del resorte y el sostén del mismo, puede empujar el resorte superior tanto como desee. En este caso, empuja los resortes hasta dejarlos planos.

Foto 23. Los resortes deben recubrirse con algún tipo de material para evitar que se trasluzcan a través del relleno. Frank utiliza vinilo en este asiento, pero también podría utilizar un lienzo delgado.

Foto 24. Si usted carece de una sierra para espuma, cualquier cosa servirá. Un cuchillo de carne con serrucho funcionará bien. Lo mismo se aplica para una sierra de arco o una navaja recta.

Foto 25. Vea la cantidad de anillos en "C" que Frank utiliza en la cubierta de vinilo. Esto evita que el vinilo se desplace. A esta altura Frank también agregó la primera capa de espuma en el borde del asiento.

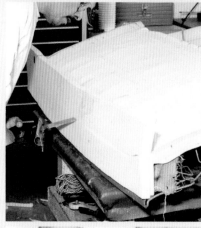

Fotos 26 a 28. En el respaldo del asiento trasero, la armazón no queda envuelta por la espuma. La parte superior del respaldo deberá ser plana. Pete adhiere un trozo a la parte superior, luego recorta el sobrante con la sierra. Vuelve a modelar el borde para lograr el ángulo con el respaldo, utilizando una hoja de afeitar.

ya lo vimos cuando George lijaba el cartón prensado para los apoyabrazos. Lo volveremos a ver cuando Pete y Frank construyan sus asientos.

En la foto 11 de esta parte Ron coloca el asiento en el auto y prueba el producto terminado. Efectivamente, se ajusta bien y no hay necesidad de alterar nada.

Armado del respaldo del asiento

Anteriormente analizamos cómo armar el asiento propiamente dicho. Ahora analicemos por un minuto cómo utilizamos estos mismos materiales y formamos el respaldo del asiento, es decir, la parte sobre la cual descansa su espalda. Nuestro ejemplo es un hermoso descapotable de dos plazas sobre el cual Frank ha estado trabajando.

Para formar el respaldo Frank utiliza solamente fibra impermeable. Nuevamente hace un molde de la curva del respaldo dentro del descapotable y lo traslada a un gran trozo de fibra impermeable. Luego perforará una serie de orificios en la fibra y en la carrocería del automóvil tal como lo haría si estuviese fabricando un enorme panel para la puerta. Inserta los sujetadores en los orificios y en la carrocería. Esto hace que el respaldo se mantenga en su lugar.

Si utiliza un único trozo de fibra impermeable, ésta intentará volver a su forma aplanada no bien la retire del vehículo. Para evitarlo y lograr que el respaldo mantenga su forma, Frank adhiere un segundo trozo de fibra impermeable sobre el primero. También coloca varias grapas para que todo quede bien sujeto. Ahora, cuando tenga que quitar el respaldo del asiento éste mantendrá su forma.

Observe la foto 13 y cuente las capas de espuma que Frank utiliza para el respaldo (apoyo lumbar). Usa cuatro capas de 1 pulgada, luego continúa con otro trozo parcial que no llega hasta los hombros. Terminará el respaldo con dos capas más de espuma. Note que Frank, al igual que Ron, usa la sierra para espuma y el disco lijador para retocar la forma de cada capa.

Segunda parte— Trabajos y reformas sobre una armazón anterior

El Ford del 57 ingresó al taller con sus asientos originales y sus tapizados correspondientes. Pete desechó todo menos la armazón del asiento. Sobre ésta agregará mayor soporte y más espuma antes de comenzar con el tapizado. Observémoslo y aprendamos mientras nos enseña el primer truco verdaderamente ingenioso.

Disminución de la altura del asiento

En los Ford y Chevrolet de la década del 50, los asientos se diseñaban con una corona excesivamente alta. Cuando uno se sentaba en ellos se tenía una gran visión pero si uno superaba los 5 pies y 10 pulgadas de altura, la cabeza terminaba tocando el recubrimiento del techo. Ello, sumado al hecho de que la mayoría de los conductores de los rods generalmente se sientan un poco recostados en el auto, ha sido un problema desde hace tiempo a la hora de bajar el asiento. En el taller de Ron se resolvió este problema.

En realidad es un truco muy simple. No se necesita cortar ni soldar ninguna parte de la armazón ni hay que realizar costosos trucos con los rieles de los asientos. Todo lo que necesita es un manojo de abrazaderas de alambre. Para disminuir la altura del asiento hasta 2 pulgadas, pase una abrazadera para cables alrededor del resorte en zigzag a la altura de aproximadamente la tercera vuelta y sujételo al resorte de refuerzo que se encuentra debajo. Al ajustar la abrazadera de cables, usted podrá hacer encoger el resorte superior y bajarlo tanto como desee. Repita este paso en todo el largo del asiento. Simplemente cerciórese de que la profundidad sea uniforme.

En la foto final del trabajo con espuma en el Ford del 57, se puede ver lo aplanada que luce la parte superior del asiento. Ahora ya no es un asiento estándar con un tapizado hecho a

Foto 29. El moldeado final del borde se realiza con la lijadora.

Foto 30. Pete extiende las líneas de la parte central y los trozos finales. Son decisiones arbitrarias y se toman con los esfuerzos combinados del especialista y el cliente.

Foto 31. No olvide este paso. Coloque algo de espuma de alta densidad bajo el borde del asiento. Esto contribuye a evitar que el borde se desplome a medida que la gente entra y sale del auto.

Fotos 32 y 33. Pete adhiere un trozo de espuma de 1 pulgada al extremo del asiento, alineando un borde de la espuma con la línea que trazó en el asiento. Las líneas que trazó coinciden con las del almohadón. Ello mantiene todas las costuras alineadas entre el asiento y el respaldo. Al darle la terminación a la espuma del borde del asiento, Pete la sujeta en su lugar colocando los anillos en "C".

Foto 34. He aquí el respaldo con los extremos y el centro adosados a la espuma. Ahora deberá moldearlo.

Fotos 35 y 36. Un retoque con la sierra para espuma, y Pete tiene la forma correcta para el asiento. En la foto de la parte superior lo vemos recortando parte de la espuma de forma tal que el respaldo se fije correctamente sobre el asiento.

Foto 37. Se le dan los toques finales a la espuma con unas pocas pasadas de la lijadora.

Foto 38. Los asientos terminados con el revestimiento de espuma en la parte trasera del Ford. Ajustan bien, tienen el centro y los bordes alineados y hay suficiente espacio para permitir la colocación del tapizado.

Foto 39. En vez de envolver el reverso externo del respaldo anterior con un trozo de vinilo, Pete utiliza un trozo de cartón prensado adherido a la armazón.

Foto 40. Como siempre, verifique cada paso en el proceso de armado. Pete verifica el respaldo para asegurarse de que quede alineado con el asiento y pueda ser plegado hacia delante.

Fotos 41 y 42. Se debe cortar y lijar bien la espuma que forma los extremos de los respaldos separados. Deje alrededor de 1 pulgada libre entre ambos respaldos para permitir el espacio que ocupará el tapizado.

medida, sino que se trata de todo un asiento hecho a medida. Use este truco como si fuera propio, ¡pero no olvide dónde lo aprendió!

Colocación de espuma en un asiento de resortes

Las técnicas de colocación de espuma descritas para el asiento que construimos desde cero y que acabamos de analizar también se aplican para colocar la espuma en una unidad con resortes. Sin embargo, debido a la presencia de resortes usted no tiene que preocuparse tanto acerca de lograr un buen apoyo. Este es el trabajo de los propios resortes. No obstante, algunas veces puede ocurrir que usted o su cliente deseen tener un apoyo extra en la parte baja de la espalda. A esto le llamamos región lumbar, y al respaldo que se coloca allí, zona de apoyo lumbar. Nuestro Ford del 57 no lo usa, pero en caso de que el cliente lo hubiera deseado, Pete habría rellenado esa zona tal como Frank lo hizo en el descapotable de dos plazas.

El concepto de diseño para los asientos Ford será de asientos envolventes modificados, pero sobre un asiento corrido. Ello requerirá que los lados y el centro del asiento sean más altos que la zona sobre la cual uno se sienta. Este es un diseño común, y se utiliza en la mayoría de los autos que circulan actualmente. Observaremos cómo Pete moldea la espuma para lograrlo.

El trabajo comienza colocando una capa de vinilo o lienzo grueso sobre los resortes y sujetándola con un anillo en "C". Esta es una práctica habitual con cualquier asiento para evitar que los resortes sobresalgan del relleno. Para comenzar a crear los lados altos del asiento, Pete adhiere una franja de espuma en cada extremo. Lo hace biselando el borde con la sierra para espuma.

El segundo paso, aplicable solamente al asiento y no a los respaldos, será reforzar el borde del asiento con un relleno adicional debajo del alambre del borde y los resortes. Con tres o cuatro capas de espuma se logrará un soporte adicional para esta zona. Entonces, cuando el conductor o el acompañante entren o salgan del auto, este borde no se derrumbará.

Luego de concentrarse en los bordes del asiento Pete extiende una plancha completa de espuma de 1 pulgada sobre los resortes cubiertos con vinilo. En el almohadón, se envuelve todo el borde anterior con esta capa de espuma y se sujeta a los resortes por medio de un anillo en "C". Esto le da un agradable borde redondeado. El asiento trasero debe tener la parte superior plana. Para lograr esto, Pete limita la espuma hasta el alambre del borde superior. Recorta la espuma alineada, luego adhiere otro trozo en la parte superior. Dos de las capas que aplicó forman el relleno básico del respaldo.

El próximo paso es diagramar las zonas para la elevación del centro y agregar espuma en los bordes. Pete también hará el tapizado para estos asientos, por tanto deberá decidir dónde irán las piezas adicionales y qué ancho tendrán.

Nótese en las fotos que Pete no sólo adhiere los trozos laterales al asiento, sino que los coloca alrededor del borde en forma envolvente y los engancha con el anillo a los resortes. El aspecto inicial es algo tosco, pero pronto los lijará hasta darles una forma suave y esculpida. Aquí no sólo hay que ser un excelente artesano, sino que también hay que tener algo de artista. Cuando haya colocado la espuma a los lados y en el centro, Pete comenzará el proceso de moldeado.

Tal como se describió anteriormente, Pete hace los grandes cortes con la sierra para espuma y luego los retoca con la lijadora. Deberá prestar especial atención a los trozos laterales que sujetó por medio de los anillos en "C". Estos bordes requieren sumo cuidado y paciencia. Deberá redondearse el borde en la parte superior y hacerse más recto alrededor de los lados. La espuma deberá lucir como si fuera el asiento terminado. Proceda con sumo cuidado para lograrlo. No espere que la cubierta del tapizado vaya a ocultar cualquier defecto. Pete moldea el asiento exactamente como lo desea, y luego hace la cubierta para que calce perfectamente.

Los dos respaldos de los asientos delanteros también requieren cierta atención especial. Observe las fotos 41 y 42. Adviértase cómo Pete formó los bordes rectos de los respaldos. Esto les permite encajar bien con un espacio de alrededor de una pulgada entre ambos. Pese a que los bordes del asiento se lijaron hasta quedar planos, los bordes del respaldo quedaron totalmente planos.

El paso final para colocar la espuma en los asientos Ford es agregar una capa de 1/2 pulgada de espuma entre el centro y los bordes del respaldo de los asientos delanteros y traseros. Ello le dará al asiento terminado un aspecto envolvente más pronunciado. ¡Vamos, puede echar un vistazo al próximo capítulo para ver cómo luce el trabajo terminado!

Esta es también la forma en que usted armará un asiento si adquiere un asiento de resortes para su automóvil en alguna de las tiendas de los fabricantes del mercado de reposición como Glide Engineering, Recaro, Cerullo o Tea's Design.

Ahora tiene una idea bastante buena de cómo usar las planchas de espuma de poliuretano para darle forma a un asiento. Pero echemos un vistazo a cómo se modifica un asiento que ya teníamos. Es muy parecido, pero hay algunos trucos que seguramente le gustarán.

Tercera parte— Reforma de un asiento existente

A veces usted tendrá una enorme suerte y un asiento "encontrado" sólo necesitará algunos ajustes mínimos para adaptarse. Este fue el caso de Willys. El cliente encontró el estilo de asiento que deseaba, que además coincidía, y lo llevó al taller. Frank realizó algunos trabajos sobre el mismo y pronto quedó listo para recubrirlo.

Quienes sean especialistas avezados en personalización de interiores habrán notado una aparente omisión en el análisis anterior. A esta altura quizás se estén preguntando:

Foto 43. He aquí el asiento delantero. También está listo para tapizar. Nótese también cómo la espuma del respaldo queda alineada con la espuma del asiento. Este es el resultado de una planificación y medición adecuadas, sumadas a la minuciosa verificación que Pete efectuó durante el moldeado de la espuma.

Foto 44. Este es el asiento seleccionado para el Willys sin la cubierta que tenía anteriormente, que se sujetaba con Velcro.

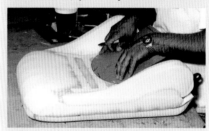

Foto 45. Frank quitó el Velcro e hizo un molde para el centro blando de la cubierta del asiento. El molde se hizo a partir del asiento, y luego se utilizó para marcar su ubicación.

Foto 46. Además de comenzar a armar el asiento, note que Frank trazó líneas sobre el asiento donde irán las costuras. La espuma se recortará para formar canaletas para el borde sobrante de las costuras.

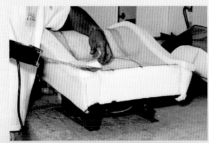

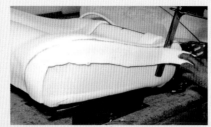

Foto 51. He aquí el corte final. Nótese que Frank marcó el borde superior del ala. Esto mantiene la línea derecha y contribuye a actuar como una guía para la sierra.

Fotos 47 y 48. Frank afina el borde de la pieza superior y luego envuelve toda el "ala" con una capa de espuma de 1/2 pulgada.

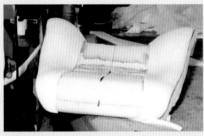

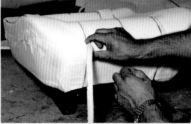

Foto 49. Tras adherir la espuma de poliuretano a las alas, deberá recortarlas en los lados. Si se saltea este paso, el asiento quedará demasiado ancho y se perderá el borde bien definido del ala.

Fotos 52 y 53. Utilice una hoja de afeitar para cortar los surcos en la espuma de 1/2 pulgada. Frank corta un borde en forma perpendicular al asiento y bisela el otro borde. Aquí jala el trozo del surco con facilidad utilizando los dedos.

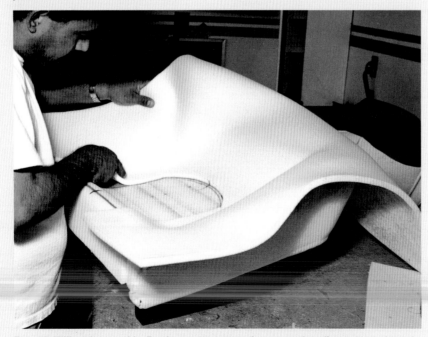

Foto 50. Utilizando su molde, Frank recorta un trozo de espuma de poliuretano y coloca el trozo recortado alineado con la línea que trazó previamente, para luego adherirlo al asiento.

"¿dónde están los puntos de conexión de los asientos para los ribetes tubulares?". Bueno, en el taller de Ron no se usan ribetes tubulares sobre la superficie de los asientos, y es por eso que no los hemos mencionado. La cubierta del tapizado se cementa por completo a la espuma. Esto ahorra tiempo y mejora el aspecto del producto terminado. Nunca se produce ningún frunce que indique que el anillo en "C" esté tironeando del ribete tubular.

Para quienes sean novatos en el tema o no hayan leído el manual de tapizados para automotores Automotive Upholstery Handbook, los ribetes tubulares de los asientos son como los ribetes o cintas tubulares del recubrimiento del techo (tal como se describió en el capítulo anterior). Son tiras de paño en cuyo interior tienen un alambre. La espuma o el relleno del asiento se recorta para permitir que el ribete tubular y el alambre lleguen a los resortes del asiento. Luego el alambre y el ribete tubular se enganchan a los resortes, con lo cual la cubierta queda sujeta al asiento. Esto siempre ha sido efectivo a la hora de retener el centro de un asiento envolvente. Cuando lleguemos a la colocación de la cubierta del asiento en el próximo capítulo usted verá lo bien que funciona el proceso de fijación con cemento. Sigamos a Frank en las fotos y veamos lo que hace.

Frank y el cliente ya decidieron cuál será el diseño para el asiento. Tendrá un cuero suave en todas sus partes menos en el centro. Aquí se fruncirá el material para dar lugar a lo que llamamos el estilo "suave". Esto contrasta con el aspecto "duro" que describimos anteriormente, en el cual la espuma debajo de la cubierta se talla y se esculpe. Frank comienza haciendo un molde que calzará bien en el centro del asiento. Luego, con el molde demarca la zona donde irá la parte fruncida y traza una serie de líneas donde quiere que se encuentren las costuras.

El cliente quería que el asiento envolvente fuera bien marcado y se retrajera notoriamente. Frank podría haber cerrado los resortes para encogerlos, pero en vez de ello decidió levantar los lados. Comienza agregando una franja de espuma de una pulgada al borde superior de cada asiento, y luego la bisela con la sierra para espuma. A continuación adhiere un trozo de media pulgada de espesor en toda el "ala" del asiento, manteniendo el borde de la espuma alineado con las líneas para la costura que dibujó previamente.

Palpando a través de la espuma de media pulgada encuentra el borde superior del ala, luego traza una línea con el marcador que le mostrará exactamente dónde se encuentra ese borde. Con la sierra para espuma recorta la espuma sobrante a los lados del asiento. Ahora las alas de los asientos son más altas pero el asiento tiene el mismo ancho que antes.

Para alisar el conjunto y hacer un entalle para el sector de la cubierta que irá rellenado, Frank aplica una capa completa de espuma de 1/2 pulgada al asiento pero recortando la zona rellenada. Nuevamente retoca los lados para evitar que aumente el ancho del asiento.

Habrá una costura de cada lado de la cubierta, en la base de las alas, que recorrerá todo el largo del asiento desde adelante hacia atrás. Aquí es donde se colocaría un ribete tubular si Frank fuera a utilizarlo. En vez de ello, cementará la cubierta al asiento. Sin embargo, no desea que los bordes sobrantes de las costuras se adviertan a través de la cubierta. Para evitarlo, forma surcos en la espuma en aquellos lugares donde irán las costuras.

Para formar los surcos Frank usa una hoja de afeitar de un solo filo. Nótese en las fotos que uno de los bordes de la espuma es perpendicular, mientras que el otro es biselado. El sobrante se ubicará de forma tal que quede enfrentado al borde biselado. El resultado será un contorno suave a ambos lados de la costura. Frank ya terminó los cambios mínimos que él y el cliente deseaban. En el siguiente capítulo lo seguiremos mientras fabrica una cubierta muy complicada para el tapizado de su asiento.

Resumen

En este capítulo hemos analizado tres aspectos de la fabricación de un asiento para luego tapizarlo. En la primera parte usted aprendió que se puede hacer un asiento muy cómodo a partir de trozos sueltos de madera, fibra y fibra impermeable. También aprendió a medir la altura correcta para que el asiento le brinde apoyo a las piernas del pasajero.

Si no cuenta con los resortes que le darán apoyo a usted y su cliente, analizamos la necesidad de moldear la espuma de acuerdo con el contorno del cuerpo en posición de sentado. Ello requiere un apoyo bajo la rabadilla, la parte inferior de la columna. Si carece de apoyo en la columna, la persona que va en el asiento pronto sentirá un terrible dolor de espalda.

Al describir el Ford usted aprendió a disminuir la altura del asiento con abrazaderas para cables, un truco realmente ingenioso. También descubrimos la importancia de lijar cuidadosamente el excedente de espuma luego de fijarla en su sitio. Queremos que la espuma defina la forma exacta del asiento. No espere que la cubierta vaya a ocultar ningún defecto del asiento.

Al ajustar la forma de un asiento que usted ya tenía, trabaje con capas de espuma de 1/2 pulgada. De esta forma podrá realizar ajustes más minuciosos. No se olvide de recortar la espuma en la zona del sobrante de la costura. Si no lo hace, se formarán bultos por debajo de la costura.

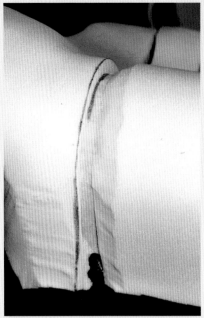

Foto 54. Primer plano de un surco. Se puede advertir un lado perpendicular y un lado biselado. Lleve el sobrante hacia el lado biselado.

Camión Chevrolet-GMC de 1989-95. Trabajo personalizado en el recubrimiento del techo, con estilo "duro". La unidad de plástico que va por encima de la cabeza se recubrió con cuero. En el asiento de estilo "duro" se trabajó y se moldeó la espuma para luego recubrirse con cuero y tweed.

10 • Tapizado de los asientos

En este capítulo tapizaremos los asientos de nuestro Willys, incorporando lo que Ron llama el "estilo suave". En el capítulo 1 se explicó lo que significa, y se dieron varios ejemplos. Vuelva a fijarse en el Mercury del 49 que se presentó allí. Los asientos son un excelente ejemplo que cuán atrayente es este estilo tanto en presencia como en comodidad.

El Willys será nuevamente el auto que usaremos como demostración de este trabajo. Frank, nuestro especialista en personalización de autos por excelencia, le mostrará un par de trucos para hacer la tarea mucho más fácil de lo que parece. Preste atención particularmente a la interesante forma en que sujeta el elástico al cuero. Ése fue un truco nuevo incluso para Don.

Creación del "estilo suave"

A lo largo de toda esta demostración vamos a usar el término "fruncido". Se refiere a que el material se recogerá sobre sí mismo, haciendo que un trozo grande ocupe un espacio mucho más pequeño. Si estuviésemos en el taller, nos referiríamos a eso como "plisado", pero el término plisado (pleated) se ha convertido en sinónimo de un estilo de tapicería, también llamado "pliegues y rollos" o "plisado y arrollado". Así que usaremos el término "fruncido" para evitar malos entendidos.

Foto 1. Este es un truco para ampliar un molde con el borde curvo. Para agregar una pulgada a cada lado, corra el molde una pulgada desde la línea central. Por supuesto, debe trazar una línea central tanto en el molde como en la pieza en la que esté trabajando.

Pieza central fruncida

En el capítulo anterior Frank hizo un molde para el centro del asiento del Willys, con el fin específico de usarlo para el centro fruncido del asiento. En ese momento utilizó el molde de cartón prensado para ubicar la pieza en cuestión. Y ahora lo usará para hacer la pieza fruncida. Para hacer un fruncido, se toman, en este caso, 10 pulgadas

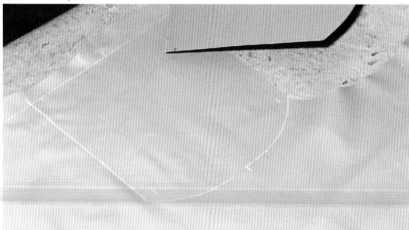

Foto 2. Esta pieza de material de 10 pulgadas está lista para fruncirse y quedar de 8 pulgadas, y con el borde curvo igual que el del molde.

del material, se estiran 8 pulgadas de elástico sobre el material, se cose, y luego se deja que el elástico vuelva a su largo original de 8 pulgadas. Como es lógico, el material quedará fruncido, y así tendremos el "estilo suave". Pues bien, vamos a hacerlo.

El molde se hizo de la medida de la pieza fruncida, es decir, 8 pulgadas. Frank quiere cortar un trozo de cuero de 10 pulgadas de ancho para fruncirlo y hacer que quede de 8 pulgadas. Pero la pieza no es cuadrada. El borde superior es curvo, como se puede apreciar en las fotos. Veamos cómo se hace.

Trace una línea central en el molde y haga una muesca en el borde inferior y en el superior. Haga una marca de 1 pulgada hacia la derecha e izquierda de la línea central. A continuación trace líneas sobre el material, formando un ancho de 10 pulgadas, y haga una marca en el centro. Coloque el molde sobre el material. con la línea que trazó hacia la derecha (en el molde) encima de la línea central del material. Con tiza, marque la mitad izquierda del molde hasta la línea central del material. (En el caso del Willys, es la mitad izquierda del borde curvo o arco).

Corra el molde, de modo que ahora sea la marca izquierda la que quede sobre la línea central del material y trace el contorno de la parte derecha. Bien, ahora ya tiene la pieza de 10 pulgadas, con un borde curvo, lista para fruncir y hacer que quede de 8 pulgadas. Para verlo en más detalle, Frank lo demuestra en las fotos número 1 a 9.

El próximo paso es hacer el relleno que irá debajo del cuero, el cual estará compuesto de espuma de poliuretano de 1/2 pulgada, con tela soporte (scrimback) y 2 pulgadas de capas de poliéster (Dacron). Frank corta este material exactamente de la misma medida del molde. Luego cementa el poliéster a la espuma. En las fotos se lo ve haciendo esto para las cuatro piezas de las secciones fruncidas: una para el asiento y otra para el respaldo, tanto del asiento del conductor como del acompañante.

Y ahora viene el truco que mencionamos antes. Frank va a unir el elástico al cuero para que se frunza. En la época en que Don trabajaba en la máquina de coser, colocaba el material

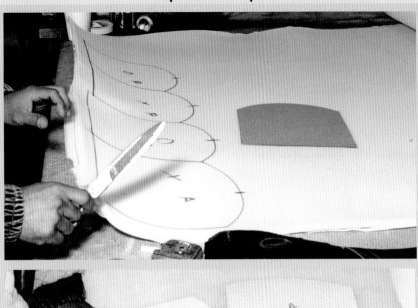

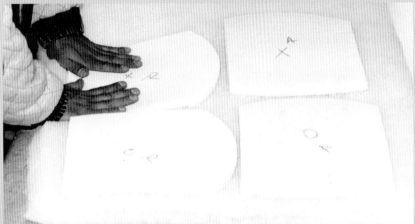

Fotos 3 y 4. Para rellenar la pieza fruncida, Frank usa tanto espuma de poliuretano como Dacron unidos con cemento. Las piezas son de tamaño diferente porque unas son de los asientos y las otras del respaldo.

Foto 5. Cortando el elástico del mismo tamaño que el molde, Frank puede tener la seguridad de que al estirarlo tendrá el largo correcto y que el material fruncido regresará a la medida debida.

Fotos 6 a 8. Aplique cemento tanto al elástico como al cuero. Estire el elástico y colóquelo cuidadosamente sobre el cuero. El cemento lo mantendrá en su lugar. Presiónelo bastante para que quede fijo. A continuación se puede coser a máquina con la tranquilidad de que la tensión será pareja en todo el ancho del cuero.

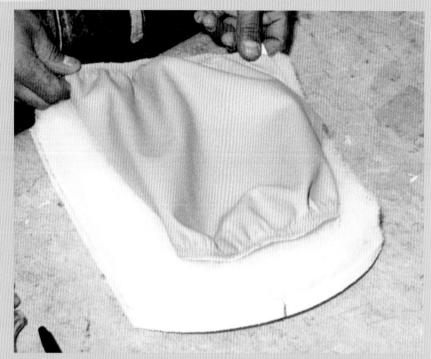

Foto 9. Como siempre, Frank verifica cada paso de su trabajo antes de seguir con el siguiente. Se está preparando para coser la pieza de cuero fruncido a las capas de espuma y Dacron.

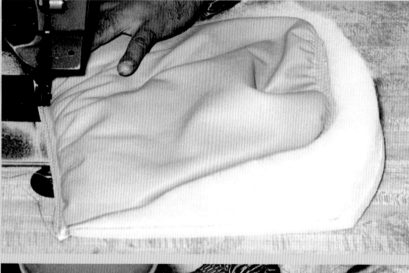

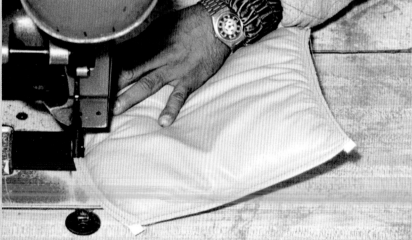

Fotos 10 y 11. Se deben coser los cuatro lados para hacer esta pieza.

debajo del pie, tomaba un extremo del elástico, lo estiraba y lo cosía. El resultado generalmente no era brillante. El elástico quedaba o demasiado tirante o demasiado flojo. O a veces quedaba tirante en una zona y flojo en otra. La técnica de Frank evita este problema. Primeramente, corta el elástico del mismo tamaño que el molde, en este caso de 8 pulgadas de largo.

El uso de moldes permite no tener que medir ni probar tanto. Aunque a los efectos de la demostración hemos utilizado las medidas de 8 y 10 pulgadas, el molde en realidad puede ser de 7 y 7/8 ó 8 y 1/4 pulgadas. Pero sumar y restar fracciones puede hacernos cometer errores si no somos genios de la matemática. Con los moldes, Frank minimiza la posibilidad de cometer errores.

El segundo paso del procedimiento es cementar el elástico al cuero. Debido a que de ese modo el elástico se puede levantar, si no queda estirado bien, se puede ajustar rápida y fácilmente hasta que haya hecho el frunce de la forma deseada. Cuanto más largo sea el elástico, mejor funciona el sistema. Para terminar, Frank cose el elástico al cuero.

A continuación hay que coser el cuero fruncido al relleno, lo cual es un paso sencillo. Como estamos usando espuma con tela soporte, el hilo no se saldrá. Frank estira el cuero fruncido sobre el relleno y lo cose (los cuatro lados), sin tener que preocuparse por el elástico. Rápido, fácil y muy eficaz.

Medición y corte

Hay tres formas de sacar bien las medidas y cortar las piezas. Hemos tratado una de ellas en varias ocasiones: la de cortar a partir de moldes hechos previamente. Otra manera es deshacer la cubierta vieja y usar las piezas como moldes. El tercer método es colocar el material sobre la sección que desea tapizar y marcarlo todo en derredor. Las tres técnicas son efectivas, y recomendamos su uso. Frank comienza su trabajo utilizando piezas de la cubierta vieja.

En los capítulos anteriores también hemos tratado el tema de las marcas

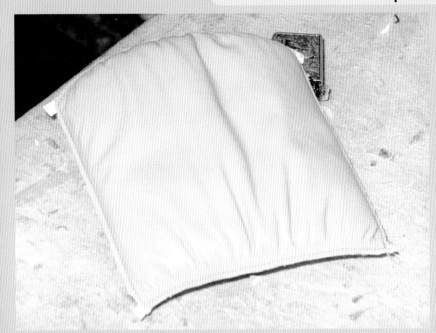

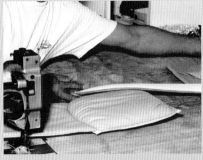

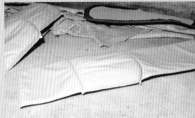

Foto 12. He aquí la pieza terminada. Sí, sentarse o apoyarse en ella será tan cómodo como parece.

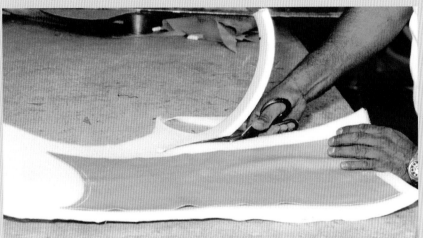

Fotos 16 a 18. Como con todas las cosas que hacemos, incluso al coser comenzamos desde el centro y trabajamos hacia los extremos. Aquí Frank cose su almohadilla fruncida a las dos piezas centrales de la cubierta. Después cose las dos aletas laterales a la parte central. Haber incorporado las aletas muestra la fe que Frank tiene en su pericia. Alguien menos experimentado habría cosido piezas rectas y luego las habría ajustado con la pieza entera sobre el asiento.

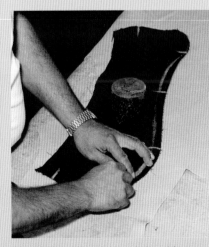

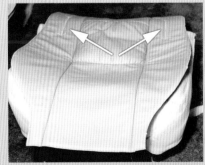

Foto 13. Frank ha desarmado la cubierta vieja y la está usando como molde. Note las marcas testigo que ha hecho. Es que estas marcas son esenciales para que la pieza quede bien; nunca están de más.

Fotos 14 y 15. En el pasado puede que usted hubiera cementado el material a la espuma al hacer una pieza rellena. Era como usar una de esas bicicletas con "rueditas". Sostenía el material, pero también daba lugar a que se formaran arrugas. Pues ahora puede aprender a coser la pieza a espuma con tela soporte sin la ayuda del cemento. Es más rápido, y el trabajo terminado luce mucho mejor.

Foto 19. Pero por más exacto y hábil que sea Frank, sigue verificando su trabajo en cada etapa. Las dos líneas (ver flechas) en la parte posterior del asiento representan los cortes para los sostenes del respaldo. Se los pasará por estas aberturas y serán unidos a la armazón del asiento.

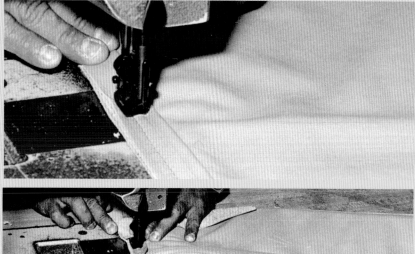

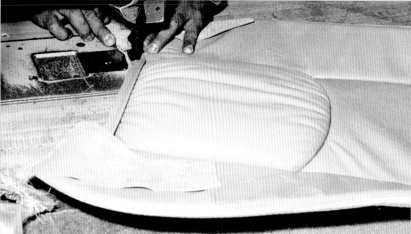

Fotos 20 y 21. Estas fotos muestran cómo se cerrará la parte de abajo del respaldo. Frank cose un ribete tubular tanto al lado de atrás del respaldo como al de adelante. Pasará un alambre por cada ribete y luego los unirá con anillos en "C".

Foto 22. Tras coser todas las piezas, Frank recorta el sobrante de las costuras que quedan en el borde exterior del asiento. Aquí no hay surco donde se pueda esconder la costura.

Foto 24. Aquí está la pieza cosida dentro de la abertura que se hizo para los sostenes del respaldo. Es una tira de cuero de 4 pulgadas que se cose alrededor del borde de la abertura, se dobla sobre sí misma y se introduce en la ranura.

Foto 23. Al borde inferior de la pieza del asiento se le hace un dobladillo en vinilo. La terminación de la parte de abajo del asiento debe lucir tan bien como la de arriba.

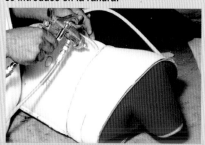

Foto 25. Fran empieza el proceso de cementado rociando una capa de mediana a gruesa sobre todas las costuras que desea pegar. Presta especial atención a la pieza fruncida.

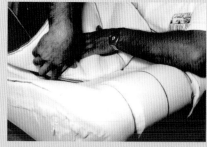

Foto 26. Comenzando desde el centro, Frank se fija muy bien en que las costuras estén alineadas con las líneas del molde y las marcas testigo que hizo antes en la espuma del asiento.

Foto 27. Esta es la parte trasera del asiento. Note la línea trazada con un marcador para resaltar dónde debe ir la costura terminada. Vaya precisión la de Frank.

Foto 28. Ahora alinea las costuras con la espuma. Ha cortado la espuma en la zona de la cara superior en forma perpendicular al asiento. La parte central de la espuma está biselada (vea la foto 26). Al dar forma a la espuma de esa manera, la costura queda recta junto al lado perpendicular de la espuma, mientras que el material de la parte central cae suavemente sobre la parte biselada.

Foto 29. Frank deja secar el cemento un rato. Luego empieza a colocar la cubierta a partir de los bordes del asiento.

testigo. Si piensa usar la cubierta vieja como molde, asegúrese de hacer las marcas testigo antes de desunir las piezas. La marca debe cruzar la costura, dejando una marca testigo de cada lado. Con estas sugerencias, observemos a Frank mientras corta las piezas para las cubiertas de los asientos del Willys.

En la foto 13 se lo ve acomodando una de las piezas laterales de la cubierta vieja. Aquí hay dos cosas para destacar: las marcas testigo y el lingote de hierro que utiliza para sujetar el molde. ¡Nunca confíe en su habilidad para mantener el molde en su lugar con una mano mientras marca con la otra! En la segunda foto, Frank ya ha cortado una de las piezas centrales y está cortando espuma para el relleno. Podemos notar que ha utilizado el molde por la marca en el borde curvo de la pieza. Cada sección ha sido medida y cortada cuidadosamente. A continuación se deben rellenar y coser las piezas.

Relleno

En la industria de la personalización de autos todo se rellena antes del armado. Esto aplica a todas las partes: recubrimientos de techo, paneles de las puertas, paneles delanteros y todas las demás partes del interior, incluidos los asientos.

Si hasta ahora usted tuvo la costumbre de cementar el material a la espuma, ya es hora de dejar de lado esa técnica. Debe aprender a coser la tela, cuero o vinilo a la espuma (de 1/2 pulgada y con tela soporte) sin tener que recurrir a eso. Cuando se cementa el material a la espuma se pueden formar arrugas al doblar la pieza sobre sí misma. En la tapicería personalizada no podemos permitir que suceda eso. Con un poco de práctica pronto será capaz de coser sin depender del cementado.

Armado

Después de coser todas las piezas a la espuma, Frank procede a unir las del asiento y el respaldo desde el centro hacia afuera. Observe la foto 19 y fíjese en las marcas de tiza en la parte trasera

Foto 30. Sujeta las costuras delanteras primero con un anillo en "C" en la base de cada una.

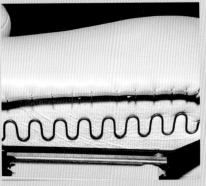

Foto 31. He aquí la terminación de la parte de abajo del asiento. Se ve tan bien como la de arriba. Note la cantidad de anillos que usa Frank; muchos más que los necesarios para sujetar la cubierta. Pero de esta forma le quedan menos marcas en el cuero.

Foto 33. Aquí está el lado trasero del asiento terminado. Nadie diría que no hay ribetes tubulares sosteniendo estos grandes rollos.

Foto 32. Con un destornillador, introduce el cuero en las aberturas hechas para los sostenes del respaldo. Con algunos anillos, lo sujeta a la estructura metálica que hay debajo.

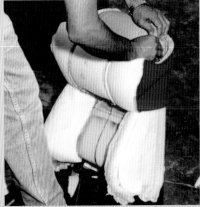

Foto 34. Colocar la cubierta del respaldo es un verdadero dolor de cabeza. Tenga cuidado si le pone silicona, ya que la silicona que haya en las zonas donde ponga cemento impedirá que éste se adhiera a la espuma o la cubierta. La mejor recomendación es que lo ponga sobre el piso para poder hacer más presión.

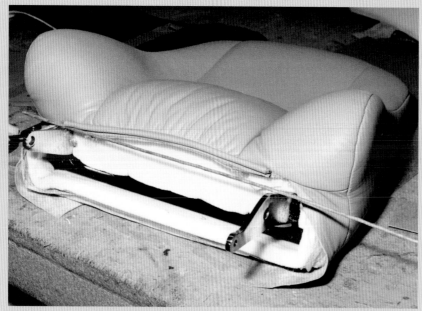

Foto 35. Una vez colocada la cubierta, es hora de cerrar la parte de abajo. Como se dijo antes, Frank colocará alambres en estos ribetes tubulares. Utiliza un alambre revestido en papel que se fabrica específicamente para estos usos. Lo encontrará en cualquier casa de artículos de tapicería.

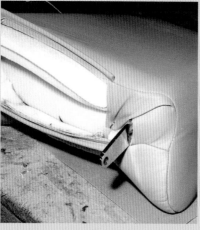

Foto 36. El material sobrante del aplique de la parte trasera se dobla sobre sí mismo y se sujeta a la espuma con un anillo. Es una buena solución para este tipo de problemas.

Foto 37. Uno de los toques interesantes de Frank son los agujeros hechos previamente en el cuero con un punzón antes de insertar los anillos. Esta técnica evita que se desgarre el cuero, deja menos arrugas y garantiza una buena alineación.

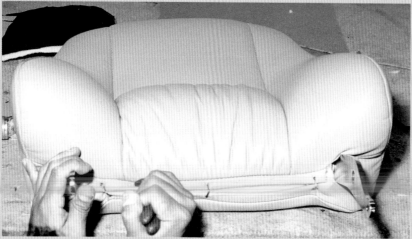

Foto 38. Mire cómo Frank cierra la parte delantera y trasera con los anillos.

del asiento. Allí es por donde pasarán los sostenes del respaldo para sujetarlo a la armazón del asiento. En ese lugar Frank hace dos costuras separadas por un espacio de más o menos 1/2 pulgada. Después corta el material que queda entre esas costuras, y en su lugar cose un trozo de cuero de 4 pulgadas de ancho. Esto le da una muy buena terminación cuando se introduce el cuero en la abertura por la cual pasan los sostenes. Hacer las costuras antes de cortar el material resulta en un trabajo más fácil y con un mejor acabado.

El segundo truco del armado es el ribete tubular que cose Frank en el borde inferior de la pieza fruncida. Hace lo mismo también en el borde correspondiente de la parte trasera del respaldo. Cuando la cubierta se haya colocado sobre el respaldo, pasará alambres revestidos a través de los dos ribetes tubulares y los unirá con anillos en "C". Podrá ver esto en la etapa final del armado de los asientos. La última parte de la etapa de ajuste y armado (de la parte del asiento) es ajustar el borde inferior.

En la tapicería común, generalmente se dejan un par de pulgadas sobrantes de material en la parte de abajo. El material sobrante se acomoda en alguna parte alrededor de la armazón y se sujeta con anillos en "C". ¡Pero no se hace así en la tapicería personalizada! Coloque la cubierta sobre el asiento. Jale los lados hacia abajo hasta que hayan desaparecido todas las arrugas, igual que haría al colocar cualquier cubierta. Con abrazaderas, ganchos o anillos, sujete la cubierta en su lugar.

Con tiza o lápiz, trace una línea alrededor de la zona donde la cubierta quedará finalmente sujetada. Quite los ganchos, saque la cubierta del asiento y recorte a lo largo de la línea que trazó.

Tras hacer precisamente eso, Frank cose a máquina un ribete de vinilo alrededor del borde. Esto le da un buen acabado y al mismo tiempo lo refuerza. A continuación Frank está listo para colocar las cubiertas en sus respectivas armazones.

Colocación de la cubierta

El equipo de Ron nunca utiliza ribetes tubulares en zonas sobre las cuales las personas se sentarán o se apoyarán. ¿Por qué? Porque un pasajero pesado puede doblar el alambre revestido y dañar la forma del asiento o el respaldo. Todo lo que toma contacto con el cuerpo humano se cementa. Observe mientras Frank hace precisamente eso. Se cementará bien la parte inferior de la sección fruncida y todas las costuras. Frank aplica una capa mediana de cemento sobre la sección fruncida y luego una capa más gruesa en todas las costuras. También va otra capa igual de cemento en todo el asiento.

Entonces, con mucho cuidado, pone la parte fruncida sobre la superficie cementada del asiento. Se asegura muy bien de que todas las costuras queden alineadas sobre sus respectivos surcos y que la cubierta esté centrada sobre el asiento y colocada correctamente desde el frente hacia atrás. Ajusta cada costura en forma perpendicular sobre el surco que había cortado previamente en la espuma.

La costura queda vertical, cementada a la cara recta de la espuma, y la parte biselada de la espuma se adapta suavemente contra la cubierta. Una vez que la cubierta queda cementada, acomoda los lados y se prepara para sujetar la pieza con los anillos en "C".

En la foto 40 de esta página puede ver qué bien quedó el trabajo de Frank tras haber sujetado la cubierta a la armazón. Si alguien quiere revisar la parte de abajo del asiento, encontrará una terminación tan buena como la de arriba. Ahora pasemos al respaldo.

El proceso comienza rociando una capa de cemento entre mediana y gruesa en las costuras. Cuando el cemento está seco, Frank coloca la mitad superior de la cubierta del respaldo. Con cuidado, presiona las costuras contra sus correspondientes surcos. Luego pone una capa de cemento sobre la parte fruncida y sobre su ubicación en el respaldo. A continuación puede terminar de colocar la cubierta.

El paso final es cerrar la parte inferior de la cubierta de manera nítida.

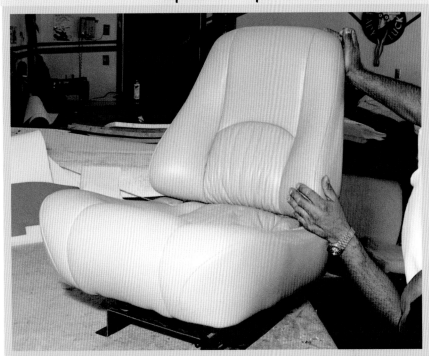

Foto 39. Aquí vemos el asiento y el respaldo juntos por primera vez. Realmente luce muy bien.

Foto 40. El paso final es revestir la plataforma de montaje del asiento. Es que se puede ver desde afuera del auto.

Foto 41. Aquí vemos el asiento terminado junto al original. La forma es casi la misma, pero el diseño está muy cambiado. No tenemos idea de dónde salieron estos asientos, pero como verá, quedan de maravilla en el auto.

Foto 42. Podemos estar todos de acuerdo en que el Willys quedó hermoso como una gema. Los asientos van muy bien; son asientos que se pueden inclinar hacia adelante, y el propietario puede acceder al equipo de sonido detrás de ellos.

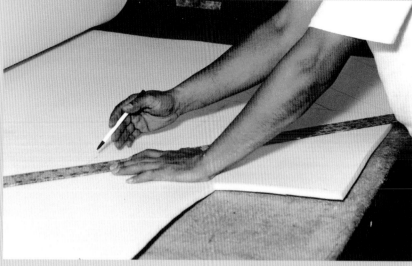

Fotos 43 y 44. Pete comienza a delinear el plisado. Tras determinar el tamaño de la pieza que necesitará, según las medidas del asiento, la dibuja sobre la espuma. Para marcar las franjas, utiliza una regla que va desde una esquina a la otra, en diagonal.

Foto 45. Antes de poder cortar los surcos (a mano) para los pliegues, debe cementar otra capa de 3/16 de pulgada de espuma con tela soporte sobre la espuma simple en la cual trazó la líneas. Después sí puede cortar los surcos de los pliegues hasta el fondo de la espuma de 1/2 pulgada. ¿Por qué no corta los surcos directamente sobre espuma con tela soporte de 1/2 pulgada? Por más preciso que sea Pete, sabe que en algún momento cortaría la tela soporte y arruinaría el trabajo. Y para contestar antes de que pregunte: no venden espuma con tela soporte de 3/4 de pulgada.

En la foto se puede ver cómo dobla el material sobre sí mismo detrás del sostén del respaldo. Luego se sujeta la esquina a la espuma con anillos. ¿Recuerda los ribetes tubulares que cosió al lado de atrás del respaldo y a la pieza fruncida? Pues bien, ahora Frank pasa un trozo de alambre a través de ellos y une los dos alambres con anillos en "C". Primero, sin embargo, se asegura de que quedará bien.

Cada vez que Frank pone uno de estos anillos, primero hace un agujero con un punzón para cuero. Eso logra dos cosas. Puede colocar los anillos fácilmente y mover el material hacia arriba o abajo usando la pinza con la cual los coloca. La segunda ventaja es que queda con muy buen aspecto. No hay zonas desgarradas por el anillo, ni se ven marcas producidas por el estirado en el frente ni en la parte de atrás. El aspecto es completamente profesional. No habrá juez (ni cliente) que encuentre defectos en este tipo de trabajo.

El paso final de esta obra es revestir las zonas expuestas de los rieles del asiento. Frank puede hacerlo de una vez, sin probar y ajustar. Como ya hizo antes, cementa tanto el material como la armazón, coloca el material haciendo presión, y recorta los sobrantes.

Así es como se logra el "estilo suave". Luce realmente cómodo, y realmente lo es al sentarse. A continuación observaremos cómo Pete personaliza un Ford del 57 con un "estilo duro".

"Estilo duro"

Ya hemos analizado el "estilo duro" en los capítulos anteriores, y a esta altura ya sabe a qué nos referimos. La esencia del estilo duro en el tapizado de los asientos reside en el plisado. En nuestro caso, las franjas son diagonales en vez de verticales. Eso hace que los asientos se destaquen en el interior de plisado normal. La forma en que Ron hace el plisado es un poco diferente de lo que ya ha visto. Miremos a Pete mientras da forma a su primera pieza, comenzando en la foto 43.

Fabricación de la pieza plisada

La pieza comienza con un dibujo sobre espuma de poliuretano de 1/2 pulgada. En este momento no usamos espuma con tela soporte, lo cual comprenderá en un par de párrafos. Pete determina el tamaño de la pieza por el tamaño de la zona (en el asiento) que desea recubrir. También tiene en cuenta el espacio que le tomarán las costuras. El primer paso es hacer una línea diagonal desde una esquina de la pieza a la otra. Por supuesto, la pieza para el otro lado del asiento la hará con las líneas en el sentido opuesto.

El cliente quiere franjas de 4 pulgadas, así que Pete hace líneas a intervalos de 4 pulgadas, a partir de la primera diagonal. Ahora viene la parte interesante. Pete cementa sus piezas a una capa de 3/16 de pulgada de espuma con tela soporte, con lo cual el grosor total llega a 11/16 de pulgada; apenas un poquito menos de 3/4 de pulgada.

El segundo paso será hacer surcos de 1/2 pulgada de profundidad con una hoja de afeitar a lo largo de las líneas diagonales. Si hubiese utilizado espuma con tela soporte de 1/2 pulgada, los cortes habrían llegado hasta la delicada tela. De modo que al añadir de 1/8 a 3/16 de pulgada, ya no corre tanto peligro de cortar la tela ni que le quede una costura floja.

El paso número tres es cementar el material a la espuma. En el pasado, para hacer este tipo de plisado se marcaba la parte superior de la tela, se ponía sobre la espuma y se cosía. Con tres costuras quedaban dos franjas. Era rápido y fácil, pero nada bonito. Pues ahora pruebe lo siguiente. Aplique una línea liviana y angosta de cemento sobre cada surco que haya hecho en la espuma. Rocíe una capa muy liviana de cemento sobre el reverso del material.

Doble el material en dos a lo largo de la diagonal. Colóquelo suavemente encima de la espuma y vaya introduciendo con cuidado el doblez en el surco, sellándolo bien con una espátula. Desde el centro hacia los costados, haga lo mismo con cada uno de los surcos. El secreto es no romper el borde de la espuma al estirar demasiado el material. Mantenga el material en

Foto 46. Cemente cuidadosamente la tela a la espuma sin estirar. De esa forma los bordes del plisado quedan bien definidos y parejos. Si se estira la tela, los surcos, que se cortaron con tanto esmero, quedarán con los lados redondeados o aplastados.

Foto 47. Termine el plisado cosiendo cada "zanja".

Foto 48. Como hicimos con el asiento del Willys, las piezas centrales se cosen primero.

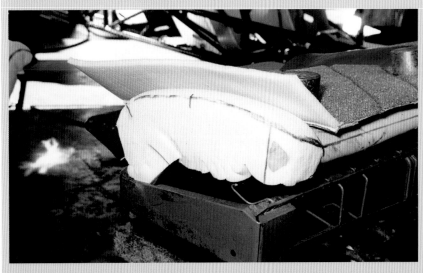

Foto 49. Tomamos esta foto para mostrarle cómo Pete ha delineado los bordes del asiento donde irán las costuras. Además, podemos ver las marcas testigo.

Foto 50. Dice Don que habría usado ganchos aquí para sujetar la cubierta. ¡Sin embargo, estos trozos grandotes de acero cumplen bien esa función!

Foto 51. A medida que Pete hace sus marcas en la cubierta, sigue mirando la línea de abajo, la que antes marcó en la espuma. La línea de la cubierta debe ser idéntica a la de la espuma. Esa precisión es la que logra el calce perfecto de la cubierta.

Foto 52. Aquí está, trazada perfectamente y con las marcas en su lugar.

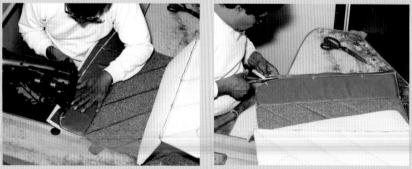

Fotos 53 y 54. De vuelta en la máquina de coser, Pete hace una costura a 1/2 pulgada de la marca de tiza. También tiene en cuenta el grosor de la línea de tiza. Una vez terminada la costura, recorta el sobrante, teniendo cuidado de no cortar el hilo.

posición plana, y deje que fluya entre los surcos. Mire el producto terminado en la foto 66, página 115. Note qué bien definidos están los bordes del plisado. No hay frunces ni bordes aplastados. Pete termina el trabajo haciendo una costura en cada una de las "zanjas".

Haciendo las franjas de esta forma, ya sean diagonales o verticales, la pieza terminada quedará exactamente del mismo tamaño que al comienzo. En el pasado, cuando se cosían los pliegues desde arriba, o incluso cuando se doblaba el material sobre sí mismo y se cosía desde el reverso, la pieza se encogía. Eso requería utilizar una pieza más grande de lo necesario, y aun así se corría el riesgo de que no alcanzara. Por eso, se dará cuenta de que este nuevo método puede ser mucho más eficaz.

Otras piezas plisadas

Con la técnica que acabamos de enseñar se pueden hacer plisados de cualquier tamaño. También es excelente para el plisado de los autos del estilo "nostalgia", con tapizado "plisado y arrollado". En los tapizados originales, que se hacían antes de la aparición de la espuma de poliuretano, los pliegues se rellenaban a mano con algodón en rama, que llegó a conocerse como guata. Con este material, doblado o enrollado en el tamaño necesario, se rellenaba el pliegue previamente cosido.

Este mismo "estilo" se puede lograr mediante la técnica que mencionamos, pero con espuma más gruesa. El secreto es trabajar desde el centro hacia afuera, haciendo que el material fluya sobre cada pliegue hecho a mano. Tan sólo tenga cuidado de no estirar el material, ya que eso podría aplastar la espuma y formar un plisado de apariencia plana.

Confección de la cubierta del asiento trasero

Repasemos por un momento el procedimiento para tomar las medidas y cortar el material para este tipo de asientos corridos. Pete hará todo exactamente del mismo tamaño que el trabajo terminado (dejando lugar para las costuras). También es importante incluir las medidas de la parte de abajo, para que quede con una terminación tan buena como la de la parte de arriba. Se hacen marcas testigo en la espuma de la armazón del asiento, para luego transferirlas a la cubierta. Al igual que con las del asiento del Willys, cada pieza del asiento del Ford se reviste con poliuretano, se corta y se cose. Con esto en mente, miremos cómo trabaja Pete en este caso.

El primer paso, al igual que con el Willys, es coser todas las partes que conforman la pieza superior del asiento. Esta pieza grande luego se ajusta al asiento en los lados y bordes. En las fotos a partir de la página 111 puede ver que Pete no sólo tiene marcas testigo, sino que también ha resaltado el borde del asiento con un marcador. Note asimismo la pesa de hierro que utiliza para que la cubierta no se suelte mientras hace el marcado.

En las siguientes fotos lo vemos transfiriendo las líneas y marcas testigo del asiento a la cubierta. Una vez hecho esto, lleva la pieza superior a la máquina de coser y hace una costura a 1/2 pulgada de las marcas de tiza. Luego hace muescas donde estaban originalmente las marcas testigo en tiza. Por último, recorta el sobrante de la costura. Al recortar, asegúrese de hacerlo tan pegado a la costura como sea posible sin cortar el hilo.

Para el segundo paso, Pete cose todas las piezas frontales y laterales que rodean el asiento. Note en la foto que está cociendo un ribete tubular a la parte inferior de esas piezas. Al igual que con el Willys, Pete pasará un alambre a través de ese ribete para sostener los anillos en "C" que asegurarán la cubierta a la armazón. En la foto final de esta sección cose las piezas mencionadas alrededor de la pieza superior.

Pete tiene mucha experiencia en este oficio y sabe muy bien lo que está haciendo. Puede comenzar en un extremo del asiento y coser todo el contorno de la cubierta manteniendo alineadas sus marcas testigo. Pero si siente que esto va más allá de su capacidad, comience su costura en el medio y siga hacia el extremo. Luego de vuelta la cubierta y siga cosiendo el resto. De esa forma tendrá menos problemas en la etapa de costura.

Foto 55. Pete usará un ribete tubular con un alambre dentro para sujetar la cubierta a la armazón. Dado que hay que hacer muchos ribetes, utiliza cinta de muselina.

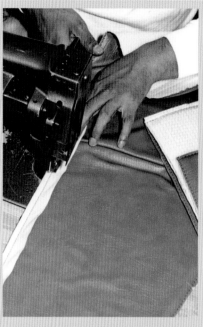

Foto 56. Los costados de la pieza se han medido y cortado aparte de la cubierta. Después de coser los bordes, agrega los ribetes para la parte de abajo.

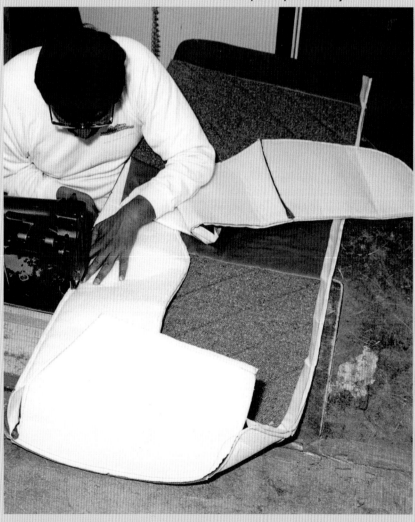

Foto 57. El paso final es coser los ribetes para la parte superior del asiento. Cuando esto esté terminado, estará listo para comenzar a colocarlo.

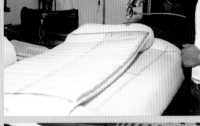

Fotos 58 y 59. Aunque éste no es el asiento del Ford, ilustra los mismos principios. Pete comienza por aplicar cemento a las costuras de cada franja. Luego rocía la pieza plisada completa. También aplica una capa de mediana a gruesa sobre la espuma en los lugares donde se apoyarán las costuras. Luego pone la cubierta en contacto con la espuma cementada, alineando bien sus marcas testigo, y hace presión para que queden bien pegadas.

Foto 60. Con la parte superior cementada en su lugar, Pete puede calzar los lados de la cubierta y comenzar a sujetarla con anillos a la armazón.

Foto 61. El próximo paso es pasar el alambre por el ribete tubular. Debe hacerse después de haber colocado la cubierta.

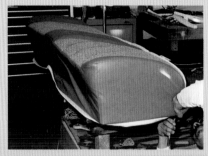

Foto 62. Primero Pete sujeta temporalmente los bordes de la cubierta. De esa forma, la mayoría de las arrugas se van hacia la parte trasera del asiento.

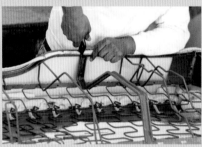

Foto 63. Ahora sí comienza a colocar los anillos desde el centro hacia los extremos. Esto sigue moviendo las arrugas hasta que desaparecen.

Fotos 64 y 65. Y aquí viene el querido vaporizador de mano. Recuerde: ¡Si es un buen especialista, lo hará quedar aun mejor! George va a usarlo para eliminar algunas arrugas del respaldo dividido.

Colocación de la cubierta

Las primeras fotografías del procedimiento de colocación son de un asiento diferente: el asiento trasero de un Chevrolet del 57. Es que Pete terminó esta parte del Ford antes de que pudiéramos tomar las fotos. Sin embargo, muestran los mismos pasos. En todo lugar donde hay una costura, Pete aplica una capa de cemento tanto en la cubierta como en el asiento.

Note que comienza en la sección plisada, aplicando una capa de cemento sobre cada costura y luego otra sobre toda la pieza. Eso garantiza que la costura de cada pliegue tendrá una buena capa de cemento. Tras aplicar el cemento y permitir que se seque un poco, Pete coloca en su lugar la cubierta.

Observe cuánta concentración pone en apoyar la costura exactamente en el lugar correcto. Una vez que la cubierta toma contacto con la armazón, debe quedar colocada exactamente en su lugar. Si queda apenas torcida, aparecerán arrugas que no se podrán eliminar. Si bien no lo vemos en la fotografía, Pete usa su espátula para presionar cada costura de los pliegues, de modo que encajen en su lugar. Por eso era tan importante asegurarse de que las costuras tuvieran una buena capa de cemento. Cuando la pieza superior está bien asegurada en su lugar, Pete ajusta las piezas del contorno del asiento. Y a continuación puede concentrarse en sujetar todo en la parte de abajo.

Para ello, primero pasa el alambre por los ribetes tubulares. Luego ajusta la pieza lateral en su lugar y coloca un anillo. Hace lo mismo en ambos lados antes de dar vuelta la unidad y seguir con la parte de abajo.

Como todos los especialistas, Pete comienza a colocar los anillos a la armazón desde el centro, y desde allí hacia los extremos. De esa forma, las arrugas pequeñas se van hacia los extremos, donde desaparecerán. Si trabajara desde los extremos hacia el medio, cualquier arruga que se formara durante el proceso quedaría indefectiblemente sin salida en la mitad de la cubierta.

George Torres está ayudando a

Pete a colocar las cubiertas del Ford, y decide usar un poco de vapor para eliminar algunas de las arrugas muy pequeñas en la costura de la cubierta. El vapor es bastante milagroso en estas cosas. Por un lado, suaviza el vinilo y permite que la espuma se integre más al material, logrando así eliminar algunas de las arrugas. Por otro lado, cuando se usa con mucho cuidado en el exterior del vinilo, éste se encoge un poquito. Pero debe tener cuidado, o pudiera derretir o quemar el vinilo.

En las telas, el vapor las encoge, y hace que el pelillo del terciopelo y el mohair vayan en una dirección, y también hace más flexibles las telas rígidas. Este vaporizador de mano es en verdad imprescindible.

La foto final, la 66, muestra el trabajo terminado del asiento y el respaldo. ¡Estupenda labor, Pete!

Asiento delantero y respaldo dividido

Primero hicimos el asiento trasero porque era más fácil. Ahora debemos pasar al asiento delantero y su respaldo dividido. Ambos se cortan, se prueban y se cosen de forma muy similar que el asiento trasero. Pero tiene más piezas, y es un poco más difícil acomodar todo de forma alineada. Analicemos algunas de estas dificultades.

Vaya a las fotos 67 y 68. En la primera foto puede ver el respaldo del asiento delantero. Fíjese en los cortes en el aplique trasero, que permite ajustarlo bien alrededor de la depresión de la armazón. Note también que el borde de ese aplique se ha cerrado con una costura, pero todavía no se le ha colocado el ribete.

Observe cómo Pete ajusta las esquinas. En un taller de producción, en esta esquina se habría hecho un doblez y listo. Pero nuestra esquina ha sido ajustada y armada de forma que la cubierta quede perfecta sobre la armazón. ¿Puede ver la pinza cocida en el frente de la cubierta, detrás de la placa que más tarde sostendrá la moldura de contorno? Incluso un juez perspicaz no vería esa zona.

Foto 66. Pete (y George) hicieron un espléndido trabajo en el asiento trasero. La franjas diagonales le dan un aspecto diferente.

Foto 67. Analice esta fotografía con cuidado y fíjese cómo Pete prueba el respaldo del asiento delantero. Está hecho de modo que se ajuste al contorno de la armazón. Note también que todas las piezas están rellenas.

Foto 68. Aquí se ven esos contornos y la forma en que calza la cubierta. Pete incluso ha cosido una pinza (ver flecha) para que el material quede más liso sobre la parte delantera de la armazón. Ya que esta zona queda oculta por la moldura de contorno, nadie verá el trabajo extra que se tomó aquí. Muy bien podría haberse doblado solamente.

Foto 69. Para asegurarse de que las franjas del asiento y el respaldo coincidan, Pete coloca el respaldo y marca la ubicación de cada una.

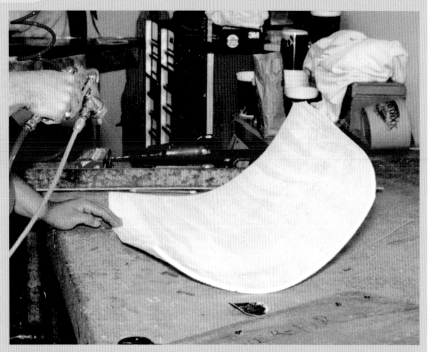

Foto 70. La parte trasera del respaldo se hace igual que el panel de la puerta. George hasta podría tallar un dibujo en él.

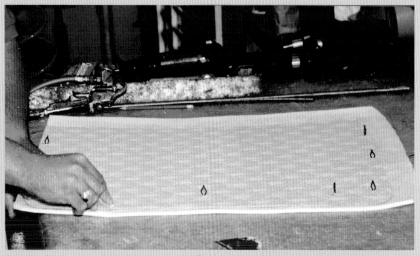

Foto 71. Si vio esta misma foto en otro capítulo, seguro que era un panel para la puerta.

Foto 72. Hasta encaja a presión como el panel de la puerta.

Camioneta Chevrolet-GMC del 1967-72 con combinación de vinilo y lana en el panel de la puerta, en estilo "esculpido".

Pero Pete quiere que todo quede perfecto. Usted debe aprender a tener la misma mentalidad que Pete.

Algo que contribuye a que todo que bien alineado es poner los respaldos individuales sobre el asiento y marcar la ubicación de las franjas. Todos los especialistas del taller de Ron lo hacen para cualquier tipo de plisado. Primero se hace el asiento propiamente dicho, y luego se hace coincidir el respaldo. Eso garantiza que cuando se termine el trabajo todas las franjas queden alineadas.

Los respaldos del Ford son mucho más fáciles que los del Willys. Se hacen y se instalan igual que los asientos, pero se terminan con un panel entero en la parte trasera. Veamos cómo los hace George.

George corta un trozo de fibra del molde que había hecho antes. Lo que hace a continuación es exactamente lo mismo que hacer el panel de la puerta. Monta el panel a la armazón, hace agujeros a través de ambos y coloca sujetadores Auveco. Después de quitar el panel, lo recubre con espuma de poliuretano de alta densidad y raspa la superficie de ésta. Luego cementa la cubierta de vinilo a la espuma, pliega el vinilo alrededor de la pieza y cementa y engrapa los bordes. Es igual que el panel de la puerta, pero más pequeño.

¡Los asientos terminados son un primor!

Resumen

En este capítulo hicimos dos tipos de asientos: uno que incorpora el estilo "suave" y otro con el estilo "duro". El material del estilo suave presenta pequeños frunces. El estilo duro se basa en pliegues y piezas más marcadas, como si hubiesen sido esculpidas.

En el taller de Ron no se usan ribetes tubulares para sostener la cubierta sobre la parte superior del asiento. Más bien, la cubierta se cementa sobre éste. Donde se cementa una costura, se corta un surco en la espuma para que la costura quede dentro de un área cóncava. Eso evita que la costura se levante y quede sobre la superficie de la cubierta.

Uno de los mejores trucos que

aprendió en este capítulo fue cementar el elástico al material en vez de coserlo. De esa forma, el fruncido queda parejo.

El proceso de medición, marcado y corte de la cubierta es una de las etapas más importantes del armado. Aprendió tres maneras de hacerlo: usando la cubierta vieja como molde, haciendo su propio molde y midiendo la pieza sobre la zona del asiento que quiera tapizar. También aprendió la importancia de las marcas testigo. Utilícelas a fin de asegurarse de que la cubierta quede cosida de la misma forma en que se cortó.

A continuación debe aprender a rellenar todas las piezas de la cubierta sin cementar el material a la espuma. Coloque la pieza sobre la espuma y cósala en su lugar. Eso evitará que se formen arrugas en la cara externa del material debido al cemento debajo.

Por último, vimos cómo Pete y Frank prestaron suma atención a los detalles. Incluso en lugares que no se ven, ambos se esforzaron por hacer las terminaciones de esas zonas tan impecables como la parte superior de la cubierta.

Foto 73. Bueno, aquí está, listo para entregar. El cliente lo vio y quedó encantado con él. Realmente es un trabajo de primera.

Foto 74. Aunque no los analizamos aquí, nos pareció que le gustaría ver los asientos terminados de la camioneta de reparto. Todo lo que se hizo en estos asientos se ha descrito en los ejemplos del Willys y el Ford. Aunque sí hay una diferencia. Se usaron ribetes tubulares para sujetar las piezas del asiento y el respaldo a la armazón. En el Willys y el Ford, estas piezas se cementaron a la espuma.

11 • El techo descapotable

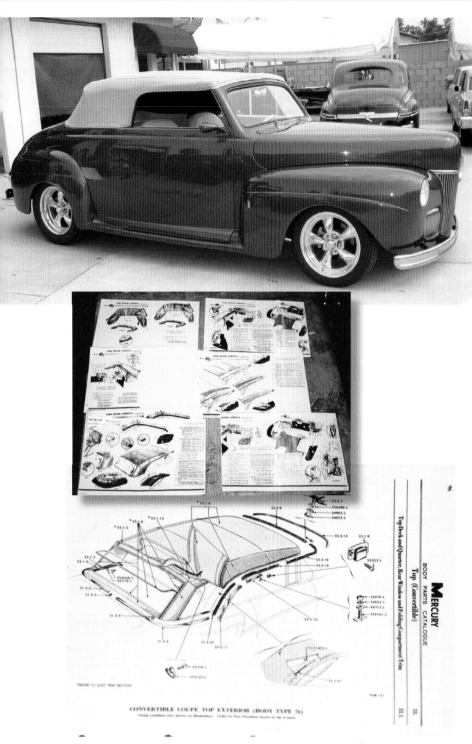

Primera parte. El arco de la capota

De todos los trabajos en el área de personalización de interiores, creemos que la confección y colocación de un techo descapotable desde cero es el más difícil. Si se comete un solo error en el techo, quedará a la vista de todos y será objeto de críticas. Rara vez vemos un techo descapotable que se use con frecuencia y que carezca de arrugas, zonas donde ajusta demasiado, marcas de roce al plegarse, o alguno de los potenciales problemas que suelen tener los techos descapotables.

Los defectos en la parte interna del trabajo sólo podrán verse desde el interior del automóvil. Un techo descapotable es como un trabajo de pintura: está allí, a la vista de todos. Al igual que un trabajo de pintura, si hay una imperfección, salta a la vista del observador. Sin embargo, a diferencia de un trabajo de pintura, no se puede rellenar una hendidura en el techo. En algunos casos se deberá quitar todo el techo descapotable, hacer una pieza nueva y reemplazarlo. Es por ello que muchos especialistas en personalización de interiores prefieren no dedicarse a la fabricación de capotas.

Si usted alguna vez rechazó un trabajo con un techo descapotable, es poco probable que lo vuelva a hacer luego de estudiar concienzudamente los siguientes tres capítulos. Si nunca intentó confeccionar un techo desde cero, creemos que quedará extremadamente satisfecho con los resultados que podrá obtener utilizando los trucos y consejos que le brindamos. Tómese su tiempo para estudiar las técnicas que figuran a continuación. Quizás sean algo más complejas de lo que usted está acostumbrado. Sin embargo, cuando haya terminado de confeccionar el techo tal como le indicamos, probablemente verá que no tiene que

Fotos 1 y 2. Haga un gran esfuerzo para encontrar un manual de fábrica que le demuestre cómo se construye la capota, el arco y la bota para la misma. Le ahorrará más tiempo del que tendrá que invertir tras la búsqueda de estas valiosas ayudas. Generalmente suele haber alguien en algún club consagrado a la marca, que tendrá lo que usted necesita. A menudo no se desprenderán fácilmente de este material, pero suelen estar dispuestos a brindarle fotocopias. En estas fotos no se puede ver, pero estas imágenes están recubiertas de vinilo transparente para evitar que se deterioren.

quitarlo para ajustarlo tres o cuatro veces, como le ocurría en el pasado. Con los trucos que le proporcionamos, debería ser capaz de lograrlo la primera vez.

En esta parte no incluimos consejos para hacer su trabajo en menos tiempo. Usted deberá encontrar sus propios trucos a medida que trabaje con esta técnica. Por el momento queremos que se concentre en la precisión del ajuste. La velocidad vendrá con el tiempo. Analicemos en qué consiste un techo descapotable y las partes vinculadas al mismo.

Partes de un techo descapotable

El arco de la capota

Examinaremos el techo descapotable y los componentes que lo integran en tres capítulos o partes. Este primer capítulo que analizamos ahora abarca el arco del techo descapotable. El arco del techo es la zona entre la parte posterior del asiento trasero y el frente de la cajuela o maletero en la cual penetra la capota al plegarse. A menudo esta parte se recubre con vinilo, sarga de algodón (bow-drill) o algunas veces con material para techos descapotables.

En el automóvil de nuestro trabajo, un Mercury de 1957, se utilizará el mismo vinilo que se usó en el revestimiento de los asientos y los paneles de las puertas. Esto le presenta un problema adicional a Frank, que será el encargado de confeccionar la capota. El cliente adquirió el material (original) sin saber qué cantidad debía comprar. Por lo tanto, dispone de una cantidad finita de material, y existe la posibilidad de que sólo se consiga una cantidad limitada, al menos del mismo lote y color.

La capota

La capota en sí consta de tres partes bien diferenciadas: las almohadillas, la cortina trasera y la cubierta superior. Cuando compre un kit para armar la capota, éstas serán las partes que

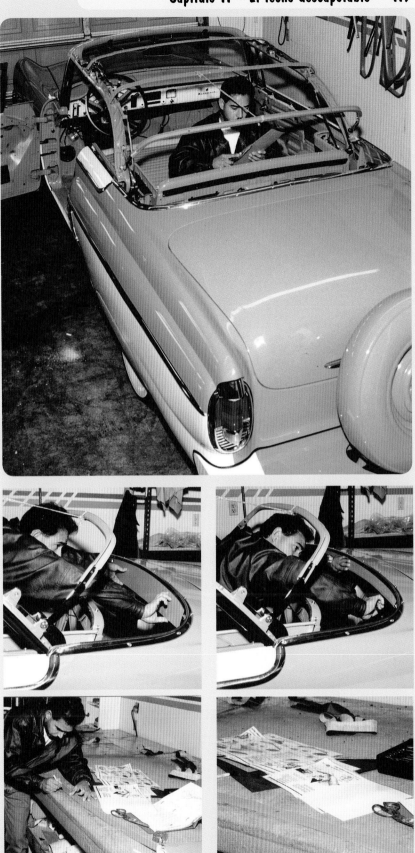

Fotos 3-7. Esta serie de fotografías sigue a Frank a medida que coloca los trozos de cartón prensado en la carrocería trasera del auto. Éstos harán las veces de molde y de soporte. Como molde, definirán el borde trasero del arco de la capota. Como soporte, Frank adherirá provisoriamente la parte trasera del arco a esta pieza mientras le coloca el molde.

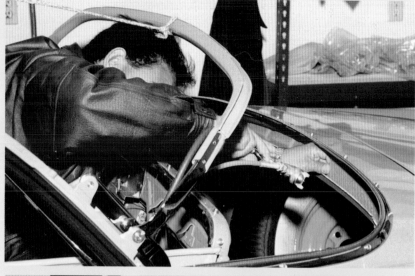

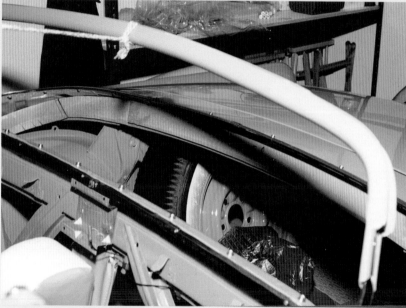

Fotos 8 y 9. Frank adhirió el cartón prensado para usar como soporte. Aplica una cantidad de cemento limitada porque más adelante lo quitará.

Foto 10. Para confeccionar el gran molde para la pieza trasera (y más adelante, la pieza delantera) del arco, Frank utiliza un trozo de vinilo de bajo costo que le había sobrado como material para el molde. El costo de utilizar este material es muy inferior al de arruinar un trozo de material insustituible. Pese a que el vinilo del Mercury es una pieza reproducida, se vende al por menor a un precio aproximado de 50 dólares por yarda al momento de redactar este manual. Asimismo sería casi imposible tener certeza total de encontrar el mismo tono. Los ahorros que se logran con la confección de moldes superan por lejos los costos.

recibirá. En el próximo capítulo verá cómo se fabrican estas tres partes y se logra una unidad terminada que luce bien.

Las capotas se fabrican generalmente de vinilo o tela[1]. El material de vinilo para la capota es un material de doble capa con vinilo en la parte exterior y tela en la parte interior. Las capotas de tela, o lo que solíamos llamar capotas de lona, constan de un material de tres capas: una capa externa de tela (algodón y rayón o nylon), y una capa que posee una lámina de goma seguida de otra capa de paño. Al momento de este análisis hay dos materiales de tela para las capotas: Haartz Cloth® y Cambria®.

El paño Haartz Cloth se identifica por un diminuto diseño de espigas que se teje en la capa interna de la capota. El Cambria tiene el mismo aspecto de ambos lados, si bien no son iguales. La capa externa es más gruesa y tiene un tratamiento que la hace resistente a los rayos ultravioleta. Si se inspecciona la trama desde cerca y de ambos lados, se ve una trama más gruesa en la capa externa y una trama más delgada del lado interno.

La bota de la capota

Cuando se pliega la capota, tiene que haber algo que cubra todo ese desagradable mecanismo y el material plegado. Este es el trabajo de la bota de la capota. La bota se fabrica generalmente del mismo vinilo que el interior, pero se refuerza con el material de la capota y se acolchona con espuma de poliuretano. No obstante, es frecuente ver que la bota se confeccione del mismo material que la capota.

[1] En 1963 el hermano de Don, que por ese entonces tenía 18 años, y es también un especialista en personalización de interiores, confeccionó una capota para este Morgan descapotable de dos plazas de 1960 a partir de vinilo transparente, como si fuera una gran ventana. El amigo de su hermano intentó cubrir la capota de su Rambler del 58 con madera laminada de 1/4 de pulgada. Ambas capotas fueron destrozadas por vándalos poco después de haber sido fabricadas.

La mayoría de las botas se fabrican para tener un calce a presión, tanto para colocarlas como para quitarlas, y para permitir plegarse en la cajuela o maletero. Le mostraremos cómo confeccionamos nuestra bota de muestra. Cada automóvil posee sus propios dispositivos para sujetar la bota de la capota. Si no posee la vieja bota del automóvil para ver cómo se sujetaba al automóvil, tendrá que consultar el manual de fábrica para ver cómo se construyó originalmente. Guiados por este manual recorreremos el capítulo referente al arco de la capota.

Fabricación del arco de la capota

El manual de fábrica

Frank y Ron fueron muy afortunados con el Mercury. El cliente tenía unas pocas páginas de un manual original de fábrica donde se explicaba cómo se confeccionaba la capota, el arco y la bota. Pero lamentablemente no se incluían las medidas correspondientes.

Se trataba de la sección del manual referente a los sujetadores, donde se enumeraban y se mostraban todos los sujetadores utilizados en la capota. Hasta se incluía el tamaño y la cantidad de tachuelas que se debían utilizar y en qué lugar específico debían ir. Pese a que esta información no fue de gran utilidad para el taller, las fotografías fueron infinitamente valiosas.

Si a usted le toca enfrentarse a una capota como la de la muestra, tómese su tiempo para buscar algún tipo de documentación sobre cómo se construyó originalmente la misma. Si encuentra la información, ahorrará diez veces el tiempo que invirtió en la búsqueda a medida que corte, ajuste e instale la pieza. Con unas pocas llamadas a sus amigos en los clubes de autos obtendrá la información que necesite a la hora de encontrar un manual, o al menos algunas fotos de utilidad. En el caso de Frank, el hecho de contar con los diagramas le ahorró horas de trabajo y grandes frustraciones. Otra posibilidad es comunicarse con algunos de los

proveedores de libros y manuales automotores que publican anuncios en Hemmings Motor News.

Hay una precaución que deberá tener antes de que iniciemos nuestra demostración. Ajuste el armazón de la capota antes de intentar comenzar su trabajo de tapizado.

La ventanilla debe ajustar bien en sus marcos correspondientes. Suba y baje el vidrio. ¿Queda bien sellado en la parte anterior, trasera y superior? ¿La ventanilla del cuarto lateral trasero se abre sin problemas? Los largueros laterales de la armazón de la capota deberían estar totalmente derechos y planos antes de instalar las almohadillas o la funda que los recubre.

La armazón debería plegarse y extenderse, y ajustar perfectamente en el arco, sin necesidad de que usted intervenga. De igual forma, la altura de la capota plegada en el arco deberá ser la misma de ambos lados. Si intenta realizar estos ajustes después de comenzar la capota, se enfrentará a innumerables dolores de cabeza y probablemente tenga que volver a comenzar desde cero.

Ahórrese un gran dolor de cabeza y cerciórese de que todo funcione bien y haya una perfecta alineación. Quizás tenga que instalar nuevos burletes de goma sobre la armazón antes de que pueda comenzar con el proceso de ajuste.

El molde

En esta demostración apelaremos a la confección de moldes aún más que en los capítulos anteriores. Es mucho menos problemático equivocarse cuando se trabaja con un molde hecho sobre vinilo o cartón prensado de bajo costo que si arruinamos un material de 50 dólares la yarda, como le podría haber ocurrido a Frank si no hubiese trabajado con moldes.

El primer molde define la curva del cuerpo de la capota en la parte trasera del arco de la misma. Este molde cumple tres funciones. Mientras Frank ajusta la parte trasera del arco de la capota, lo utiliza como base sobre la cual adherirá el vinilo con cemento mientras la coloque. Más adelante lo

Foto 11. Frank comienza el molde adhiriéndolo con cemento al cartón prensado previamente instalado. Tuvo sumo cuidado en ubicar el borde que se ve, directamente en el centro del automóvil. Por lo tanto, el borde del molde se convierte en una línea central.

Fotos 12 y 13. Al colocar una pesa en el borde del piso, Frank estira bien el material del molde y ubica la zona donde coserá la parte trasera a la pieza del piso. Luego emparejará la zona alrededor del arco de la rueda. El material se extiende alrededor de la parte trasera y llega hasta los extremos anteriores del arco para la rueda.

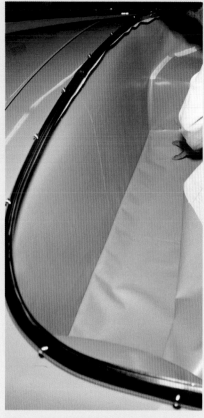 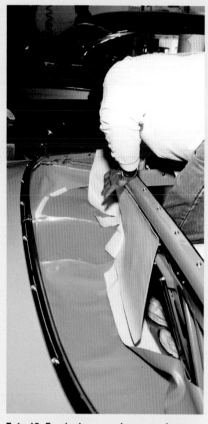

Foto 14. Frank trasladó el contorno del molde al vinilo que utilizará para el arco. La línea central o eje que se ve en la foto se ha convertido en una costura, al igual que el borde inferior que se definió anteriormente.

Foto 16. Frank ahora comienza a colocar el molde de la pieza anterior. Lo hará de la misma forma que lo hizo en la parte trasera. El borde central se convertirá en la línea o eje central y se cortan dos piezas idénticas y en espejo a partir del molde.

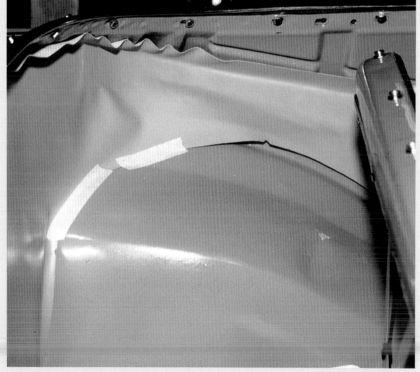

Foto 15. Esto demuestra que el uso de cinta adhesiva sirve para sujetar las piezas en su lugar mientras se marca el trabajo. Proceda con total libertad y use cualquier cosa que tenga a su alcance para sujetar su obra.

utilizará para diseñar la curva para la parte trasera del arco de la capota y luego para la cortina trasera. Dada la gran importancia de este molde, Frank se toma su tiempo y procede con sumo cuidado en la confección del mismo. En las fotos lo podemos ver armándolo alrededor de toda la curva de la parte trasera.

Este es el arco de donde extrajo la banda de retención de aluminio reforzado. Al terminar, adhiere con algo de cemento el molde a la carrocería (arco) del auto. Al hacerlo, podrá adherir susotros moldes de vinilo a la superficie. Luego contará con una platforma sólida sobre la cual presentar sus líneas de corte y de costura.

Sin excepción, todos los descapotables estadounidenses desde comienzos de la década del sesenta hasta hoy poseen este contorno básico y esta técnica de instalación de la capota. La misma se ajusta cuidadosamente a este contorno trasero siguiendo la base de la cortina, y luego se engrapa a una banda de retención combinada y se fija en sentido paralelo (una banda de aluminio con una banda de retención sellada). Luego de engraparla a la banda de retención, la capota se fija en la zona trasera con grandes tornillos de cabeza cuadrada a través de la banda de retención de aluminio reforzado. Ahora Frank puede dedicarse al segundo molde.

El arco de la capota es demasiado ancho para hacerlo con una sola pieza en el contorno trasero, por tanto se necesitarán dos trozos. Tras cortar un gran trozo de vinilo de bajo costo, Frank adhiere la capota a su molde de cartón prensado, coloca una pesa en el intervalo entre los planos vertical y horizontal del material, y luego realiza las terminaciones alrededor del arco de la rueda. Nótese en la foto que el borde del material del molde está directamente en el centro. El borde del molde se convierte en su propia línea central.

En la mesa de trabajo Frank va a retocar el molde, luego lo trasladará al vinilo que se utilizará para el arco de la capota. Una pieza se hará con el molde mirando hacia arriba, y la otra, con el molde mirando hacia abajo. Ahora se podrán coser ambas piezas

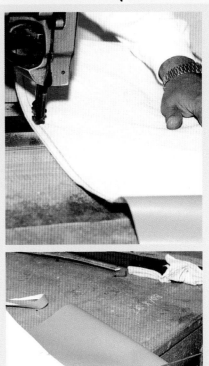

Fotos 20 y 21. La colocación del lado del arco de la rueda no es un esfuerzo menor. Nótese la flecha que indica cuál es el anverso del material. Cuando Frank transfiera este trazado con tiza al otro lado, la flecha indicará cuál pieza irá del lado del conductor y cuál del lado del acompañante.

Fotos 24 y 25. Al dejar un espacio para una costura de 5/8 a 3/4 de pulgada en la parte inferior-anterior y trasera, Frank podrá coser un bolsillo para retener un ribete rígido con alambre en su interior. Ello le dará a la funda del arco de la capota unos bordes rectos y bien definidos a lo largo de la parte inferior y también le brindará puntos desde los cuales se la sujetará.

Fotos 17 y 18. Frank se dedica a los ajustes alrededor de la parte superior del arco de la capota. Observe detenidamente la foto y advierta todas las marcas testigo. Con ellas Frank se cerciora de que haya cosido las piezas correctamente y en su lugar.

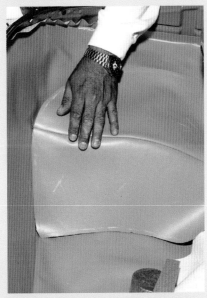

Foto 22. La funda para el arco de la rueda cortada y cosida. Se coserá al arco de la capota luego de que esté listo el frente y se haya cosido en el lugar correspondiente.

Foto 19. La pieza terminada de la parte superior del arco de la rueda.

Foto 23. Frank extendió la parte trasera del arco de la capota sobre la mesa de trabajo para darnos un mejor panorama de su tamaño y forma.

Foto 26. Uno de los puntos de enganche de la parte anterior. Una chapa puntiaguda, estampada con forma de flecha y sujeta a la armazón perfora el vinilo. Con un martillo éste queda envuelto alrededor del ribete con alambre dentro del bolsillo.

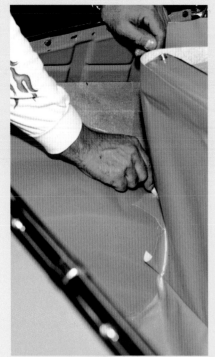

Foto 27 y 28. Observemos cómo Frank ajusta la parte anterior del arco de la capota alrededor del borde del arco de la rueda y dentro del bolsillo delantero donde se plegará el mecanismo de la capota.

Foto 29 y 30. He aquí las marcas realizadas por Frank. En vez de intentar recortar el borde mientras la capota está colocada en el auto, Frank prefiere hacerlo sobre la mesa de trabajo. Allí podrá captar cualquier error y enderezar las líneas que hubieran quedado torcidas.

Foto 31. Para asegurar que ambos lados sean iguales, Frank prueba sólo uno. Luego dobla el material por la mitad y utiliza el lado que probó anteriormente como molde para marcar el otro. Esta es una práctica frecuente para los especialistas (también para los tapiceros de muebles). Si usted todavía no está habituado a hacerlo, incorpore el hábito. Le ahorrará tiempo y le dará mayor precisión en su trabajo.

Fotos 33 y 33. Ahora Frank puede coser todo. Se ven los resultados en la foto. Frank utiliza costuras dobles a lo largo de todo el proceso de costura. Eso le asegura que cuando se doble el sobrante para colocarlo en una posición determinada, ambos trozos de sobrante calzarán de la misma forma.

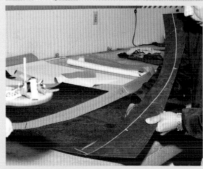

Fotos 34 y 35. Frank ahora utiliza su molde de cartón prensado para extender la fibra impermeable. Use una tijera de hojalatero para cortar este material. Se lastimará los dedos y le dolerán los brazos si intenta cortarlo con una tijera común.

por el centro para así convertirse en una gran pieza única que envolverá la parte trasera desde el frente de uno de los arcos de la rueda hasta el frente del otro.

Se coserá una tercera pieza a la parte inferior de la pieza trasera, la cual se convertirá en el "piso" del arco de la capota. En el caso de nuestro Mercury, se cose un ribete con alambre revestido en el interior a la zona de corte entre la parte trasera y el piso, y luego, entre el frente y el piso. Eso le da una línea recta y tensa, y un borde que se fijará a la carrocería.

Para que todo se mantenga derecho y tenso, Frank usa todo el cemento y la cinta necesarios para sujetar los elementos mientras efectúa las marcas para las costuras. Este es uno de los trucos más importantes. Sí, claro que lleva tiempo. Es mucho más rápido tomar un par de abrazaderas, sostener las piezas con el hombro y usar la mano equivocada para hacer las líneas de tiza o gis. Generalmente el trabajo luce exactamente igual que si alguien hubiera tomado un par de abrazaderas, hubiera sostenido el material con el hombro y hubiera usado la mano izquierda (tratándose de un especialista diestro) para marcar el material. Si antes de marcar el material ya no quedan arrugas, si usa una gran cantidad de marcas testigo y si planifica todo con antelación, el trabajo quedará perfecto.

Las fotos de la página 122 muestran cómo Frank hace el molde para la parte anterior del arco de la capota. Note que nuevamente adhirió con cemento el material del molde a la armazón de la parte trasera del asiento. Pese a que lo mencionamos mucho antes en este libro, quizás deberíamos repetirlo ahora: si utiliza cualquier buen disolvente a base de silicona, cera y alquitrán, podrá eliminar el cemento de cualquier superficie sin por ello afectar la pintura que se encuentra debajo. De hecho, a continuación le damos un consejo que nada tiene que ver con la personalización de interiores en automóviles.

Si se le escapa un pegote enorme y desagradable de cemento sobre la pintura del auto, sobre un trabajo en el cual el dueño haya gastado 5.000

dólares, déjelo así. No lo toque. Deje que se seque bien hasta que endurezca, al menos 24 horas; cuanto más tiempo, mejor. Despegue el cemento seco de la pintura y utilice el disolvente de cera y alquitrán para quitar cualquier remanente. Un ligero retoque con un compuesto inocuo que se frota (Meguiar's Show Car Glaze #7) le devolverá a la pintura su brillo original. Nunca intente quitar el cemento fresco de la pintura. El cemento fresco inmediatamente ablanda la capa superior de la pintura. Si lo limpia, dejará rayones profundos en la pintura que se ablandó. Al dejar secar el cemento, también permite que se seque la pintura, con lo eual se euitan todo tipo de desperdicios.

Ajuste y costuras

Acompañemos a Frank a medida que coloca y cose cada una de las piezas que terminarán el arco de la capota alrededor de los arcos para las ruedas. Comienza ajustando la parte superior del arco de la rueda con la parte inferior y trasera de la cubierta del arco para la capota. Ello le permite realizar marcas testigo para determinar la ubicación correcta. Luego ajusta el lado del arco de la rueda. Nótese la flecha que señala hacia el frente del auto (foto 21). Sobre la mesa de trabajo cose ambas piezas para luego volverlas a probar en el automóvil y ver si calzan bien.

Sobre la mesa de trabajo trasladó las marcas de la parte superior y los lados del arco de la rueda a otro trozo de vinilo para formar el otro lado. Para hacerlo, extendió el material marcado mirando hacia abajo sobre un trozo nuevo de vinilo. A continuación Sobre la mesa de trabajo trasladó las marcas de la parte superior y los lados del arco de la rueda a otro trozo de vinilo para formar el otro lado. Para hacerlo, extendió el material marcado mirando hacia abajo sobre un trozo nuevo de vinilo. A continuación

El próximo paso es coser la pieza vertical detrás de la armazón del asiento a la parte del piso de la pieza que recubre el arco de la capota. (Las partes correspondientes a los arcos de las ruedas se coserán más tarde).

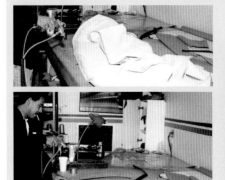

Fotos 36 y 37. Para sujetar la fibra impermeable al vinilo, Frank comienza rociando una capa de cemento sobre ambas piezas. Sin embargo, todos desearíamos que Frank evitara fumar mientras rocía un cemento altamente volátil. Una quemadura en la cara no le haría ningún bien a su bigote, ni qué hablar de sus cejas, pestañas, e incluso los ojos.

Foto 38. Frank tiene una línea a ambos lados del material sobre la cual hace coincidir el borde de la fibra impermeable. Al adherir el vinilo a la fibra manteniendo la fibra en posición vertical, se asegura de que el material quede correctamente colocado cuando cuelgue del arco de la capota.

Fotos 39 y 40. La fibra quedó totalmente sujeta al vinilo con dos costuras. Pese a que implica una gran cantidad de trabajo, es una buena práctica que asimismo garantiza un buen calce del material en la parte trasera.

Foto 41. El próximo paso será trazar una línea de tiza o gis a lo largo del borde de vinilo en la zona de unión de la solapa y la Fibra impermeable. Ello le brinda a Frank una "línea de guía" que seguirá a medida que cosa el trozo de ribete a la parte trasera.

Fotos 42 y 43. El ribete rígido se hace primero y luego se cose al "sandwich" que Forman el vinilo y la Fibra impermeable. Note que Frank cose el ribete a aproximadamente 1/2 pugada de la línea de tiza o gis. Eso coloca el borde Terminado por encima del retén sobre el cual pasará el ribete.

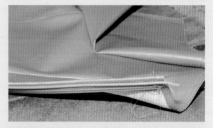

Foto 44. Este es el ribete terminado y cosido a la parte trasera de la funda del arco de la capota.

Foto 45. La parte anterior también se sujeta con un ribete. Sin embargo, en este caso, la parte superior de la funda se envuelve alrededor de un trozo de ribete, se adhiere con cemento y luego se cose para lograr una mayor definición del ribete subyacente.

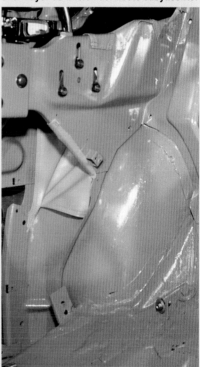

Foto 46. Cuando sujete el arco de la capota en su lugar (después de instalar la capota), los extremos del arco de la capota se adhieren a la parte superior del arco de la rueda con cemento y a cualquier otro lugar que resulte adecuado. Los paneles laterales traseros y la funda que recubre el asiento cubrirán esta zona.

Al hacerlo, Frank coserá un bolsillo para el ribete con alambre que mantiene el piso de la funda junto al piso del arco. Ello se realiza simplemente cosiendo un bolsillo de 5/8 a 3/4 de pulgada. Cuando se cosen estas piezas, Frank toma su trabajo y vuelve a verificar el calce de la pieza anterior en el automóvil.

Asegura bien la parte inferior del arco de la capota, tal como lo haría si hubiera terminado el trabajo, y adhiere nuevamente el material a la armazón en vez de utilizar sujetadores. Con sumo cuidado verifica el ajuste alrededor de los bordes superior y anterior, luego recorta el sobrante sobre la mesa de trabajo. Efectuar los recortes sobre la mesa de trabajo brinda a Frank la oportunidad de enderezar aquellas líneas que requirieran un retoque. Si intentara recortar los sobrantes con la capota colocada en el automóvil, eso podría hacer que luego faltaran partes.

En la foto 31 vemos nuevamente a Frank, que utiliza uno de los lados de un borde terminado para hacerlo calzar en el lado opuesto. Siempre que continúe trabajando así, ambos lados quedarán idénticos. Simplemente dobla por la línea del centro y marca el contorno del borde sobrante. Ahora puede insertar las fundas para recubrir los arcos de las ruedas que confeccionó anteriormente. El arco básico ya ha quedado terminado. Ahora deberá terminar los bordes y agregarles cualquier dispositivo para sujetarlos.

Terminación de los bordes

El molde de cartón prensado que Frank confeccionó al comienzo del trabajo ahora tendrá una segunda aplicación. Frank trasladará el contorno del cartón a un trozo de fibra impermeable bien rígida. Ésta se utilizará para dar soporte al borde superior del arco de la capota. Detrás de este borde rígido Frank coserá un trozo de ribete con alambre. Cuando se haya terminado e instalado la capota, se sujetará una canaleta a la banda de retención de la cortina trasera. El ribete con alambre cosido a la parte trasera del arco de la capota se deslizará por esta canaleta y el arco de la capota colgará suspendido de

la fibra impermeable. La parte anterior del arco de la capota también quedará suspendida de la armazón del asiento trasero, pero sin la fibra impermeable para darle rigidez. Observemos cómo Frank termina estos dos bordes.

Frank retira el molde de cartón prensado y lo extiende sobre la fibra impermeable. Debido a que es demasiado largo, deberá confeccionarlo a partir de tres piezas. Luego corta las piezas[2]. Tanto la parte trasera del arco de la capota como la fibra impermeable tienen marcas testigo, de forma tal que Frank pueda ubicar con precisión cada cosa. El segundo paso será adherir las franjas de fibra impermeable al borde interno de la funda. Note en las fotos que Frank procede con absoluto cuidado y total paciencia para lograr un alineamiento total. Recuerde: se trata de una curva en dos sentidos, por tanto deberá procederse con el mayor de los cuidados a la hora de colocar y ajustar estas piezas. Una vez colocadas, Frank reforzará la unión cosiendo la fibra impermeable al vinilo con dos costuras.

El paso final para el borde trasero será coser un trozo de ribete con alambre al dorso de la fibra impermeable y el vinilo. Frank efectúa una marca de tiza o gis sobre el vinilo, resaltando el borde de la fibra impermeable. Cuando cose el ribete al vinilo a través de la fibra impermeable puede seguir esta línea. Luego fabrica su trozo de ribete y lo cose tal como se describió. Nótese que lo cose aproximadamente 1/2 pulgada por debajo de la línea. Eso hará que el borde se mantenga por encima del retén cuando se coloque el arco de la capota. El último paso será coser el ribete a la parte delantera.

Cuando el arco de la capota estaba en el auto para la prueba final, Frank trazó una línea con tiza para ubicar la zona donde el borde del vinilo se unía a la parte trasera de la armazón del asiento trasero. Esta línea se trasladó al lado poroso del vinilo (el paño) y se roció una capa de cemento de unas

---

[2] Si alguna vez intentó cortar fibra impermeable con tijera común, es un terrible esfuerzo. Mejor inténtelo con una tijera de hojalatero.

4 pulgadas de ancho con la línea del centro. Se extendió un trozo de ribete sobre el cemento fresco, con el borde pequeño plegado y sellado para sujetar el ribete. Para definir ese borde aun más, Frank lo pasó por la máquina de coser como si fuera a confeccionar un trozo gigante de ribete.

El arco de la capota ya está terminado y debe apoyarse sobre la mesa de trabajo hasta que se instale la capota. En este auto y en otros productos Ford de mediados de la década del cincuenta, el arco de la capota siempre es la última pieza en colocarse. No obstante, para el especialista siempre deberá ser la pieza que haga primero. Tratar de ajustar el arco de una capota después de haber colocado la misma es un trabajo que nadie desea realizar. Trabajar debajo de la capota terminada implica moverse en un lugar oscuro, muy reducido, sumamente estrecho e incómodo. Por su propio bien, haga primero el arco de la capota.

Resumen

Pese a que no es demasiado complicado, el arco de la capota consume una gran cantidad de material y presenta una serie de problemas, la mayoría de éstos a la hora de efectuar la colocación y los ajustes. Sin embargo, si usted es un avezado modelista tales problemas se verán simplificados. Utilice todos los medios de que disponga para hacer un molde antes de comenzar a cortar el material. Pese a que no lo hemos sugerido, si usted está muy preocupado con su trabajo de colocación, cosa todo el molde y vea cómo calza en la superficie en cuestión. Si no calza bien, córtelo, haga los ajustes necesarios y vuélvalo a coser. Finalmente logrará el mejor producto que haya hecho en toda su vida.

De igual forma que usted utilizó todo lo que tuvo a su alcance para confeccionar su molde, use todo lo que se le ocurra para sujetar ese molde (o material) en su lugar a medida que le realice los ajustes necesarios. Ello incluye cemento, cinta adhesiva, cinta aislante, abrazaderas, pesas, vástagos de contacto e incluso alfileres o ganchos

para ropa en caso de que le sirvan.

Ya vimos cómo Frank confeccionaba sus moldes y luego los trasladaba al material que utilizaba para el arco. También vimos que el molde del borde trasero cumplía varias funciones: como base para adherir el material con cemento mientras se colocaba y se ajustaba, como molde para marcar el borde trasero de la funda y finalmente, como molde a partir del cual confeccionar un borde rígido de fibra impermeable.

Tanto la parte delantera como la parte trasera del arco de la capota se fijaron mediante un ribete. El material de la parte anterior envolvió el ribete, para luego adherirlo y coserlo. Para la parte trasera Frank hizo un trozo de ribete separado, luego lo cosió al vinilo reforzado con fibra impermeable.

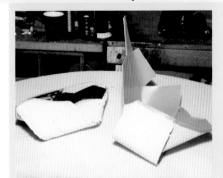

Foto 47. Pese a que no describimos estos bolsillos en el texto, debemos mencionarlos. Se trata de bolsillos o bolsones de goteo donde se acumula el agua luego de plegar la capota y dejarla escurrir sobre el arco de la misma. El cliente obtuvo trozos nuevos de fibra impermeable, ya cortados del tamaño y forma adecuados. Frank simplemente los recubrió siguiendo las dimensiones de las piezas y partes antiguas. Se conectará un caño de goteo a la parte inferior, que pasará por el panel del piso del automóvil, permitiendo el drenaje del agua.

Interior personalizado de un Austin-Healey Sprite. Asientos con ventilación personalizados. Bolsillos detallados en las puertas.

12 • El techo descapotable

Foto 1. Se necesitarán tres capas de tiras de vinilo para rellenar la canaleta del arco trasero. Coloque las tres a la misma vez.

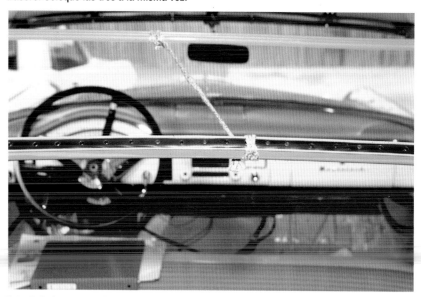

Foto 2. Deje un espacio de unas 2 pulgadas entre cada tornillo. Puede usar tornillos de cabeza avellanada número 6 x 5/8.

Parte dos.
Fabricación del techo descapotable

Esta segunda parte de los tres capítulos sobre el techo descapotable describe la confección y colocación de las almohadillas, la cortina trasera y la capota, así como el armado y revestimiento de los arcos, con lo cual este capítulo se convierte en el más largo del libro. Lo hemos dividido en cuatro secciones: preparación de almohadillas, confección de la cortina trasera y confección y colocación de la capota. Seguiremos enfatizando la importancia de hacer moldes para las partes más complicadas. Esa es la clave para obtener una capota que calce bien. Pues bien, manos a la obra.

Preparación de los arcos

Arco trasero

Debemos hacer hincapié nuevamente en la importancia de ajustar debidamente el mecanismo de la capota para que quede bien alineada y calce adecuadamente. Si la capota no está bien ajustada ni funciona debidamente, no podrá lograr el calce perfecto ni accionarla adecuadamente una vez que se haya colocado la cubierta. Así que antes de seguir adelante, ajuste el mecanismo de la capota para que el funcionamiento sea óptimo. Si se necesitan nuevos burletes, póngalos y haga los ajustes debidos una vez que estén colocados.

La capota y las almohadillas se engrapan a los arcos. El arco delantero, el trasero y las esquinas de los dos arcos centrales deben tener bandas de retención. Para ello, usamos la misma banda de retención de vinilo que se describió en el capítulo sobre los recubrimientos de techos. En un principio, los autos de las décadas del 40, 50 y 60 venían con una banda de retención de fibra engrapada a los arcos. Pero después de treinta o cincuenta años, evidentemente, esta fibra queda deteriorada. Pocos talleres tienen pistolas grapadoras capaces de pasar grapas a través del metal, así que sujetamos bandas de vinilo a los arcos mediante tornillos o cemento de silicona.

Frank comienza la preparación de los arcos (o más bien la instalación de sus bandas de retención) con el arco trasero. Se necesitan tres capas de vinilo para que la banda de retención quede nivelada con el borde del arco. Eso es importante para el aspecto terminado de la capota. Si en su caso no alcanza con tres capas para llegar al borde superior del arco, utilice tiras de cartón prensado para nivelarlo. Si la altura final es demasiada, disminuya el grosor del vinilo después de instalarlo.

Corte todas estas tiras de vinilo muy largas, especialmente la de la parte superior, para que llegue bien a las esquinas. Sujete un extremo con uno o dos tornillos. Y en el otro extremo, jale fuerte de las tres capas de vinilo y coloque otros dos o tres tornillos. Luego coloque tornillos cada 1 y 1/2 a 2 pulgadas. Es necesario que la banda de retención quede bien firme, ya que soportará una tensión enorme cuando se sujete en esa zona la cortina trasera, las almohadillas y la capota. Para terminar, recorte bien los extremos.

El arco trasero del Mercury (y de todos los Ford de esa época) tiene dos secciones. La parte del arco sobre la cual se asienta el vinilo no es la parte externa propiamente dicha, sino que tiene una canaleta. Por lo tanto, al perforar el vinilo y su plataforma, no lo hace atravesando la parte "externa" del arco. Los primeros modelos de los años 30 y 40 no tenían esta característica, así que tendrá que usar silicona para pegar la banda de vinilo.

Arcos centrales

Con los arcos centrales tenemos un problema: no se puede atornillar la

Fotos 3 y 4. Los dos arcos centrales se sostienen mediante tornillos colocados desde la cara interna. Hay que limar las cabezas de los tornillos para que la banda de retención quede plana.

Fotos 5 y 6. El cemento de silicona puede sujetar bien la banda de retención. Tan sólo asegúrese de ponerle una base gruesa para que la banda de retención pueda asentarse bien.

Fotos 7 y 8. Se necesitan dos bandas de retención en esta zona. La corta es para la almohadilla, y la larga se usa para sujetar la capota al arco delantero.

Foto 9. El arco trasero debe estar firmemente sujetado en su ubicación correcta durante todo el proceso de armado de las almohadillas y la cortina trasera. Hará falta que cuente con un manual de la fábrica original, la capota vieja o un experto que sepa encontrar la ubicación exacta de este arco.

Fotos 10 y 11. Corte la base de la almohadilla del mismo material que la capota. Engrápela en todos los arcos. El tope de la depresión de los arcos indica la ubicación del borde interno, mientras que el borde externo sigue el contorno del larguero de la armazón.

Fotos 12 y 13. La almohadilla trasera se ubica en el borde de la esquina trasera de la carrocería. Cemente la parte inferior a la banda de retención y engrape la parte superior al arco trasero. Frank ha ubicado el borde interno de la almohadilla haciéndola coincidir con la línea central de la almohadilla lateral.

Foto 14. En la mesa de trabajo Frank refina las líneas de la base de la almohadilla y agrega 1/2 pulgada para las costuras a ambos costados.

Foto 15. Corte dos trozos de sarga de algodón, los cuales formarán la parte superior de la almohadilla. Estos se cosen a la base, se doblan y se vuelven a coser por la parte externa. Eso le dará la terminación a la almohadilla.

banda de retención de vinilo. Dado que los propios arcos están sujetos al mecanismo mediante tornillos, Frank no pudo colocar el vinilo en la canaleta y pegarlo porque los tornillos empujaban la banda de retención hacia afuera. Para resolver este problema, limó las cabezas de los tornillos hasta que quedaron parejos con la superficie del fondo de la canaleta. Se puede ver esto en las fotos 3 y 4.

Después de limar los tornillos, Frank pudo colocar una única capa de vinilo en la canaleta. Note la depresión en el arco donde se asienta la banda de retención (foto 6). Esa depresión ofrece el espacio necesario para colocar la almohadilla. Las bandas de retención de esa parte son sólo para las almohadillas. La capota en sí no se engrapa a esa zona. Estas bandas de retención se sujetan al arco con pegamento de silicona. Aplique una capa de pegamento en la canaleta. Coloque la tira de vinilo dentro y déjelo secar durante veinticuatro horas antes de intentar ponerle grapas.

Arco delantero

En las fotos se ve a Frank colocando un pequeño trozo de la banda de retención en la esquina curva del arco delantero. Eso es para la almohadilla. La sujeta con tornillos avellanados para metal número 6 x 5/8. Estos tornillos producen protuberancias en el vinilo, así que Frank los lima con la lijadora hasta que el vinilo queda parejo.

Frank coloca otra banda de retención más larga a lo largo de la parte frontal del arco. Se sujeta con las lengüetas de metal que tiene el arco delantero. Si hubiera faltado alguna de ellas, Frank las habría sustituido por un tornillo. Luego la capota se sujeta a esta banda. Al igual que el arco trasero, esta banda se somete a mucha tensión, así que asegúrese de que quede bien sujeta. Cuando todas las bandas de retención estén colocadas, ya estará listo para pasar a la confección y colocación de las almohadillas laterales y luego hacer las traseras. Las almohadillas traseras se instalarán después de la cortina trasera.

Confección de almohadillas para la capota

Antes de comenzar a hacer las almohadillas, debe resolver un problema desconcertante: dónde colocar el arco trasero. Este problema surge con casi todos los vehículos, especialmente con los de los "tres más grandes" de la época en cuestión (Ford, GM y Chrysler). Sería toda una fortuna tener la capota vieja como modelo. Incluso trozos de la cortina trasera o las almohadillas laterales pueden ofrecer bastante información. Si nada de eso está disponible, como fue el caso en la demostración de nuestro Mercury, hay que salir a buscar las medidas. Hay que averiguar la distancia entre el borde posterior de la carrocería (de la abertura para la capota) y el borde posterior del arco trasero.

Tras llamar a todos sus "expertos" sin éxito, Ron recurrió a Acme Tops, un fabricante de capotas para convertibles del mercado de reposición de la costa oeste. Debido a la estrecha relación comercial que tiene con Acme (es que les compra todas las capotas listas para usar), uno de los vendedores fue al depósito, sacó una capota de un Mercury del 57 y midió la cortina trasera. ¡Gracias, Acme! Nos salvó el día.

Una vez que tenga la ubicación correcta para el arco trasero, átelo en su lugar con dos cuerdas. Asegúrese de que ambos extremos del arco estén a la misma distancia del borde de la carrocería. Deje las cuerdas por cuanto tiempo pueda; preferiblemente hasta que estén colocadas todas las almohadillas y la cortina trasera. El último paso de la preparación es verificar que la banda de retención de aluminio reforzado esté sujeta en su lugar con tornillos de cabeza cuadrada. Todos los moldes para la parte trasera de la capota se ubicarán a partir de esta pieza.

Almohadillas laterales

Las almohadillas laterales son relativamente fáciles de situar y

Foto 16. Coloque la almohadilla sobre el auto exactamente en la misma ubicación en que la marcó. Verifique que coincidan todas las marcas testigo.

Foto 17. Corte un trozo de espuma de 1/2 pulgada que quepa exactamente dentro de la base de la almohadilla. También debe cortarse adecuadamente en la zona de las bandas de retención para que la capota no quede abultada.

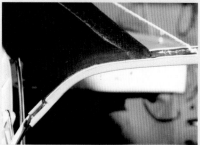

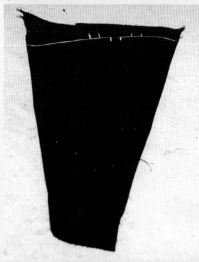

Foto 21. Esta es una de las almohadillas traseras. Note las marcas testigo que señalan dónde se unirá la parte inferior a la banda de retención de aluminio debajo de la carrocería del auto.

Fotos 18 a 20. Cemente tanto la almohadilla como la espuma. Coloque la espuma sobre la base de la almohadilla, cuidando que los bordes estén bien alineados. Luego cemente uno de los lados superiores sobre la espuma, y después el otro. No se preocupe por las salpicaduras de cemento, ya que la almohadilla no se verá cuando se coloque la pieza superior de la capota.

Foto 22. Este trozo largo de vinilo (en realidad, son dos trozos unidos con una costura) se convertirá en el molde de la parte trasera de la capota y su cortina.

Fotos 23-25. El material del molde se cementa a la banda de retención trasera y se engrapa al arco trasero. Debe ir desde un larguero al otro, cubriendo toda la zona trasera sin formar arrugas.

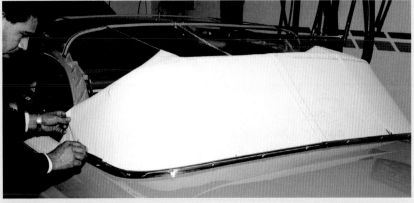

Foto 26. Se deben hacer marcas testigo en el arco trasero, a lo largo del borde de la carrocería y sobre la banda de retención trasera. Note que Frank utiliza la costura de unión de los dos trozos de vinilo como línea central.

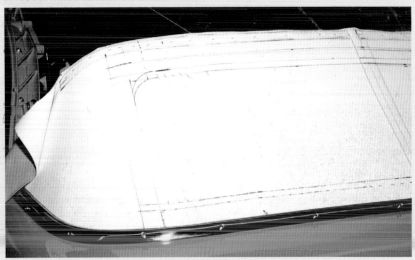

Foto 27. Estas son las líneas que definen la cortina trasera, el cierre de cremallera, el borde inferior reforzado de la cortina y toda la sección trasera de la capota. En el texto del manual encontrará una descripción detallada de cada línea.

confeccionar. En la serie de fotos de las páginas 130 a 131 se ve cómo Frank extendió un trozo grande de material y lo engrapó al arco trasero y delantero (el derecho del material queda hacia el interior del auto). El material se estira lo suficiente como para eliminar posibles arrugas, pero no tanto que mueva el arco trasero.

Como ya dijimos, cada arco tiene una depresión de aproximadamente 1/4 a 3/8 de pulgada que da cabida a la almohadilla, y de ese modo no sobresale de la capota. Esas depresiones nos dan el tamaño exacto de la almohadilla. Frank traza una línea a lo largo del borde posterior del arco trasero. Luego, haciendo una marca en el borde de cada depresión, puede trazar la línea interna. La línea externa sigue el contorno del larguero de la armazón. El dibujo se completa con una línea a lo largo de la banda de retención en el arco delantero. Así queda lista la base de la almohadilla.

Almohadilla trasera

Para situar la almohadilla trasera correctamente, Frank primero rocía una capa delgada de cemento sobre la banda de retención trasera. También cementa el extremo de otro trozo de material de la capota a la banda de retención posterior y lo engrapa al arco trasero, directamente sobre la almohadilla lateral. Frank había hecho una marca en el centro de la parte trasera de la almohadilla lateral. Desde esa línea central, traza otra línea sobre la almohadilla trasera, en un ángulo de 90 grados con el arco trasero y hasta la banda de retención posterior. El costado de la almohadilla sigue el contorno del larguero de la armazón, hasta la almohadilla lateral.

A continuación Frank entra en el auto, y del otro lado de la almohadilla trasera marca con tiza la ubicación de la banda de retención. También marca la banda de retención en el lugar en que cae el borde de la almohadilla. Esa es su marca testigo para ubicar el borde de la almohadilla trasera. Una vez hecho esto, vuelve a la mesa de trabajo y recorta el sobrante, dejando un espacio de 1/2 pulgada para la costura.

La parte superior de las almohadillas se hace con sarga de algodón, que en inglés llamamos bowdrill. Se trata del material que se usaba en el pasado para recubrir los arcos de la capota de los buggys. Más tarde, en el armado de la capota, Frank lo volverá a usar para cubrir los dos arcos centrales.

Este material se usa para hacer dos solapas laterales para la base de las almohadillas. Esas solapas se cosen a los lados de la almohadilla y luego cubren la capa de espuma que se pega en el centro. Frank corta dos tiras de sarga de algodón, del largo de la almohadilla y de 3/4 de su ancho. (Una almohadilla de 8 x 72 pulgadas tendría dos tiras de 6 x 72). Luego cose a máquina la sarga de algodón a las almohadillas cara con cara. De ese modo, el borde sobrante queda dentro de la almohadilla. Después dobla cada trozo de sarga de algodón sobre la base de la almohadilla y hace una costura externa de aproximadamente 1/4 a 3/8 de pulgada del borde. Eso le da un buen aspecto a la terminación de la almohadilla. Hecho esto, se repite el mismo procedimiento con las almohadillas traseras. Ahora ya se pueden colocar las almohadillas laterales.

Colocación

La colocación es muy sencilla. Corte dos trozos de espuma de 1/2 pulgada, del tamaño de la almohadilla. Engrape la almohadilla a los arcos del auto exactamente en la misma posición en que se marcaron. Rocíe una capa delgada de cemento sobre el interior de la almohadilla, y otra sobre un lado de la espuma. Coloque la espuma sobre la almohadilla y péguela bien haciendo presión. A continuación rocíe una capa de cemento sobre la espuma y la cara interna de la solapa de sarga de algodón que queda del lado interior del auto. Voltee esa solapa y péguela. Del mismo modo, cemente la solapa del lado exterior del auto sobre la otra. No es necesario engrapar los extremos porque quedarán engrapados más adelante. Sin embargo, la mayoría de los especialistas colocan cinta aislante sobre el borde que queda expuesto para evitar que se note a través de la capota.

Foto 28. Frank lleva el molde a la mesa de trabajo. Las líneas que ve marcan la posición de la banda de retención trasera y de los orificios para los tornillos de cabeza cuadrada.

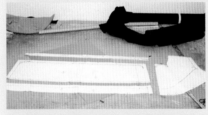

Foto 29. Para utilizar el molde, Frank lo corta en distintas secciones. La parte superior es donde irá el cierre, la parte central es para la cortina trasera (con parte de la capota) y la parte inferior es el borde de refuerzo para la cortina. Al lado está el molde para la parte trasera de la pieza lateral.

Foto 30. Frank coloca el molde de la cortina sobre un trozo del material de la capota. Aquí, la parte inferior ha sido integrada al molde nuevamente. La marca que está trazando es para agregar un aplique a la parte inferior de la cortina.

Foto 31. Este es el resultado de los dibujos de la cortina trasera. La línea que está arriba de la ubicación de la banda de retención define el borde de la pieza de refuerzo.

Foto 32. Frank extiende un trozo de vinilo transparente sobre la pieza de la cortina trasera y la sujeta con pesas. Si no tiene pesas, utilice tachuelas o grapas. Para el procedimiento que sigue a continuación, estas piezas deben estar alineadas de forma exacta.

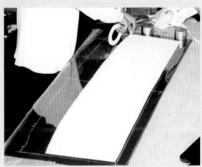

Foto 33. Frank corta un trozo de papel del tamaño exacto de la abertura de la cortina, y lo pega cuidadosamente con cinta de 1/4 de pulgada.

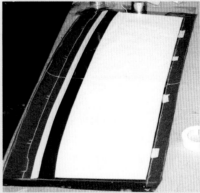

Foto 34. Recorta la parte inferior del vinilo transparente un par de pulgadas por encima de la línea de la banda de retención trasera y lo pega al material de la capota.

Fotos 35 y 36. Luego Frank recorta los otros tres lados del vinilo transparente y lo vuelve a pegar en su lugar.

Foto 37. A continuación, Frank cose a máquina el vinilo transparente al material de la capota. Aquí se ve el material de la capota en la parte de abajo, una capa de vinilo transparente sobre eso y un molde de papel pegado al vinilo, delineando la abertura exacta de la cortina.

Foto 38. El próximo paso es recortar los extremos de forma pareja con la costura. La parte superior e inferior no se recortan.

Fotos 39 y 40. Esta es la pieza de refuerzo, que Frank delinea exactamente. Agrega un espacio de 1/2 pulgada para la costura en la parte superior antes de cortarla.

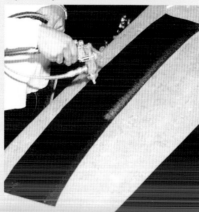

Foto 41. Frank rocía una capa de cemento sobre el reverso de la pieza. Luego dobla el borde sobre el espacio de la costura para darle una buena terminación.

Foto 42. La banda de refuerzo se cose al resto de la pieza, siguiendo la parte inferior del molde de papel. En este lugar se debe hacer una costura doble. Asegúrese de que las líneas de ubicación de la banda de retención sobre la pieza de refuerzo coincidan con las marcas correspondientes de la pieza.

Foto 43. Cosa el cierre y su pieza a la parte superior.

Foto 44. Haga un ribete de cinta en los bordes. En esta foto la pieza de la cortina se ha dado vuelta, y Frank está cosiéndola por el reverso.

Las almohadillas traseras se colocarán más adelante, junto con la cortina.

Confección de la cortina trasera

El molde

El molde de la cortina trasera es parte de un molde más grande que abarca toda la sección trasera del techo descapotable. Mire el tamaño del trozo de vinilo que Frank ha cortado en la foto 32. (En realidad son dos trozos unidos por una costura). Esta pieza se extenderá desde un larguero hasta el otro.

Después de cortar y coser la pieza, Frank la engrapará y cementará en su lugar, ¡sin que quede ninguna arruga! Esto es muy importante, ya que si el molde queda arrugado o mal colocado, la capota también quedará mal. Comience la colocación usando la costura como línea central. Ceméntela y engrápela en su lugar comenzando desde el centro.

Todos los vinilos tienen el reverso revestido en una tela llamada Jersey (un nombre genérico), de modo que al colocar el reverso hacia afuera, Frank puede marcarlo con lápiz. Usa un lápiz para poder borrar la marca si comete un error. Las cuerdas que mantienen erectos los arcos deben dejarse en su lugar, así que hay que sacar el molde alrededor de ellas.

Las dos primeras zonas que se deben marcar son el arco trasero y el borde posterior de la carrocería. Le recomendamos utilizar cinta adhesiva protectora para las marcas testigo sobre la carrocería. Frank usó un marcador de tinta sobre el cromo, porque sale fácilmente. Pero sobre pintura, si se demora en quitar, puede dejar una mancha permanente.

El siguiente paso es entrar al auto y marcar la banda de retención igual que hizo para las almohadillas traseras. Esto permite obtener la ubicación del molde y, si fuera necesario, quitarlo y volver a colocarlo exactamente en la misma posición. Así, si el molde calza perfectamente, es razonable esperar que

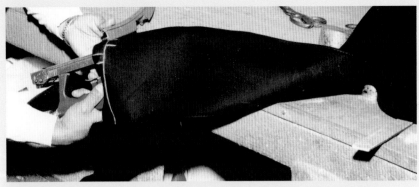

Foto 45. Frank empieza a colocar la cortina engrapando las almohadillas traseras a la banda de retención posterior. No engrape los costados de la almohadilla. Como las anteriores, estas almohadillas deben rellenarse con espuma. Pero eso se hará después de la colocación.

Foto 46. Ahora Frank puede engrapar la cortina trasera a la banda de retención.

Foto 47. Frank ha colocado la cortina trasera y las almohadillas. La banda de retención trasera ha quedado completamente sujeta a la carrocería, y la parte superior de la cortina está bien engrapada al arco trasero, al igual que las almohadillas. Asegúrese de que sus marcas estén bien alineadas.

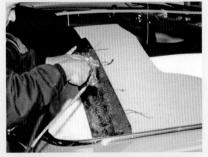

Foto 48. Rellene las almohadillas traseras con espuma de 1/2 pulgada, igual que hizo con las laterales. Tal como hace Frank aquí, utilice un trozo de cartón o papel para no salpicar el material con cemento.

Fotos 49 y 50. Las almohadillas y la cortina trasera terminadas.

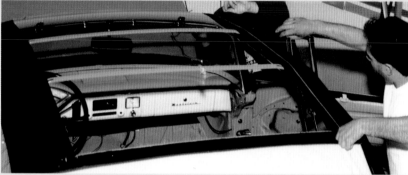

Foto 51. Trace una línea de tiza sobre la almohadilla para marcar la ubicación de la costura que une la pieza lateral y la superior. La mayoría de los vehículos tienen una marca sobre el arco delantero para situar esta costura. Transfiera la distancia entre estas marcas al arco trasero. Si el auto no tiene marcas, sitúe la costura a unas 2 pulgadas hacia el exterior del auto desde el borde interno de la almohadilla.

Foto 52. Este molde nos da el tamaño aproximado de la pieza lateral.

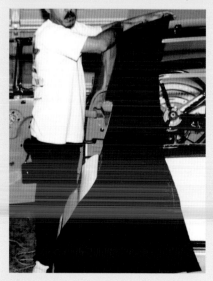

Fotos 53 y 54. Frank engrapa la pieza provisoriamente sobre el arco delantero y el trasero.

la capota hecha a partir de dicho molde también quede perfecta. Ahora usted tiene un "lienzo" sobre el cual dibujar la cortina trasera y la sección posterior de la capota. Observe atentamente la "obra de arte" de Frank en la foto 27 de la página 132.

Diseño de la cortina trasera y la sección posterior

En la foto 27, en la parte superior del molde vemos el contorno del arco. Se trata simplemente de una gran marca testigo para poder ubicarlo nuevamente. La primera línea horizontal por debajo del arco representa la ubicación del cierre de cremallera para la cortina.

La sección del cierre se hace del mismo material que la capota, y se coserá al vinilo transparente de la cortina. La segunda línea es la ubicación del borde interno de la abertura en la capota. Por eso la curva se conecta con la línea vertical. La línea que está directamente encima de esa fue un error. Frank debería haberla borrado, pero se le había gastado la goma de borrar y no pudo encontrar otra. Así que la tachó, y por eso se ven esas pequeñas líneas cruzadas sobre ella.

Las dos últimas líneas horizontales están a lo largo de la base del molde. La línea de arriba también es un error (¿ve las líneas que la tachan?) La línea más cerca de la carrocería representa el final de la cortina de vinilo. Debajo de esta línea se pondrá más material del de la capota. La ubicación de estas líneas es arbitraria, a menos que usted pretenda hacer una restauración como de un "original de fábrica". En tal caso, el cliente debe proporcionarle la capota original, las medidas correctas, junto con un manual de la fábrica o estar dispuesto a pagar por su trabajo de investigación.

Observe ahora las dos líneas verticales. La primera, la que se ve más a la izquierda, es el borde exterior de la cortina y el borde interior de la almohadilla trasera. La segunda es el borde interno de la abertura de la parte

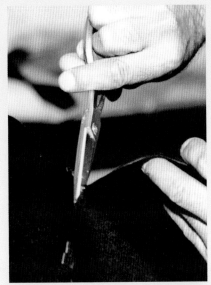

Foto 59. Además de delinear el borde terminado de la capota, Frank también agrega dos marcas testigo para situar la zona donde la sujetará al larguero de la armazón.

Foto 57. Frank moldea un poco la forma de la parte trasera para que quede más lisa.

Fotos 55 y 56. Al acomodar la parte trasera de la pieza lateral alrededor de la almohadilla trasera, se formará una pinza en el material de la capota, en la zona del arco trasero. Córtela a lo largo de la línea de grapas que sujeta la pieza lateral al arco, y deje que el material se pliegue sobre ese corte.

Foto 58. Con la ayuda de un amigo para sostener la capota en su lugar, marque el borde posterior de la carrocería. Esta línea le servirá de guía para sujetar la pieza al arco trasero.

Foto 60. Con este molde, Frank marca la línea del corte de la pieza trasera de la capota. Las dos marcas testigo señalan la ubicación de la costura entre la pieza lateral y la trasera.

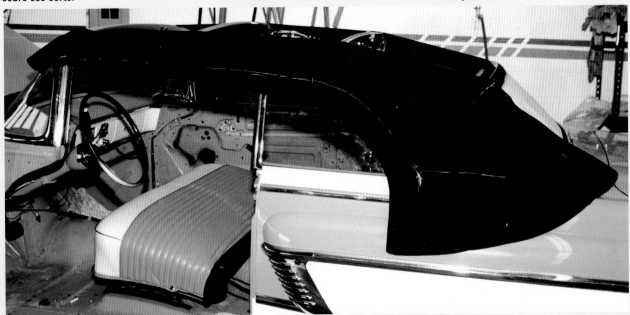

Foto 61. Ahora Frank tiene todo dispuesto, y está listo para marcar la parte inferior de la pieza lateral.

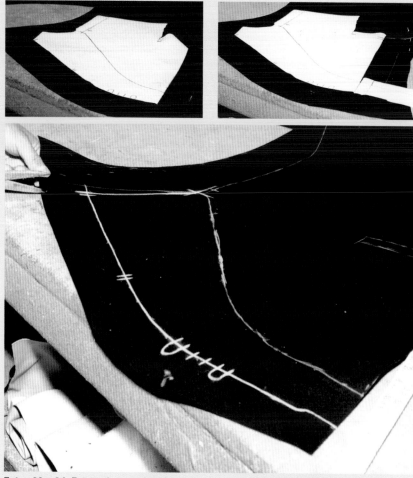

Fotos 62 a 64. Esta es la parte inferior del molde original. Se ha colocado haciendo coincidir la línea del borde de la carrocería con la línea correspondiente de la pieza. Al agregar la parte inferior del molde sobre la línea de la carrocería, Frank puede situar la línea necesaria para guiarlo cuando engrape la pieza lateral a la banda de retención trasera. La última foto muestra la línea terminada.

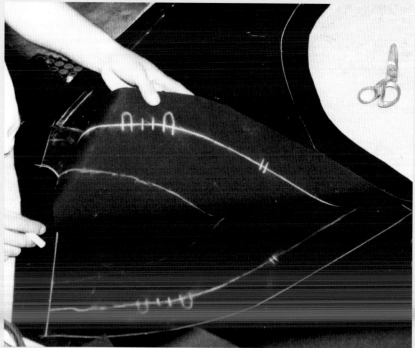

Foto 65. Para hacer la otra pieza lateral del lado del acompañante, se usa la del lado del conductor. Las líneas de tiza se transfieren con unos golpecitos.

trasera del techo descapotable (como se describió antes). Hay una línea más, una línea corta y punteada, a la derecha, desde el borde interno del arco trasero hasta la línea tachada de la abertura. Esa marca testigo es para ubicar el borde interno de la almohadilla lateral de la capota. Estas líneas pueden resultarle un poco confusas si es nuevo en el oficio. Pero mire a Frank mientras corta y monta las piezas, y pronto todo quedará mucho más claro.

Corte, ajuste y costuras

En la foto 29, Frank está de vuelta en la mesa de trabajo y ha cortado el molde en las piezas que necesitará. En la parte superior vemos que se ha cortado la parte donde irá el cierre. Después viene la pieza de vinilo transparente con el contorno de la abertura en la parte posterior de la capota. Debajo de eso está la tira de material de la capota que se coserá a la base de la cortina y se sujetará a la banda de retención reforzada. La pieza de la derecha es para la parte trasera de la pieza lateral.

Frank vuelve a unir temporalmente la pieza inferior al molde. Con este molde marca una pieza entera de material de la capota. Sobre eso coloca una plancha de vinilo transparente cortado del tamaño aproximado. A continuación corta un trozo de papel que encaje exactamente con la abertura de la cortina trasera y lo sujeta al vinilo con cinta adhesiva protectora de 1/4 de pulgada. Ello cumple dos funciones. La primera es proteger el vinilo transparente cuando lo mueva en la máquina de coser. La segunda es que le indica exactamente dónde coser, ya que no puede tener líneas marcadas sobre el vinilo. Y como extra, puede marcar el papel si necesita ubicar algo.

El próximo paso es recortar el vinilo, sin moverlo de su lugar. Recorta un borde, dejando 1/2 pulgada de espacio para la costura, pega con cinta adhesiva el borde al material de la capota y recorta otro. Con cuatro cortes, el vinilo queda del tamaño exacto y listo para coser.

Frank cose los cuatro costados del vinilo transparente al material de la capota. Donde hay cinta adhesiva protectora, cose por encima de ella. Será fácil quitarla después de hecha la costura. Una vez cosidos los cuatro costados, recorta los sobrantes de los dos bordes externos. Más adelante ribeteará estos bordes para darle una buena terminación y un bonito aspecto. Lo básico de la cortina ya está armado. Después hay que coser un cierre en la parte superior y un refuerzo abajo.

A continuación, Frank corta la pieza de refuerzo. Usted vio esto como la pieza inferior en la foto 42 de la página 134. Note que agrega 1/2 pulgada a la parte superior de la pieza. Esto se cementa y se dobla sobre sí mismo. El resultado será el borde que se ve desde el exterior del auto. A continuación cose esta pieza al borde inferior del vinilo transparente, asegurándose de que las líneas que marcan el contorno del arco de la capota estén alineadas con las marcas correspondientes en el reverso de la pieza de la cortina trasera.[1]

De forma similar, utiliza el molde superior para cortar la pieza de la abertura para el cierre, que se cose a un borde de éste. El otro borde del cierre se cose a la pieza de la cortina. Asegúrese de colocar el cierre de modo de que se abra desde dentro del auto. Obviamente, abrir la cortina para que entre aire fresco o para bajar la capota debe poder hacerse desde dentro del auto. La cortina queda lista cuando Frank le hace un ribete a los bordes de los costados. Entonces la cortina ya se puede colocar.

Colocación

Si, al igual que Frank, se esforzó al máximo por hacer todo de las medidas exactas y alinear todas las marcas, la cortina trasera y sus almohadillas quedarán bien colocadas desde la primera vez. Quite la banda de

[1] La pieza que se forma es como un "sandwich" de vinilo transparente y material de la capota. Más adelante, cuando el trabajo esté terminado, el último paso será recortar con cuidado el material de la capota de la zona del vinilo transparente y quitar la cubierta de papel.

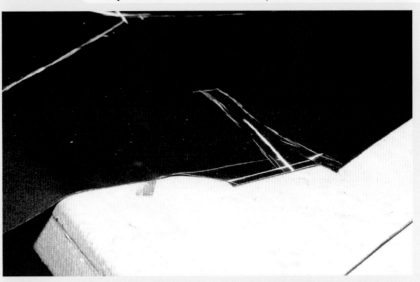

Foto 66. Esta es la forma terminada de la pinza. Hay quienes la cosen, pero nosotros no lo recomendamos. Note también que las marcas testigo del espacio de la costura para la pieza trasera han sido unidas con una sola línea.

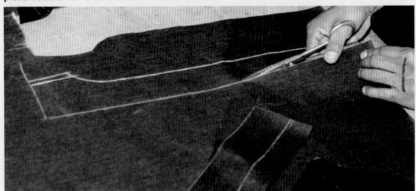

Fotos 67 a 69. Frank hace un borde de refuerzo para la abertura de la parte trasera de la capota. Esta pieza va en posición vertical a lo largo del borde. Rocía ambos trozos con cemento y coloca la pieza lateral sobre el refuerzo. El trabajo se termina recortando el sobrante. Sin embargo, deje 1/2 pulgada para la costura en la parte superior que la unirá a la pieza trasera.

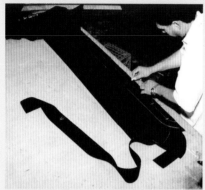

Fotos 70 a 72. Frank traza con tiza una línea de 2 pulgadas desde el extremo del borde terminado. Para reforzar esta zona, cose tiras planas de material.

Foto 73. Para dar forma a la pieza trasera, Frank engrapa una tira de material en esa ubicación y luego utiliza el molde para marcarla. Nuevamente, se vale de sus marcas testigo para situar todo correctamente.

Fotos 74 a 76. Al igual que las demás piezas, la trasera también se debe reforzar. Frank utiliza la pieza trasera como molde para hacer el refuerzo. Se cementa y se recorta. Frank deja 1/2 pulgada de espacio para la costura de cada lado.

retención del auto y llévela a la mesa de trabajo. Generalmente el armado consta de tres pasos. Comience por alinear las marcas de las almohadillas traseras con la banda de retención y engrápelas en su lugar.

No engrape la sarga de algodón. Por ahora se deja sin nada. Después del montaje de la cortina y las almohadillas, deberá agregar espuma de poliuretano a las almohadillas, como hizo con las laterales. Asegúrese de hacer los cortes necesarios para los tornillos de cabeza cuadrada que sujetan la banda de retención al auto. A continuación, engrape la cortina a la banda de retención, teniendo cuidado de que cada marca esté alineada correctamente.

Lleve toda la pieza armada al auto. (La ayuda de un amigo viene muy bien para esto). Asegure la banda de retención al auto con tornillos de cabeza cuadrada. Si los orificios para los tornillos permiten el movimiento de éstos, asegúrese de que queden ajustados de la misma manera que cuando hizo las marcas testigo originales. ¡No deje que las cosas se desacomoden ahora! Apriete bien los tornillos y luego engrape la cortina al arco trasero.

Asegúrese de que la marca testigo que tiene en la parte superior de la cortina, que delinea el arco trasero caiga directamente sobre el arco. Los especialistas en personalización de autos tienen la tendencia a estirar la cortina trasera tanto como puedan para eliminar las arrugas. Pues bien, venza esa tentación. No habrá ninguna arruga si ubica bien la cortina en su lugar exacto. Si la cortina queda demasiado tensa, la parte del molde original que marca la sección trasera de la capota no se ajustará con respecto a la cortina. Aténgase a sus marcas; no le fallarán.

Engrape la parte superior de la cortina al arco trasero, guiándose por las líneas trazadas. Luego engrape las almohadillas traseras al arco, y siga dejando sueltas las piezas de sarga de algodón. Tome un trozo de espuma de 1/2 pulgada y córtela de modo que rellene la almohadilla desde el borde de la carrocería hasta el borde del arco. Igual que hizo con las almohadillas laterales, cemente la espuma y luego pegue los lados sobre ella. Recorte el sobrante que haya quedado arriba de la abertura del cierre, ¡y la cortina ya está terminada de colocar!

Bueno, se terminó la parte difícil. ¡A partir de ahora todo es cuesta abajo! A continuación hará la capota, lo cual será fácil porque ya tiene hecha la mitad del molde. Y la colocación se hará en un abrir y cerrar de ojos, gracias a su excelente trabajo de líneas y marcas testigo. ¿Nos estamos divirtiendo? ¡Claro que sí!

Armado de la capota

Ubicación de las piezas laterales

Todas los techos descapotables se componen de cuatro piezas: dos piezas laterales, una central superior y la pieza trasera que cubre el cierre de la cortina. Hay ubicaciones específicas para cada pieza. Comenzaremos con la ubicación de las piezas laterales; luego la pieza trasera, y por último, la pieza superior.

El arco delantero de nuestro Mercury tiene la marca para la costura entre la pieza lateral y la superior. Con eso ya tenemos una ubicación para el borde de la pieza. La segunda ubicación es la que se trazó en el molde original. La parte posterior de la pieza lateral debe quedar alineada con el borde de la abertura trasera de la capota. Ponga el molde nuevamente sobre la cortina trasera y haga una marca testigo para la ubicación de la parte posterior de la pieza lateral. Ya que tiene el molde ahí, dibuje la forma sobre el papel que protege el vinilo. Sitúe el lugar de las costuras para ambos lados.

Con una tiza, trace una línea que vaya desde la marca delantera hasta la trasera a lo largo de la almohadilla, tal como ve hacer a Frank y George en la foto 51. Esa es la ubicación exacta entre las costuras de las piezas laterales y la pieza central superior.

Para no desperdiciar material, utilice un trozo de vinilo viejo para cortar un molde provisional de las piezas laterales. Debe agregar de 2 a 4 pulgadas adicionales en todo el contorno. En su pieza, Frank hizo una

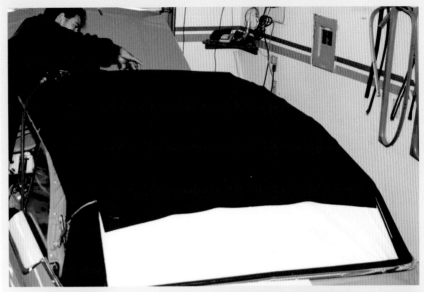

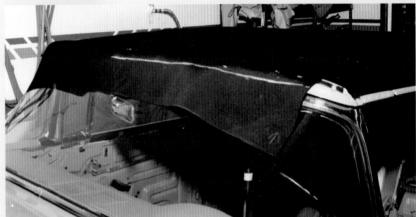

Fotos 77 y 78. Para probar la pieza superior, Frank corta un trozo con unas pulgadas adicionales en cada lado. Traza líneas para ubicar el frente, la parte trasera y la línea central. Dentro del auto marca la ubicación de los arcos. Más tarde cementará y coserá una tira de sarga de algodón en estas zonas alrededor de cada arco.

Foto 79. Este es el interior de la pieza superior. Note las líneas para los arcos y la línea central. Dando golpecitos a lo largo de las líneas de tiza de la almohadilla, Frank obtiene esa línea lateral. A continuación recorta el sobrante, 1/2 pulgada hacia el exterior de la línea. La línea interna señala la ubicación de la costura.

Foto 80. Para marcar el otro lado, Frank dobla el material a lo largo de la línea central y transfiere todas las marcas.

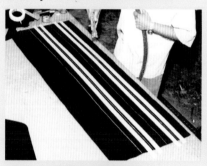

Fotos 81 a 83. Para hacer las cubiertas de los arcos, Frank marca tiras en un trozo de sarga de algodón. Con cinta adhesiva protectora, delinea la zona a cementar. También pone cinta en la zona alrededor de las líneas que representan el arco, y rocía una capa de cemento ahí. Luego cementa los dos trozos.

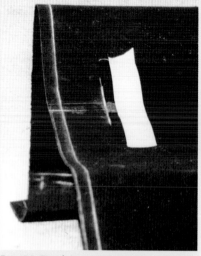

Foto 84. El próximo paso es doblar la sarga de algodón sobre sí misma para formar el borde terminado.

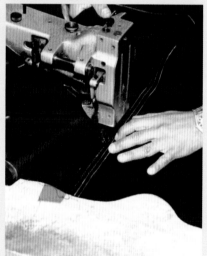

Foto 85. La cubierta del arco se termina haciendo una costura a lo largo del centro, desde un lado de la pieza superior al otro.

Foto 86. Cosa las piezas laterales a la pieza superior con un espacio de 1/2 pulgada para la costura. Luego, haga otra costura tan pegada al borde como sea posible.

marca en el arco trasero. Eso lo ayudará a ubicar la pieza una vez que esté cortada. Lleva el material a la mesa de trabajo y corta las dos piezas laterales, una para cada lado de la capota. Frank se asegura de que haya suficiente material a lo largo de la parte inferior para que llegue a la banda de retención.

A continuación coloca la pieza lateral sobre el auto y la engrapa provisoriamente a los arcos delantero y trasero, verificando que la grapa quede bien en el centro de la banda de retención. Luego estira el material, haciendo que se ajuste bien alrededor del costado del auto y sobre la almohadilla trasera. Eso producirá un frunce en el material sobre el arco trasero. Entonces Frank hace un corte con la tijera siguiendo la línea central de la banda de retención, de aproximadamente 1/4 de pulgada.

Luego deja el sobrante sobre la parte engrapada de la pieza lateral y le coloca una o dos grapas provisorias para sujetarlo. Por último recorta algo del material que queda sobre la cortina trasera en la forma básica de la pieza terminada.

En la foto 58 se ve a Pete estirando el material para que se adapte bien alrededor de la curva de la carrocería. Frank traza un línea con tiza en la misma zona donde marcó con lápiz sobre el molde anterior. ¿Se da cuenta de lo que se logra? Desde esa línea de la carrocería, Frank puede ubicar el molde. La parte inferior del molde de esta zona muestra exactamente dónde engrapar el material. Por último, Frank y Pete delínean las zonas a cortar y las que le permitirán ajustar y ubicar la pieza lateral.

Reajuste

La línea trazada sobre la almohadilla ha sido transferida a la pieza lateral. Frank sólo tuvo que definirla mejor con más marcas de tiza. En la mesa de trabajo, Frank toma el molde para este costado y, como ya describimos, hace los ajustes y busca la ubicación de la banda de retención.

Todos los bordes de la capota se refuerzan con una tira de 2 pulgadas de ancho, del mismo material, cementada o cosida a los bordes. Este será el próximo paso en el proceso de ajuste. Siga a Frank en las fotos de la página 134, donde se lo ve reforzando el borde de la abertura para la cortina trasera.

Con su molde traza el contorno del borde curvo. Agrega 2 pulgadas y traza las líneas para el corte. En la primera foto de esta sección se ve una marca de 1/2 pulgada desde el borde superior. Es el espacio que permitirá coser la pieza trasera entre las dos piezas laterales.

Después de cortar la pieza, pero dejando el sobrante alrededor del borde curvo, Frank rocía la pieza con cemento. Del mismo modo, aplica cemento en el borde interno de la pieza lateral en la ubicación correspondiente. Se unen las dos piezas con los bordes alineados y pegados. Recomendamos usar un rodillo para que las dos piezas queden bien unidas, ya que no se coserán.

Alrededor del borde sobre las ventanillas delantera y trasera, Frank traza una línea de 2 pulgadas hacia adentro para definir el borde de la pieza lateral. Esto también será reforzado. Sin embargo, no es necesario cementar ambas piezas, ya que se coserán a la capota. Frank sólo necesita colocar grandes retazos debajo de los lados y coser a lo largo de las líneas de tiza. Luego recorta el sobrante de cada lado de las dos costuras. Tras recortar el borde interno, dejando 1/2 pulgada de espacio para la costura, las piezas laterales están completas y listas para ser unidas a la pieza superior y a la trasera.

Ajuste de la pieza trasera

Frank corta un retazo de material que encaje a lo ancho de la cortina trasera, y lo engrapa provisoriamente al arco de la capota. Con el molde de esa zona, traza las líneas que definen los bordes internos y la línea de la costura. En la mesa de trabajo, marca otro trozo con los reversos juntos. Esta será la pieza de refuerzo, así que la corta 1 pulgada más angosta. De ese modo queda un espacio de 1/2 pulgada para la costura a cada extremo de la pieza trasera. Recuerde que esta pieza se cose a las dos piezas laterales.

Fotos 87 y 88. Algunos especialistas dan vuelta la costura hacia el lado interior y la cosen por encima. Para dar un aspecto un poco más "original" a nuestro trabajo, Frank cementará el espacio de la costura a la pieza superior. Nuevamente, protege la zona donde no quiere que caiga cemento. Y luego dobla la costura sobre la pieza superior.

Fotos 89 y 90. Frank extiende la capota terminada sobre la armazón y alinea todas las marcas testigo. Este aspecto es particularmente importante en el arco trasero. Una vez que queda colocada correctamente, Frank quita la banda de retención y engrapa a ésta el borde trasero de las piezas laterales. De igual modo, se cerciora bien de que las marcas que señalan la ubicación estén colocadas correctamente.

Las dos piezas se unen con cemento y se recorta el sobrante del trozo de refuerzo.

Ajuste de la pieza central superior

La última pieza es la superior. Frank corta un trozo del material de la capota lo suficientemente grande como para que sobresalga unas 6 pulgadas del arco delantero y otras 3 en la parte trasera. Marca un lado de la pieza y luego la dobla al medio para marcar el otro lado. Para esto, por supuesto, debe tener una línea central. El proyecto comienza engrapando provisoriamente la pieza superior a los arcos.

Frank marca la parte delantera y trasera, y dando golpecitos sobre el borde transfiere la línea de tiza de la almohadilla al reverso del material. Dentro del auto, marca la ubicación de los dos arcos centrales. Y entonces puede retirar la pieza del auto. Lo único que debe recortar en la mesa de trabajo son los dos costados. El lado marcado se recorta a 1/2 pulgada hacia afuera del borde marcado con tiza para dar espacio para la costura. Frank dobla la capota en dos para situar el lado opuesto, y recorta el sobrante.

Colocación de las cubiertas de los arcos

Esta capota se sujetará a los dos arcos centrales. No siempre es así, ni tampoco venían así los originales de fábrica, si Don recuerda bien. Sin embargo, esto impide que la capota se infle o se levante cuando se conduce a alta velocidad. Para sujetar la capota a los arcos, primero Frank añadirá tiras de sarga de algodón a la capota, y este material se cementará a los arcos. Observe cómo une la sarga de algodón a la capota. Fotos 81 a 85.

Frank dibuja dos tiras de material de exactamente el largo que necesita para cubrir la parte que quiere del arco. Cada una tiene una línea central. Mide el ancho del arco, y coloca cinta adhesiva protectora a cada lado de la línea central, dando a las piezas de sarga de algodón el ancho que midió. En esa franja rocía una capa mediana de cemento y deja que se seque. Mientras se seca el cemento, pasa a la capota.

Pone cinta protectora todo en derredor de las marcas de tiza que hizo, ubicando y definiendo el ancho de los arcos. Esta zona la rocía con otra capa de cemento y lo deja secar. A continuación se une la sarga de algodón con la capota en los lugares cementados y se sellan con un rodillo. Después de retirar los materiales, pero antes de que Frank cosa las piezas laterales a la superior, hará también una costura por la línea central de estas dos piezas. Finalmente, al momento de la colocación definitiva, la sarga de algodón envolverá los arcos y se cementará en su lugar. Esta es la forma en que se sujeta la capota a los arcos centrales.

Unión de las piezas de la capota

Tras unir las tiras de sarga de algodón a la capota, Frank coserá las dos piezas laterales y luego la trasera. Veámoslo en las páginas 142 y 143.

En la primera foto, Frank ha doblado la sarga de algodón sobre sí misma. Así, el borde tendrá una buena terminación cuando cubra el arco. Hace una costura por la línea central del arco, de borde a borde de la pieza superior. Hace lo mismo para las dos piezas, doblando hacia abajo los cuatro extremos de las cubiertas de los arcos.

El próximo paso es coser las piezas laterales. Se hace con una costura doble, alineando las marcas testigo con el arco trasero, los dos centrales y el delantero. La costura doble comienza con la costura a 1/2 pulgada del borde, lo cual es el espacio que se deja normalmente. Luego se hace otra costura tan cerca del borde como sea posible para unir los dos bordes.

Cuando las dos piezas laterales estén cosidas a la pieza superior, Frank doblará hacia adentro el espacio de la costura y la cementará. Hay quienes cosen este sobrante con una sobrecostura o costura de pespunte doble. Frank dice que queda más original cementada. (Las capotas de vinilo originales y del mercado

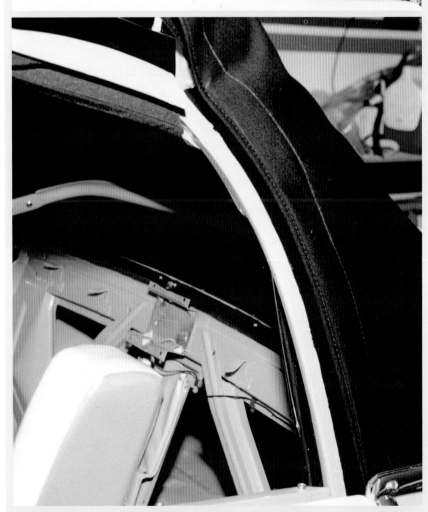

Fotos 91 y 92. La aleta unida al ribete se cementa al larguero para evitar que la capota vibre con el viento. Asegúrese de recortar todo el sobrante antes de instalar los burletes de la ventanilla trasera.

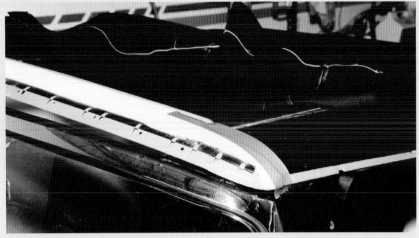

Foto 93. Con un tira de espuma se evita que el arco marque el exterior de la capota. La cinta aislante sobre la almohadilla sirve para el mismo fin.

Foto 94. Cemente la capota al arco delantero y luego póngale grapas. Note que Frank ha alineado cuidadosamente la marca de tiza en el arco delantero.

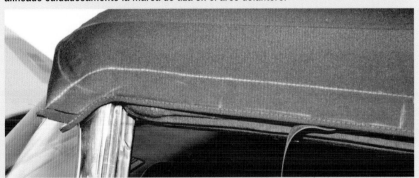

Foto 95. Esta es la ubicación de la otra aleta (que se cosió al ribete). Se termina igual que la de la parte trasera.

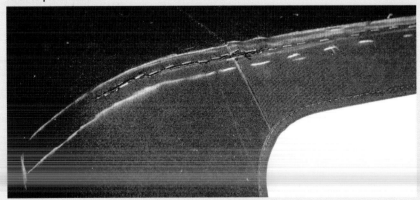

Foto 96. Aquí están los bordes terminados en el arco trasero. Frank debe hacer que las grapas formen una línea, a no más de 3/8 de pulgada de distancia entre sí. Si la línea fuera más ancha, el alambre revestido no la cubriría.

de reposición pliegan la costura y la sellan con calor a la pieza superior. Pero con cemento se obtiene el mismo resultado). Por último, se cose la pieza trasera, y sus costuras también se doblan y se cementan.

Ahora sólo queda ribetear los bordes a lo largo de las piezas laterales y alrededor de la abertura trasera sobre la cortina. Frank usará una cinta de ribetear para esto. Para nosotros, sin embargo, cabe destacar la inserción de dos trozos de material que se usarán para sujetar la capota a la parte trasera del larguero y a la delantera, por encima de la ventanilla cortavientos.

Frank corta cuatro trozos del mismo material de la capota de unas tres pulgadas de ancho. Dos de ellos serán del largo de la parte trasera del larguero. Vea esto en las fotos 91 y 92. Los otros dos trozos se cortan de unas 6 pulgadas de largo y se sujetan a la parte delantera del larguero por encima de la ventanilla cortavientos. Frank había marcado previamente estos sitios en las piezas laterales con marcas testigo.

A medida que Frank hace el ribete de la pieza lateral, va introduciendo el trozo de material en su sitio, dejándolo plano y de cara a la capota. Los cose al ribete y, por tanto, también a la pieza lateral al mismo tiempo. Estos cuatro trozos se cementarán a sus lugares correspondientes para que la capota no vibre con el viento en esas zonas. Con esto se termina el proceso de costuras de la capota y ésta queda lista para colocarse definitivamente en el auto.

Colocación de la capota

Las dos marcas más importantes en este momento son las marcas testigo que señalan la ubicación de la costura entre la pieza lateral y la superior, a la altura del arco trasero. Todo se sitúa a partir de ese punto. Coloque allí un par de grapas a través de la capota. Desde la parte de adelante estire bien la capota, alineando las marcas testigo delanteras y también allí ponga un par de grapas. Sujete el otro lado de la misma forma. Asegúrese de que las cubiertas de sarga de algodón estén directamente sobre sus respectivos arcos. La capota debe quedar lisa, plana y prácticamente sin arrugas.

Dentro del auto, quite la banda de retención trasera a la cual están engrapadas la cortina y las almohadillas. Ajuste el borde inferior de la capota en la banda de retención, alineando con cuidado todas las líneas y marcas testigo. A continuación coloque grapas todo en derredor. Luego regrese la banda de retención a su ubicación original. No deben quedar arrugas en las esquinas traseras de la capota. Si las hay, verifique la ubicación de las marcas y que todo esté ubicado correctamente. Noventa y nueve por ciento de las veces, si hay arrugas en esta zona, es porque algo está mal ubicado. El otro uno por ciento se debe a fallas en el ajuste o las costuras. (¡Verifique eso también!)

Ubique las tiras que cosió al ribete, y céméntelas a la parte trasera del larguero, como se muestra en las fotos 91 y 92 de la página 145. Luego recorte el sobrante. En la parte delantera de la capota, cemente un trozo angosto de espuma de 1/2 pulgada al arco delantero. Rocíe una capa de cemento a lo largo de la banda de retención y otra sobre el reverso de la capota en el lugar correspondiente. Estire la capota de modo que quede bien ajustada, pero no demasiado tirante, y cemente el frente a la banda de retención. En la parte de atrás, engrape provisoriamente la pieza superior al arco trasero. Verifique que no queden arrugas, y asegúrese de que las cubiertas de los arcos estén todavía en su sitio.

Si la capota se ve bien, sujete la pieza superior, tanto adelante como atrás, con grapas. Luego coloque también la pieza trasera y recorte el sobrante. En la parte delantera, engrape la capota a la banda de retención para asegurarla bien. Cemente las aletas del ribete al larguero, justo por encima de las ventanillas cortavientos. Ahora puede sujetar la capota a los dos arcos centrales.

Para cubrir el arco, se debe cementar primero un lado de la tela al arco y luego el otro. Por último, se recorta el sobrante. En las fotos se ve que Frank ha sujetado con cinta adhesiva la tela a la capota. De ese modo puede rociar el cemento sin que las piezas molesten. Note también que

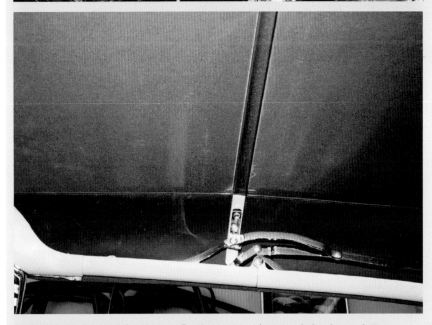

Fotos 97 a 99. Para cubrir los arcos, Frank cementa primero un lado y luego el otro, recortando los sobrantes. Utiliza cinta adhesiva protectora para sostener la tela, y pone cartón para no salpicar la capota con cemento. La colocación se ha hecho con tanto esmero que las líneas trazadas durante las primeras pruebas están perfectamente realineadas con los arcos.

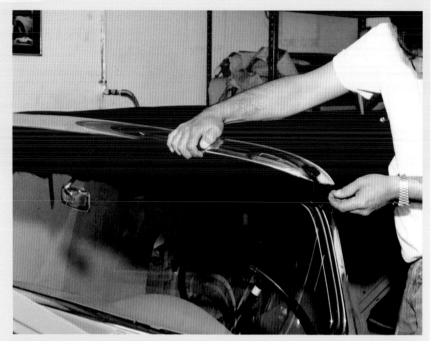

Foto 100. Antes de cementar el borde de la capota debajo del arco delantero, Frank instala la moldura de cromo.

Foto 101. Ahora Frank puede cementar la solapa de la capota a la parte de abajo del arco delantero.

Foto 102. Aquí está el arco delantero terminado, con todos los burletes colocados.

utiliza un trozo de cartón prensado para evitar que el cemento toque la capota.

Primero rocía un lado de la tela y el arco, dobla ese lado y recorta el sobrante. Después rocía el otro lado y el arco ya cubierto, dobla la tela sobre el arco y nuevamente recorta el sobrante. El trabajo terminado queda impecable y no hay rastros de cemento en la capota. Fíjese con cuánta exactitud las líneas de tiza siguen el arco ahora cubierto.

Terminación del trabajo

Arco delantero

Nuestro Mercury tiene una moldura de contorno de cromo en el frente. Se sostiene mediante sujetadores de moldura ajustados con tuercas debajo del arco delantero. La mayoría de los autos, sin embargo, no tienen este lujo. La capota se da vuelta alrededor del arco delantero (sin grapas) y se cementa del lado de adentro. El frente de la capota se termina con un gran ribete (un tubo de goma de 1/2 pulgada revestido con el material de la capota).

En nuestra capota, Frank sujeta la moldura de contorno al arco delantero. Rocía una capa de cemento sobre la parte interna del arco y sobre el material, y dobla éste sobre el arco, recortando luego el sobrante. El último paso en el arco delantero es instalar el burlete.

Arco trasero

A continuación hay que poner un alambre recubierto a lo largo del arco trasero para cubrir todas las grapas. La mejor manera de hacerlo es sujetar un extremo pasando la pinza sobre la pieza lateral. Del otro lado del auto, jale el alambre y sujételo al lado exterior de la otra pinza. Luego alinee con cuidado el alambre con el borde del arco y engrápelo. Utilice un mazo liviano para unir los bordes del alambre revestido. Con el agregado de puntas de cromo para cubrir los extremos del alambre, lo único que queda para terminar el trabajo es la cortina trasera.

Cortina trasera

Dentro del auto, recorte con mucho cuidado el material de la capota que queda frente al vinilo transparente. Haga el corte tan pegado a la costura como le sea posible sin cortarla. Afuera del auto, retire el papel. Tal vez deba aflojar un poco la capota para quitarlo de detrás de la abertura trasera.

¡Felicitaciones! Ha llegado al final de este capítulo especialmente largo. Esperamos que su próxima capota sea la mejor que jamás haya hecho.

Resumen

En este capítulo atiborrado de información ha observado a Frank a lo largo del proceso de la confección de almohadillas, una cortina trasera y todo un techo descapotable. El mejor truco que aprendió fue cómo se hace la parte trasera a partir del molde compuesto. En un mismo paso diseñó la cortina trasera y el extremo trasero de la capota. Al conocer la relación que existe entre el arco trasero, el borde de la carrocería y la banda de retención, ahora puede sacar los moldes, coser y colocar la capota sin que queden arrugas. Si el molde no tenía arrugas, ¿por qué habría de tenerlas la capota?

Tómese su tiempo para armar la capota. Lograr que le salga bien la primera vez será más rápido que reajustarla y volver a colocarla tres o cuatro veces.

Fotos 103 y 104. Para sujetar correctamente el alambre revestido, engrape un extremo a la capota. Luego, del otro lado del auto, estire el alambre y también engrápelo. Coloque grapas de un extremo al otro del alambre.

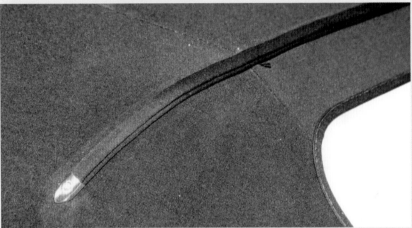

Foto 105. Con un mazo liviano, cierre el alambre revestido. Añada una punta de cromo a los extremos.

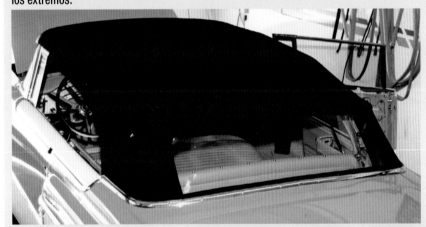

Fotos 106 y 107. He aquí la capota terminada. No hay rastros de arrugas ni indicios de que nada haya sido colocado incorrectamente.

13 • El techo descapotable

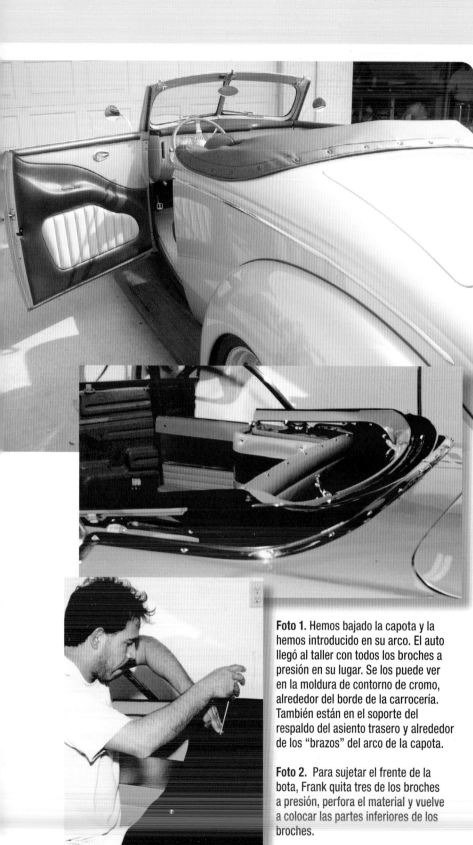

Foto 1. Hemos bajado la capota y la hemos introducido en su arco. El auto llegó al taller con todos los broches a presión en su lugar. Se los puede ver en la moldura de contorno de cromo, alrededor del borde de la carrocería. También están en el soporte del respaldo del asiento trasero y alrededor de los "brazos" del arco de la capota.

Foto 2. Para sujetar el frente de la bota, Frank quita tres de los broches a presión, perfora el material y vuelve a colocar las partes inferiores de los broches.

Parte tres. Armado de la bota de la capota

Estamos listos para darle el toque final a nuestro nuevo techo descapotable. El auto lucirá muy bonito con una "bota" que cubra todo el mecanismo sobre la parte trasera. Se debe hacer del mismo vinilo del interior del auto.

Pero una bota cumple más que un propósito estético; además de lucir bien, protege el interior de la capota de los rayos ultravioletas. El exterior del material tiene productos químicos que inhiben los rayos ultravioletas, pero el interior no. Con el arco cubierto también se evita que se depositen cosas en él; y ni qué hablar de que alguien llegue a arrojar una colilla de cigarrillo sin darse cuenta.

En los tiempos en que todo el mundo fumaba, no era inusual que al pasajero que viajaba en el asiento trasero con su brazo extendido sobre el respaldo y un cigarrillo en la mano, éste se le cayera dentro del arco. Antes de que el conductor pudiera detenerse, levantar la capota y encontrar el cigarrillo encendido, por supuesto que ya se había producido una quemadura en la capota, la almohadilla o la cortina trasera. Para nada una experiencia agradable. Hoy día la gente ya no fuma tanto, y casi nadie fuma en el auto de sus amigos o en el suyo propio. Sin embargo, la bota de la capota ya es algo tradicional, y hay que aprender a hacerla. Así que terminemos este Mercury.

Confección del forro

Ajuste de la pieza central y brazos

Una buena bota consta de tres piezas principales: un forro, hecho del mismo material de la capota, una capa de espuma de poliuretano y la parte exterior, de vinilo o de otro material a gusto del cliente. En el caso de nuestro Mercury, el vinilo que se escogió para el exterior fue el mismo que se usó para el arco de la capota y el interior del auto. Antes de hacer pruebas o ajustes, asegúrese de que estén todas las partes inferiores de los broches a presión. Si el auto no los traía, habrá que ponérselos en ese momento. De todas formas, deberían estar los agujeros originales, a menos que se haya hecho algún trabajo de chapa que los haya eliminado o cubierto. Con todos los broches en su lugar, puede comenzar a probar y ajustar el forro.

El forro se hace en tres partes: una sección central y dos a los extremos. La sección central cubre la zona que va desde el respaldo del asiento trasero a la parte posterior del arco, y desde el borde interior del panel lateral trasero hasta el del otro lado. Las dos piezas de los extremos son los "brazos", que van desde la parte más saliente de la capota doblada, a los costados, hasta la parte posterior del arco. Frank comienza el trabajo con una línea central, no probando con un molde esta vez, sino con el propio material que va a usar.

Corta un trozo de material varias pulgadas más grande de cada lado que el de la pieza terminada. Como de costumbre, comienza con una línea central que coincida con la línea central del auto. Para sujetar el frente de la pieza, quita tres de los broches y usa la parte inferior para sujetar la pieza. La parte trasera se sujeta con cinta adhesiva protectora de 1 pulgada. Esa será la pieza central.

Los primeros lugares que se deben marcar son los extremos de la pieza central. Esta línea va desde el borde externo más saliente del respaldo hasta el centro de la esquina trasera del arco de la capota. Vea la foto 4. La parte delantera y trasera son fáciles de marcar. Tan sólo debe seguir el borde exterior de la moldura de contorno de cromo alrededor del arco. En el frente hay que trazar otra línea sobre el borde externo del respaldo del asiento trasero. Usted puede trazar estas cuatro líneas primero o seguir el método de Frank. Como siempre, marca sólo la mitad.

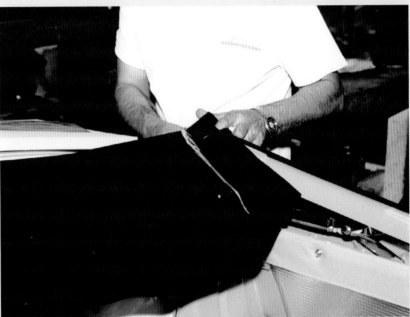

Fotos 3 y 4. La primera marca que hace Frank es desde el borde externo de la armazón del asiento trasero hasta el centro de la esquina trasera del arco. Esta línea es para una costura, no para cortar por ella.

Foto 5. Para hacer la línea delantera de la bota, marque a lo largo del borde más saliente de la armazón del respaldo. Si su vehículo no está armado como nuestro Mercury, haga la línea pasando los broches a presión, a una distancia de al menos 1/2 pulgada. Si puede ser un poco más, mejor.

Foto 6. La línea trasera sigue el borde externo de la moldura de contorno.

Fotos 7 y 8. Frank hace el "brazo" con otro trozo de material. Al igual que la pieza central, lo sujeta con cinta adhesiva protectora. Note qué bien se ajusta a la zona de la ventanilla trasera.

Y en la mesa de trabajo dobla el material sobre sí mismo y transfiere las marcas hacia la otra mitad.

A veces, aunque usted haya puesto lo mejor de sí para que la capota calce bien en el arco, parece que tiende a adoptar una posición propia, y sobresale más de un lado que del otro. Así que si ése es su problema, tal vez sea mejor marcar cada lado de la bota por separado. Ya sea que marque la mitad o toda la pieza, el próximo paso es probar la pieza superior del "brazo", donde descansa el larguero lateral doblado.

Corte otro trozo de material lo suficientemente grande como para ir desde el borde trasero de la pieza central hasta sobrepasar la parte delantera del "brazo", y de un ancho que le permita sobresalir hacia el exterior de la carrocería (de la ventanilla trasera) y por encima del lado interior de la sección del brazo. Si está marcando todas las partes por separado, como ya mencionamos, entonces corte un trozo para el otro brazo. Si puede marcar un lado a partir del otro, pruebe sólo un brazo y luego úselo como molde para el otro.

El marcado del material para el brazo comienza imitando la línea diagonal de la pieza central, desde la esquina del arco hasta el borde externo del respaldo del asiento. Si su trabajo es como el nuestro, tal vez deba coser una pinza en esa zona para eliminar el pliegue. (Vea esa pinza señalada con una flecha en la foto 15). El brazo y la pieza central se coserán a lo largo de la línea que acaba de hacer. Haga marcas testigo para que la costura le quede bien. Continúe la línea externa hasta la ventanilla trasera, y de ahí siga por el interior de la ventanilla hasta el final del brazo. La línea sigue el borde superior del arco y vuelve a unirse con el borde delantero de la pieza central.

Ajuste de las bandas laterales

Quedan por ajustar dos piezas que son parte de los brazos. Una es el extremo del brazo y la otra es una banda lateral cosida al brazo para retener la cubierta hacia el interior de esta sección.

Donde se pueden apreciar mejor es en la foto 13.

Mire la foto 10. Ahí se ve a Frank probando la pieza del extremo. A continuación ajustará una banda lateral de unas 2 pulgadas y 1/2 de ancho alrededor de la parte interna del arco que hemos estado llamando "brazo". Después, como se ve en la foto 16, colocará tres broches a presión en esta banda lateral para sujetar la cubierta al arco de la capota.

Al probar estas dos piezas, asegúrese de hacer muchas marcas testigo. Si no lo hace, puede meterse en muchos problemas. A continuación ya podrá recortar las piezas y hacer la almohadilla de espuma que va entre el forro y las cubiertas.

Recorte de las piezas

En la mesa de trabajo se recortan las piezas del tamaño apropiado para realizar las costuras. Comience con la pieza central. Si probó sólo un lado, dóblelo en dos a lo largo de la línea central y transfiera las marcas dando golpecitos alrededor de los bordes, como hemos hecho antes. Recorte el sobrante de la parte delantera y trasera sobre la marca de tiza. En este caso no es necesario dejar 1/2 pulgada de espacio para la costura. Sí debe haber un espacio en los lados, que se unirán a los brazos.

Transfiera las marcas de tiza del brazo que probó a un nuevo trozo de material. Asegúrese de que las marcas testigo también se transfieran. Recorte el sobrante sobre la línea de tiza rodeando el lado externo. A lo largo del frente y los lados internos, deje espacio para la costura del extremo y las bandas laterales.

Del mismo modo, duplique la pieza del extremo y recorte el sobrante, dejando espacio para la costura en todos los lados.

Desenrolle el vinilo sobre la mesa de trabajo, con el derecho hacia arriba. Disponga las siete piezas del forro cara arriba sobre el vinilo. Marque las piezas y córtelas del vinilo. Asegúrese de transferir todas las marcas testigo.

Preparación de la espuma

A continuación pondremos una lámina de espuma de 3/8 de pulgada sobre las piezas terminadas. Se hace rociando una capa de cemento sobre la espuma y el material y uniéndolos. El único problema es recortar en las zonas correctas.

Recorte la espuma de forma pareja con todos los bordes, excepto donde haya espacio para costuras. Recorte la espuma de modo que no quede cosida entre la pieza central y los brazos. Luego recorte alrededor de los espacios para las costuras de las bandas laterales y las piezas de los extremos.

Al coser los trozos de forro al vinilo no debe quedar nada de espuma en las costuras. Sin embargo, cuando haga el ribete de los bordes, incluirá el forro, el vinilo y la espuma.

Realización de costuras

Bien, ahora coseremos todas las piezas. Empiece por coser los bordes de todos los trozos de vinilo a sus respectivos forros, haciéndolo tan pegado al borde como sea posible. Luego cosa las pinzas.

Cosa las piezas de los brazos a la pieza central, haciendo coincidir los bordes y las marcas testigo. Dé vuelta los bordes sobrantes interiores y cósalos a la pieza central con una costura externa. Ya tiene cosidas las tres piezas principales de la bota. El próximo paso es coser las piezas de los extremos. Nuevamente, ponga cuidado en alinear bien las marcas testigo. Cosa la pieza del extremo y luego cosa el sobrante a la pieza central con una costura externa. Asegúrese de que los sobrantes queden de cara a la pieza central, no hacia el extremo. Debe hacer una costura decorativa alrededor del borde externo.

Trace una línea de aproximadamente 1 pulgada y 1/2 desde el borde, alrededor de la parte externa de los tres bordes. Trace una línea similar alrededor del borde interior, hasta el borde del brazo. No marque a lo largo del borde de la parte interna del brazo, ya que es allí donde más tarde coserá las bandas laterales. Haga una costura a lo largo de esas líneas.

El último paso del armado es coser las bandas laterales al interior de los

Foto 9. Frank marca la parte trasera de la pieza central y el brazo al mismo tiempo. La línea que traza sigue la curva de la moldura de contorno hasta la ventanilla trasera. Después pasa al lado interior de la ventanilla. Asegúrese de dejar suficiente espacio para que la ventanilla no roce la bota.

Foto 10. Frank ubica cuidadosamente la pieza del extremo. Vea cuántas marcas testigo utiliza. Contamos siete en este pequeño trozo. Después de ajustar el extremo, Frank hará lo propio con la banda lateral.

Foto 11. Frank recorta el material de la pieza central. La parte delantera y trasera se recortan sobre la línea. Pero en los extremos se deja un espacio para la costura. Los brazos se cosen a los extremos, mientras que a los bordes de la parte delantera y trasera se les hace un ribete.

Foto 12. Aquí está el brazo que Frank marcó en las fotos anteriores. Ahora está transfiriendo la pieza ya marcada y probada al material para hacer el brazo opuesto.

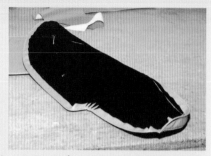

Fotos 13 y 14. Frank ya ha armado la bota de la capota y está en la etapa del ribete. Luego recortará el sobrante del ribete del reverso de la pieza.

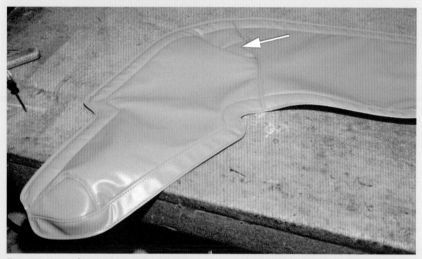

Foto 15. He aquí el producto terminado a su disposición para que lo examine. La flecha señala la pinza.

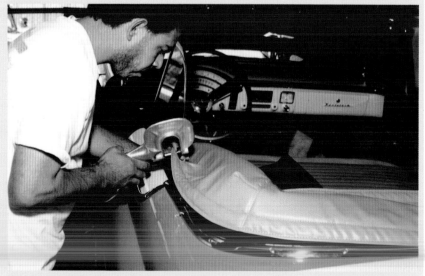

Foto 16. Esta es la abrochadora manual del taller. Son muy útiles y ahorran mucho tiempo. Si aún no ha comprado una, vale la pena empezar a ahorrar para hacerlo. Valen cada centavo de su precio, el cual es bajo.

brazos. Alinee las marcas testigo y cosa la banda lateral al brazo. Luego cosa el sobrante a la banda lateral con una costura externa.

Realización de los ribetes

La última fase de costura es hacer un ribete en todos los bordes: el frente, los costados y la parte trasera. Corte tiras de vinilo bien largas, de 1 pulgada y 1/4 de ancho. Proceda a ribetear los bordes de la cubierta como haría con cualquier otro trabajo. Recorte los sobrantes tan pegado al hilo como sea posible. Con eso queda terminado el armado de la bota de la capota. El último paso es colocar los broches a presión.

Colocación de los broches a presión

Tome la bota terminada y colóquela sobre la capota y el arco. Frank usó tres de las partes inferiores de los broches para sujetar la bota mientras la probaba. Ahora sólo tiene que perforar el vinilo para colocar la parte superior. Instala estas tres tapas y sujeta el frente de la bota a la armazón del asiento trasero. Nuevamente, usa cinta adhesiva protectora para asegurar la bota al auto.

Estire bien la bota y sujétela en su lugar con cinta adhesiva. Es muy fácil ver la parte inferior de los broches contra el vinilo. Si no los ve, puede encontrarlos fácilmente pasando la punta de los dedos. Marque con tiza la ubicación de cada broche. Luego, con la abrochadora manual, instale la tapa correspondiente para cada broche. Una vez instalados todos los broches, la bota de la capota está terminada. ¡Felicitaciones por el buen trabajo!

Resumen

La bota de la capota ha dado una muy linda terminación a nuestro auto descapotable. El trabajo debe haberle resultado relativamente fácil. He aquí lo más importante a recordar: Para lograr una buena terminación, la bota se hace en tres capas de material: vinilo, espuma de poliuretano y el material con que se hizo la capota. Si la capota se asienta en forma completamente simétrica, puede marcar solamente un lado del material, doblarlo por la línea central, y luego marcar el otro lado. Pero si, como en muchos casos, una parte de la capota sobresale más que la otra, entonces marque ambos lados del material.

Pegue la espuma al forro hecho del material de la capota. Corte el vinilo para la parte exterior, tomando la piezas del forro como moldes. Una todas las piezas con costuras en los bordes. Para lograr el mejor ajuste, doble todos los sobrantes hacia el centro y haga una costura externa por la parte superior. Haga una costura decorativa a aproximadamente 1 pulgada y 1/2 de los bordes delantero y trasero. Cosa las piezas de los extremos y las bandas laterales, y luego haga un ribete en todos los bordes.

Sujete la cubierta al auto con broches de presión... ¡y que tenga buen viaje!

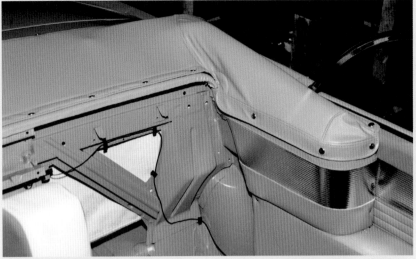

Fotos 17 y 18. Nuestra capota terminada instalada en el Mercury. Frank tuvo que modificar el brazo para deshacerse de esas arrugas. Sucedió porque las almohadillas de la capota se habían doblado incorrectamente al bajar la misma.

Cómo hacer un ribete tubular

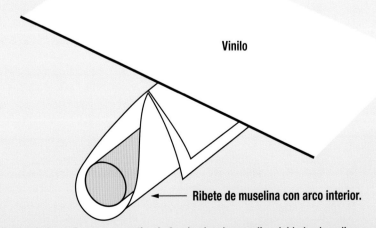

Vinilo

← Ribete de muselina con arco interior.

Un ribete tubular se hace con una tira de 3 pulgadas de muselina doblada al medio y cosida a una pieza de vinilo o tela. Se puede insertar una vara o un alambre a través de tubo que forma. Si usa ganchos del tipo de los anillos en "C" para sujetar el cable, el material se puede agarrar a la armazón para que los ganchos no se vean.

14 • La capota para el descapotable de dos plazas

Bienvenidos a un capítulo muy interesante. No es ni el más fácil ni el más difícil. Sin embargo, aquí se incorporan todas las técnicas interesantes que hemos analizado hasta ahora. Usted tendrá que probar, cortar, coser, hacer moldes, ubicar marcas testigo, y se enfrentará a todas las demás complejidades de la personalización de interiores en automóviles. En este capítulo le enseñaremos una técnica nueva.

La funda para el descapotable de dos plazas de muestra se confecciona a partir de tres piezas, tal como hicimos con el Mercury descapotable que acabamos de terminar. No obstante, las tres piezas de la capota del automóvil de dos plazas no se parecen en lo más mínimo a las tres piezas del Mercury. Las piezas de la capota del auto de dos plazas van de lado a lado mientras que las del Mercury descapotable tienen una extensión que va desde adelante hacia atrás. Por supuesto que sería posible hacer que la capota del descapotable de dos plazas luciera exactamente como la del Mercury. Pero en ese caso se vería exactamente igual a la de cualquier otro descapotable de dos plazas que circule por las calles, y eso es algo que nadie desea.

Ahora volveremos con Pete y veremos cómo trabaja en el taller mientras coloca una hermosa funda para recubrir la capota que acaba de terminar. Lo seguiremos a medida que confeccione la funda exterior, y luego, como premio adicional, lo veremos fabricar el recubrimiento del techo.

Foto 1. He aquí nuestra capota de muestra. Es de aluminio y está lista para revestir.

Foto 2. Para comenzar con el trabajo de revestimiento con espuma, Pete toma las medidas de mayor calibre en ambos sentidos. Aquí lo vemos midiendo de lado a lado. Cortará la espuma dejando un sobrante de unas pocas pulgadas más debido a que la misma deberá doblarse en los bordes en forma envolvente.

Confección de la funda para la capota del descapotable de dos plazas

Recubrimiento de la capota con espuma

Esta capota, pese a estar fabricada de aluminio y acero, está diseñada para lucir como si fuese una capota blanda. Incluso tiene dos "arcos", fabricados a partir de una armazón de arcos recubiertos de aluminio. Los llamaremos arcos a lo largo del capítulo, como forma de identificarlos: arco delantero, arco trasero, o primer y segundo arco. Con esto en mente, comenzaremos a recubrir la capota con espuma.

Al igual que todo lo que hacemos en la tapicería personalizada de interiores, esto también comienza con un relleno de espuma de poliuretano. Una vez más utilizaremos espuma de poliuretano de alta densidad como la base desde la cual partiremos. Observemos cómo trabaja Pete a partir de la espuma para esta capota especial de aluminio.

Pete comienza midiendo el ancho de la capota en el arco trasero, y luego desde el arco trasero hacia adelante. Recubrirá la capota en dos piezas. La segunda pieza, naturalmente, es la parte trasera de la capota; es decir, desde el arco trasero a la base. Luego de cortar la espuma, la adhiere a la capota con cemento, dejando alrededor de 1 pulgada de sobrante con respecto al arco trasero.

Utilizando una regla para medir yardas traza una línea de corte sobre la espuma que imita la unión del metal que se encuentra debajo. Luego recorta el sobrante. Nótese en la foto 9 que está recortando la espuma con el mismo ángulo que el de la pieza trasera. Esto permite que la espuma de la pieza trasera quede bien lisa, sin formar bultos en la costura.

Cuando adhiera la espuma a la pieza trasera, Pete dejará el borde superior por encima de la superficie de la primera pieza de espuma que colocó.

Foto 3. La espuma se coloca en dos piezas: una sobre la capota y la otra alrededor de la parte trasera. Esta es también la forma en que se hará la funda. Pete coloca el cemento solamente sobre la zona que revestirá.

Fotos 4 y 5. Luego de adherir la espuma a la capota, Pete recorta con sumo cuidado la espuma que queda justo por encima del arco trasero. Esto debe hacerse con sumo cuidado ya que la segunda pieza de espuma solapará contra ésta. Se deben evitar los intersticios o separaciones visibles a través del material de la capota.

Foto 6. Recorte la espuma con el mismo ángulo que la parte trasera de la capota. La espuma se transforma así en una extensión de la parte trasera de la capota.

Fotos 7 y 8. Cuando revista la parte trasera con espuma, deje una pequeña porción adicional alrededor del arco de la capota. Luego la recortará en forma paralela a la capota. La espuma terminada tendrá entonces la misma forma que el aluminio.

Fotos 9 y 10. Termine las costuras de la espuma con un pulido suave. Igualmente, elimine cualquier arruga, bulto o protuberancia que pueda haber quedado.

Fotos 11 y 12. Doble la espuma alrededor de la armazón y adhiérala. Afine los bordes, moldeándolos sobre la armazón y lijando los bordes hasta lograr un canto en bisel.

Foto 13. Pete ahora prueba la capota recién revestida con espuma sobre el descapotable de dos plazas. Efectúa esta verificación para cerciorarse de que el calce no se haya alterado al agregarle la espuma, especialmente en la zona de los bordes del armazón.

Fotos 14 y 15. Pete traza una cantidad de líneas sobre la capota para facilitar la reubicación de la funda luego de haberla probado. Se marca cada arco, se traza una línea central y luego se colocan marcas de control a intervalos idénticos de la línea central.

Luego recortará el sobrante creado, colocándolo alineado con la espuma existente. Como siempre, lijará todas las costuras y pequeñas arrugas para lograr una base perfectamente lisa para el paño (o vinilo). Sólo tendrá que voltear la capota, doblar la espuma en forma envolvente alrededor de la armazón y adherirla con cemento. El trabajo queda terminado con la realización de recortes y lijando todo con sumo cuidado.

Realización de cortes, ajustes y costuras

Antes de que Pete se disponga a cortar los materiales de la capota, realizará algunas marcas de posición sobre la espuma de poliuretano, de forma tal que pueda colocar el material debidamente para luego ubicarlo sobre la capota exactamente de la misma forma que lo probó inicialmente. Para hacerlo traza una serie de líneas sobre la capota que indican la presencia de los arcos delantero y trasero. Con sumo cuidado dibuja una línea central. Finalmente efectúa una serie de marcas testigo con idéntica separación entre sí a lo largo de las líneas de los arcos, medidas desde el centro hacia afuera. Al igual que en todos nuestros trabajos, Pete probará un lado de la capota, doblará el material sobre sí mismo y formará el lado opuesto a partir de las marcas originales trazadas.

Note en la foto 18 la forma en que Pete coloca el extremo del material que se doblará sobre el borde de la armazón de la capota y quedará adherido por dentro. Si se dejara la costura recta, no tendría suficiente material para doblar en torno a la curva interior.

Luego de probar la pieza central coloca la pieza delantera y finalmente la trasera. Ahora posee tres piezas que deberá coser. Compare estas tres piezas con la capota del descapotable que vimos en el último capítulo. En ella las costuras iban desde adelante hacia atrás. Aquí las costuras de Pete van de lado a lado. Si la estructura de la capota del Mercury fuera algo diferente, Frank podría haber confeccionado la capota para el Mercury tal como Pete fabrica la del descapotable de dos plazas.

Sobre la mesa de trabajo, Pete

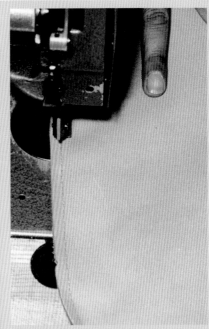

Foto 16. La prueba comienza con la colocación de la pieza central entre el arco delantero y el trasero. Pete trasladará al material todas las marcas que efectuó sobre la espuma.

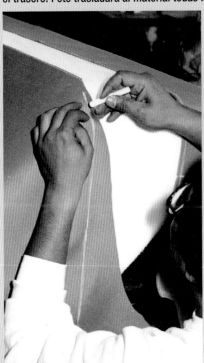

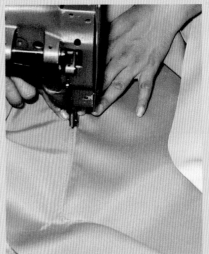

Fotos 17 y 18. Continúe la línea de tiza hacia abajo hasta el arco. Allí hay una línea de costura, por donde se unió a la espuma de poliuretano. A la altura del radio, doble el material alrededor del armazón en forma envolvente y continúe la línea. Tendrá que volver a hacer esto con la pieza anterior. Más adelante, cuando se cosan estas dos piezas, podrá doblar la funda alrededor del armazón con unos pocos cortes auxiliares o quizás sin necesidad de efectuar ninguno.

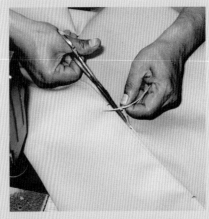

Foto 19. El trabajo terminado. Nótese que todas las marcas testigo y de posición se trasladaron al material.

Foto 20. Como de costumbre, Pete dobla el material por la línea central y prueba un lado a partir del otro.

Fotos 21 a 23. Pete cose la capota con la máquina de coser. Luego de realizar la costura, voltea la capota y la repasa con otra costura. Esto recibe el nombre de sobrecostura o costura de doble pespunte. El sobrante se vuelve hacia la parte trasera. Al terminar todas las costuras, recorte el sobrante de la costura repasada para evitar bultos innecesarios.

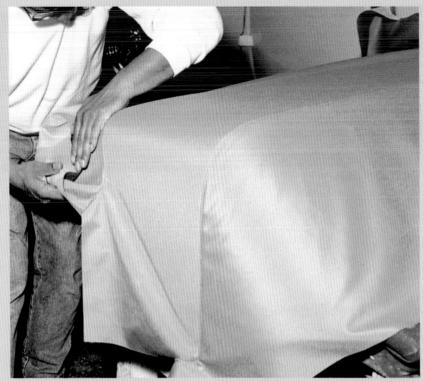

Foto 24. Pete prueba la capota antes de cementarla en su sitio.

Fotos 25 y 26. Para cementar la capota se comienza por el centro, luego hacia abajo en la parte trasera y finalmente hacia la parte delantera.

Foto 28. Aquí el centro de la funda quedó totalmente adherido a la capota. Para cementar la parte trasera Pete tendrá que levantar esta esquina. Es por ello que no se debe dejar secar el cemento hasta el punto en que ambas piezas queden totalmente adheridas. Para evitarlo, el cemento deberá estar seco al tacto y se deberá ejercer la menor presión posible sobre la parte externa del material.

Foto 27. Es de suma importancia en este punto asegurarse de que las marcas de posición y la costura estén correctamente alineadas entre sí. Cerciórese de que la costura esté totalmente derecha. Si se tuerce aquí, toda la capota quedará torcida.

define las líneas y marcas testigo con mayor precisión; luego dobla el material por la línea central y marca el lado opuesto. Ahora podrá recortar todo el conjunto.

Coser la capota es algo bien simple. Primero se cosen las tres piezas, haciendo coincidir todas las marcas. Luego se pone el material del lado derecho y se vuelven a repasar todas las costuras, creando una sobrecostura o costura con pespunte doble. Ahora Pete está listo para adherir la capota a la armazón con cemento.

Procedimiento para cementar la funda

Aquí el procedimiento se vuelve algo "engorroso". La funda deberá adherirse a la armazón con todas las costuras bien derechas. El hecho de tener que trabajar en los ángulos de la parte trasera nos presentará una serie de desafíos que aún no habíamos enfrentado. Se puede hacer, pero se deberá proceder con cuidado y precaución.

Comience rociando una capa de cemento, justo en la parte que se encuentra entre el arco delantero y el trasero. De forma similar, rocíe otra capa en el interior de la funda en la misma zona. Deje secar bien el cemento. Deberá pasar la prueba del papel Kraft. Sin embargo, no deberá rociarlo la noche anterior y pretender que esté listo a la mañana siguiente. Si lo hace, quedará demasiado seco y no se producirá una verdadera adhesión.

Cuando el cemento seque según el punto deseado, doble la sección central del material (entre el primer y segundo arco) sobre sí misma. Coloque la costura de forma tal que quede alineada con la línea que trazó sobre la capota, y con cuidado presione la parte central de la costura sobre la línea donde colocó el cemento. Estire bien la costura desde un lado, ajuste las marcas testigo para alinear la funda y luego presione esa mitad de la costura en el lugar. Repita el proceso del otro lado de la capota. Entonces la costura quedará bien sujeta.

Con sumo cuidado alise la parte central de la funda que recubre la espuma. Tenga cuidado de no presionar demasiado fuerte en ningún lugar. Quizás tenga que levantar la funda luego de haberla colocado. Si el cemento se adhiere demasiado, al levantar el material se rasgarán las piezas de espuma. Cuando Pete levanta el material extiende el reverso sobre la parte central de forma tal que pueda ver la costura del arco trasero. Primero jala de la diagonal de un lado, luego de la diagonal del otro. Finalmente jala del centro.

El objetivo de este ejercicio es lograr que la costura del arco trasero quede alineada (y sin arrugas) sobre la línea de posición que usted trazó sobre el arco trasero. Trabaje con cuidado para que la línea de la costura le quede bien derecha y todas las marcas testigo queden en su sitio. El resto del ajuste dependerá de cómo haya ubicado el centro de la capota.

Cuando usted considere que ya le quedó bien, cerciórese de que la parte trasera de la funda esté sobre la capota, dejando a la vista el reverso del material y la parte trasera de la capota. A continuación rocíe una capa de cemento sobre ambas partes y déjelas secar igual que como lo hizo antes.

Con cuidado comience a tirar (o enrollar) de la parte trasera de la funda hacia abajo sobre la espuma de poliuretano. Cuesta un poco hacerlo en las esquinas, tal como se puede apreciar en la foto 30, donde vemos a Pete haciendo todo lo posible para quitar todas las arrugas. Pete no utiliza este truco, pero he aquí una sugerencia que nos da Don para aquellos que se embarquen en este tipo de tarea por primera vez.

Corte un trozo de cartón prensado que calce bien en esa esquina y dóblelo alrededor de la curva, en forma envolvente. Deberá tener alrededor de 10 a 12 pulgadas de ancho. Extiéndalo contra la costura y enrolle el material por encima en unas 3 a 4 pulgadas. Ahora la tela y la espuma de poliuretano no podrán adherirse entre sí. Deslice el cartón prensado un poco, permitiendo que esas 3 ó 4 pulgadas entren en contacto. Enrolle un poco más la funda sobre el cartón prensado y deje que este último se deslice. Si trabaja de esta forma y con cuidado, deberá poder colocar bien el material alrededor de las esquinas. Trabaje sobre

Foto 29. Pete levanta la esquina y comienza a colocar el cemento en la parte trasera de la capota.

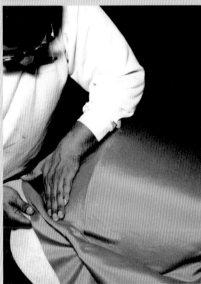

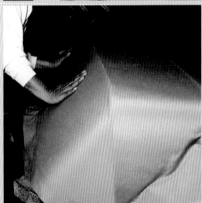

Fotos 30 a 32. En esta esquina se requiere un poco de forcejeo para quitar totalmente las arrugas. Si todas las marcas de posición que efectuó fueron las correctas, esta esquina calzará bien. Efectivamente, calza bien y la funda luce fabulosa.

Foto 33. ¡Vamos, tú puedes, Pete! ¡Estírala bien!

Foto 34. Esto es lo que Pete intentaba hacer: estirar bien el material para que esta pinza calzara justo en la esquina.

Fotos 35 y 36. Adherir la funda a la parte interior es algo simple. El problema consiste en evitar que el material se acumule en las esquinas, creando así un problema con el calce entre la capota y el automóvil.

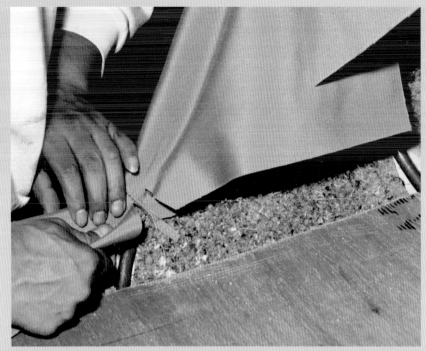

Foto 37. Pete esperaba que su prueba hubiera sido perfecta en torno a este radio. Lamentablemente, no estuvo a la altura de su trabajo habitual. Unos pocos cortes en el material aliviaron la tensión y permitieron que el material calzara bien.

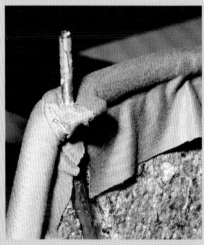

Fotos 38 y 39. Aquí es donde el material tiende a acumularse o engrosarse demasiado: en las esquinas delanteras y traseras. Engrape o adhiera con cemento un lado del material, corte el sobrante, y doble el otro lado en torno al borde cortado.

Foto 40. Note lo cerca que quedaron los cortes que se doblarán hacia el interior de este radio. Sin esta serie de cortes usted corre el riesgo de rasgar el material.

ambos lados simultáneamente.

Pete logró hacer la parte trasera sin problemas (tal como le ocurrirá a usted) y ahora podrá concentrarse en la parte delantera de la funda. Funciona igual que el resto. Rocíe el cemento de ambos lados, déjelo secar y luego estire. En la foto 33 se puede ver a Pete en plena acción. Cuando la capota quede bien adherida con cemento, alísela bien con la mano para cerciorarse de que el paño y la espuma de poliuretano hayan quedado bien adheridos entre sí. Voltee la capota y termine la funda.

Terminación del interior

La parte más importante de la terminación de la cara interior es en el radio alrededor de las aberturas para las ventanillas del conductor y del pasajero. Probablemente tenga que cortar el material en el radio para lograr que quede bien liso. No obstante, si usted procede con sumo cuidado en la prueba, quizás quede perfectamente liso sin que tenga que realizarle ningún corte posterior. Lamentablemente, Pete no logró que le quedara perfecto en su prueba y tuvo que aflojar el material en esa zona.

La otra zona donde deberá prestar atención es a lo largo del arco delantero. Corte con cuidado todo el material sobrante en las esquinas. Cualquier bulto que quede allí generará un intersticio o separación entre el arco delantero y la parte superior del parabrisas. Si la separación es demasiado grande el cliente no podrá cerrar la capota contra el marco del parabrisas.

De forma similar, evite cualquier bulto alrededor del borde trasero de la capota, por la misma razón. La capota deberá quedar lisa alrededor de la parte trasera. La última zona a considerar es el recorte para la ventanilla trasera. Consulte la foto 40 para ver la forma en que Pete resolvió este problema.

En la foto podemos ver que Pete efectuó cortes muy delgados en el material en el radio de cada esquina. Al hacerlo de esta forma puede doblar el material en forma envolvente alrededor del radio sin que ninguno de los cortes se extienda a la parte visible del material, y sin que haya zonas averiadas. Si usted trata de hacerlo solamente con dos o tres cortes, el material probablemente se rasgará. Cuando se rasga, generalmente la rotura se extiende más allá del radio, de forma tal que se puede advertir desde el exterior. Tómese todo el tiempo que considere necesario para realizar los cortes requeridos para que el material quede como usted desee. Ahora la capota ya está lista para el recubrimiento del techo.

Confección y colocación del recubrimiento del techo para la capota del descapotable de dos plazas

Ajustes

Cuando llegó el momento de confeccionar el recubrimiento del techo para la capota que acabamos de demostrar, Don estaba en cama con la peor gripe de la temporada. Afortunadamente, a su retorno al taller ingresó otro descapotable de dos plazas para que le efectuáramos el recubrimiento del techo. Hagamos de cuenta, pues, que retomaremos el trabajo justo donde habíamos quedado antes.

A esta altura usted debería ser capaz de mirar las fotos y decir: "Sí, ya veo como se hace. Hay que confeccionar paneles, recubrirlos y fijarlos". Y en realidad tiene toda la razón. Veamos cómo Pete lo lleva a cabo.

Comienza colocando un molde de una pieza en la parte trasera y realiza un corte para la ventanilla. Luego realiza un molde para los lados. No hay molde para el centro. Esta zona se recubre con espuma y se reviste tal como lo haríamos en el caso de cualquier panel de gran tamaño.

Cuando queden terminados los moldes para los lados y la parte trasera, Pete los trasladará a la fibra, los cortará y los recubrirá de espuma, tal como lo haría si se tratase de paneles para las puertas o cualquier otro tipo de panel

Foto 41. Pete realizará el recubrimiento del techo para esta capota. A diferencia de la capota anterior, ésta está hecha de fibra de vidrio sobre un armazón de madera.

Foto 42. El recubrimiento del techo de esta foto se hará con piezas forradas de material para revestir el techo. Lo podríamos haber recubierto en una sola pieza tal como hicimos con el Willys, o podríamos haber hecho arcos para cubrirlo como el Ford del 57.

Fotos 43 y 44. Pete confecciona los moldes de la parte trasera y de ambos lados al mismo tiempo.

Foto 45. Para calzar la ventanilla, perfore unos orificios con una aguja grande alrededor del perímetro de la ventanilla y desde la parte exterior.

Foto 46. Extienda la espuma sobre la capota y adhiérala con cemento, tal como lo haría en cualquier otro caso. Realice las terminaciones efectuando los recortes y lijando la superficie. Si el cliente lo deseara, usted podría tallar un diseño sobre la espuma en este momento, tal como lo haría con un panel para la puerta.

Foto 47. Pete prueba la pieza lateral para lograr un buen calce sin interrupciones. El hecho de agregarle la espuma podría hacer que la pieza se levantara levemente. Sin embargo, se forzará la pieza hacia abajo y la espuma cerrará cualquier intersticio. Se podrá realizar cualquier ajuste posterior con algunas pasadas de lija.

Foto 48. Ron y Pete revisan el material para el recubrimiento del techo antes de cortarlo. Siempre revíselo primero para cerciorarse de que la tela o el material no tengan ninguna imperfección.

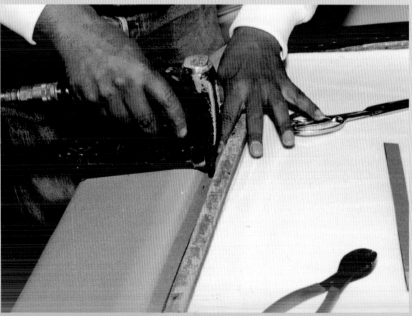

Foto 49. Pete está sujetando el recubrimiento para el techo a la capota por medio de una "fijación invisible". Engrapa el material desde el reverso en la parte delantera de la capota. Luego engrapa un trozo de Masonite sobre el borde. Cuando se dobla el material sobre la banda de retención de Masonite se oculta todo lo que había debajo.

que hayamos analizado. Ahora está listo para recubrirlos con espuma y revestir el centro.

Pete realiza esta operación tal como Frank lo hizo con el Willys. Sin embargo, Pete no tuvo que instalar ninguna pieza adicional en esta zona. La fibra de vidrio de la capota es lo suficientemente lisa como para permitir que la espuma se adhiera directamente sobre ésta. Con cuidado adhiere la espuma de poliuretano y la fibra de vidrio, uniendo ambos materiales.

En el paso final antes de realizar el revestimiento verifica el calce de las piezas trasera y laterales luego de recubrir la capota con espuma. La espuma de 1/4 de pulgada consume un espacio de 1/4 de pulgada. Sin embargo, Pete quiere lograr forzar la pieza hacia abajo, bien contra la espuma para asegurarse de que logrará un calce preciso y sin intersticios o separaciones. Si logra presionar la pieza contra la espuma y hacer que calce bien alrededor de las esquinas, entonces la misma ya estará lista para ser revestida. Si se pierde el calce adecuado, lo podrá solucionar efectuando un par de pasadas con la lijadora.

Revestimiento de la capota y las piezas

Pete recubrirá la parte interior de la capota y las piezas tal como demostramos en varias oportunidades anteriores. No obstante, un truco que no hemos mencionado es la terminación llamada "fijación invisible" que realizamos a lo largo del borde delantero. La foto 49 demuestra esta técnica.

Pete comienza extendiendo el material para el recubrimiento del techo con el anverso hacia abajo, en el surco que se forma entre la parte anterior de la capota y el arco delantero de la madera laminada que se ve en la foto. El material de la capota se engrapa a un componente de madera debajo de este surco. Luego Pete recorta un trozo de Masonite para hacerlo calzar en el surco. Utilizando grapas fuertes engrapa el trozo de Masonite sobre el surco, por encima del material. Ahora, cuando extienda el material sobre el trozo de Masonite y la pieza del arco delantero, el material quedará con el anverso hacia arriba y logrará un borde anterior derecho y tenso que solapará con el recubrimiento del techo, sin revelar cómo se colocó allí. A esto le llamamos "fijación invisible".[1]

Colocación de las piezas trasera y laterales

En el comienzo de este capítulo le dijimos que aprendería un nuevo truco fabuloso. Aquí se lo damos. Pete ahora deberá fijar estas tres piezas revestidas a la parte interna de la capota. Usted habrá advertido en las fotografías que no se ven broches sujetadores en ninguna de estas piezas, y no parece que se pudieran adherir con cemento para fijarlas en su sitio. Bueno, Pete va a clavarlas a la armazón de madera sobre la cual se moldeó la fibra de vidrio.

Es un procedimiento muy simple. Pete selecciona el mejor clavo pequeño o clavo de terminación que exista en la ferretería. (Los clavos pequeños y los clavos de terminación no tienen cabeza). Para este trabajo selecciona un clavo de terminación número 2 x 1-1/4. Lo hará penetrar a través del material, la espuma y la pieza hasta llegar a la armazón que se encuentra debajo. Debido a que el clavo de terminación carece de cabeza, podrá jalar del material y estirarlo por encima del clavo, cubriéndolo, con lo cual el orificio del material se cerrará sobre sí mismo. En la foto 55 lo vemos utilizando una aguja grande para sujetar el material y estirarlo por encima del clavo.

La única precaución que debemos agregar es la siguiente: la mayoría de los clavos están recubiertos de barniz para evitar que se oxiden. Al perforar el material con uno de estos clavos siempre queda una diminuta mancha negra circular del barniz. Para evitarlo, lave primero los clavos con disolvente para laca. En las tiendas de tapizado de muebles, donde se

[1]La "fijación invisible" es una de las destrezas que tomamos prestadas de los tapiceros de muebles. Así se recubren los apoyabrazos y la parte trasera y externa de los sofás.

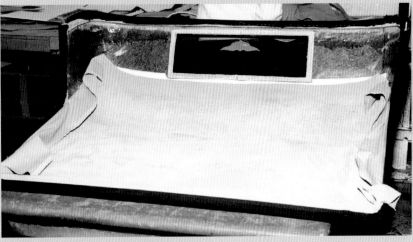

Foto 50. Esta es la funda adherida a la capota con cemento.

Foto 51. Pete acaba de agregar la pieza trasera.

Fotos 52 y 53. El revestimiento de las piezas laterales se hace como el de cualquier otro panel. Se adhiere la espuma a la fibra con cemento, se lija bien y se afinan los bordes. Luego se adhiere la funda, se dobla en forma envolvente alrededor de la pieza y se adhiere con cemento o se engrapa al reverso.

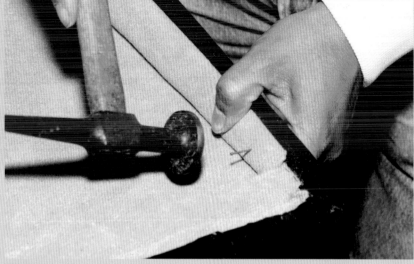

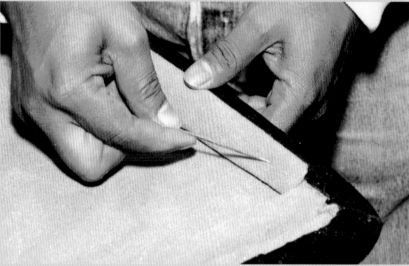

utiliza constantemente este truco, se almacenan estos clavos en un frasco con disolvente para laca. De esta forma se limpian y se evita que se oxiden al mismo tiempo.

Otro sistema de fijación

Como demostración, Pete instaló una de las piezas de igual forma que si se tratara de la capota de aluminio utilizada en la demostración anterior. Esa capota no tenía componentes con armazón de madera. En este tipo de trabajo Pete tendría que haber dejado un lado del panel abierto (el lado alrededor de la ventanilla). Trabajando desde el reverso del material, por encima de la espuma, habría atornillado o sujetado la pieza con un remache pop hasta llegar al componente de la armazón, cerciorándose de que el panel quedara bien ajustado sobre ésta. Luego, con una espátula flexible bien delgada, habría forzado el material de revestimiento hasta hacerlo entrar en el pequeño intersticio entre el panel y la capota. El material se mantiene en su lugar gracias al calce ajustado.

Fotos 54 y 55. Para sujetar las piezas a la armazón, Pete coloca los clavos de terminación de forma tal que perforen el material y la pieza, llegando hasta la madera que se encuentra detrás de la misma. Luego, con una aguja grande estira la tela hacia arriba, ocultando la parte superior del clavo. El material se cierra en torno al orificio. No se olvide de lavar primero los clavos con diluyente de laca, para quitarles el barniz que impide que se oxiden.

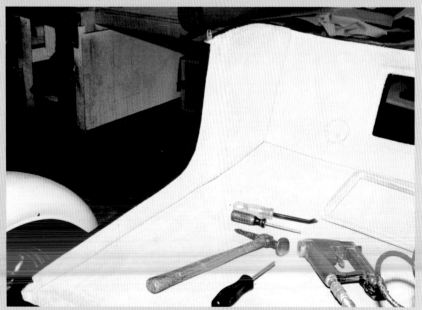

Foto 56. He aquí el panel terminado. No se pueden ver los clavos ni los orificios.

Resumen

Ahora usted debería sentirse como pez en el agua en la personalización de interiores. En este capítulo final hemos aplicado todo lo que usted aprendió hasta el momento. El truco más importante en la tapicería personalizada es confeccionar moldes que calcen con total precisión en la zona sobre la cual estamos trabajando. Con ellos se pueden cometer errores, desechar lo que quede mal (con lo cual sólo perderá monedas y minutos), y trabajar hasta que esté seguro de que el producto terminado calzará perfectamente desde la primera vez.

Para lograr este calce perfecto entre el molde y el producto terminado, usted aprendió la importancia de utilizar marcas testigo y marcas de posición. Estas últimas le muestran exactamente dónde irá una pieza terminada. Las marcas testigo le ayudan a unir dos o más "elementos" en la forma exacta en que usted los probó.

En este capítulo volvimos a resaltar la importancia de las buenas técnicas de revestimiento con espuma. Utilice una gran cantidad de líneas de diagramación. Recorte la espuma de forma tal que siga el mismo contorno de lo que está recubriendo. Utilice papel de lija para eliminar las protuberancias.

¡Buena suerte en todos los trabajos que realice! Esperamos que todos le queden bien desde el primer intento.

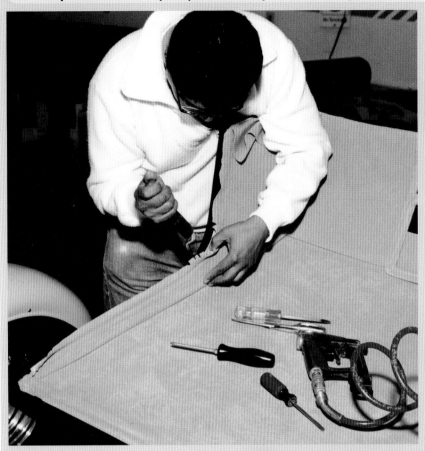

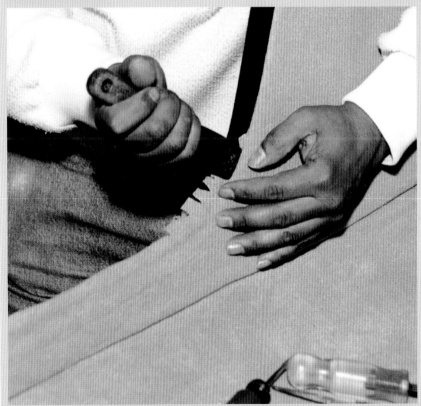

Fotos 57 y 58. Otro método de instalación es dejar abierto el interior del panel. Luego podrá trabajar desde el reverso del material y adherir el panel al armazón con tornillos o remaches. Utilizando una delgada espátula flexible, introduzca el sobrante del material en la ranura entre el panel y la capota. De esa forma el material quedará sujeto firmemente.

15 • Personalización de un buggy •

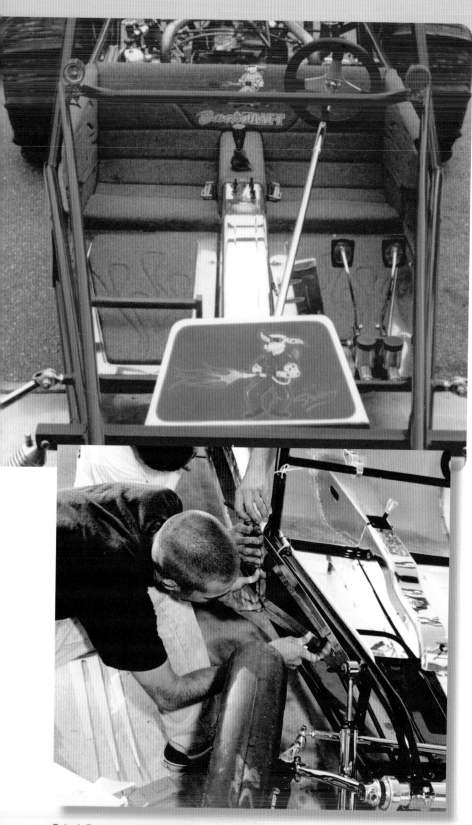

Alrededor de 100 millas al sur y al este del taller de Ron en la frontera de Yuma, Arizona y California se encuentran las imponentes dunas de Yuma. Son las más grandes de todo el mundo, después de las del desierto del Sahara, al norte de África. A comienzos de la década del 60 la gente comenzó a modificar los viejos Volkswagen (debido a sus motores con refrigeración de aire); les cortaban la carrocería del panel inferior, les colocaban neumáticos anchos en la parte trasera y usaban esos artefactos para explorar estas dunas. Ante la ausencia de un término mejor se les llamó buggies para arena (dune buggies). Para cuando quedó terminado el primer buggy y entró en funcionamiento se les comenzaron a realizar mejoras. Hoy en día el buggy es una maravilla de ingeniería y la inversión monetaria puede superar la de un sedán de lujo europeo.

Al igual que el fanático de los street-rods, el comprador de un buggy quiere que el interior de su vehículo refleje su personalidad y se integre al aspecto general del mismo. Por eso se lo llevan a Ron, quien les dará justo lo que estaban buscando.

En este capítulo seguiremos a Ron y su equipo mientras fabrican un "interior" en un vehículo muy fino para dos pasajeros, cuyo propietario desea tenerlo listo para poder disfrutar de la primavera en él.

Paneles

Gran parte del interior de un buggy se limita a un grupo de paneles: uno de cada lado del buggy; uno para cada apoyapies del conductor y del acompañante (lo que sería el revestimiento con la alfombra en un automóvil común), los paneles alrededor de la zona de los asientos y dos paneles curvos que forman los asientos. Para esta sección nos

Foto 1. Ron y su ayudante quitan los paneles exteriores del buggy como primer paso del trabajo. Cuando se hayan instalado los paneles interiores, la espuma y la tela cubrirán los rieles superiores (debajo del brazo izquierdo de Ron). Cuando se reemplacen los paneles exteriores, cubrirán los bordes sin terminar de la tela y la espuma.

concentraremos principalmente en los dos paneles laterales, comparables a los paneles de las puertas de un automóvil común.

Todos los paneles de este buggy, incluyendo los asientos, se confeccionan de tal manera que puedan ser extraíbles. Esto le permite al propietario o al personal de mantenimiento acceder a toda la instalación eléctrica y tuberías. En la mayoría de los casos todo se sostiene al chasis con Velcro (que se adhiere y se fija al chasis mediante un remache pop), sujetadores Auveco (los mismos que se utilizaron en los paneles de las puertas en capítulos anteriores) y unos pocos tornillos. Ron utiliza la menor cantidad de tornillos posible porque tanto él como su cliente desean que el trabajo en el interior del automóvil presente un aspecto impecable. Todo comienza cuando Ron y su ayudante retiran los paneles laterales exteriores del vehículo.

Ello expone los rieles del buggy alrededor de los cuales se doblará el material que recubrirá el panel. Sobre este riel Ron coloca una tira larga de Velcro. Cuando quede terminado el panel interior, se instalará con el borde superior de la tela colocado de forma tal que cubra al riel, envolviéndolo, y se sujete al Velcro.

Confección de moldes

La confección de moldes comienza con cartón prensado, como de costumbre. Se adhieren los trozos de cartón prensado con cemento para crear un panel lo suficientemente largo para cubrir la zona deseada. El cartón se sujeta al chasis con abrazaderas de resortes. Ron marca el cartón con un lápiz, utilizando los rieles del chasis como guía. Luego corta el molde y lo traslada a un trozo de madera laminada de 1/8 ó 5/32 de pulgada. Si desea un análisis más exhaustivo de este procedimiento, consulte el capítulo 2, Confección de moldes.

Foto 2. Como es habitual, Ron comienza a fabricar moldes para los paneles. El cartón prensado es muchísimo más barato que la madera laminada, por tanto cerciórese de que su molde esté correcto antes de comenzar a cortar.

Foto 3. Ron hace los orificios para las grapas que fijarán los paneles interiores al vehículo. A continuación colocará el panel en su sitio y luego perforará la madera laminada a través de los orificios existentes. Este es el procedimiento inverso al que realizó Juanito cuando hizo los orificios para las grapas en los paneles de la puerta del Willys.

Foto 4. He aquí el panel de madera laminada cortado según el formato básico. Ron lo verifica para asegurarse de que el calce sea el correcto antes de continuar con su trabajo.

Foto 5. Este recorte terminará albergando un bolsillo para colocar mapas. El tornillo se coloca para fijarlo en forma temporal y será luego reemplazado por una grapa.

Foto 6. Ron y su ayudante instalaron una capa de espuma. Ahora vuelven a verificar que calce bien, y marcan la zona donde se recortará la espuma.

Foto 7. Ron realiza la terminación final sobre la mesa de trabajo para obtener una línea exacta.

Foto 8. Como de costumbre, lija toda la superficie de la espuma. De esta forma redondea las puntas y brinda una superficie porosa sobre la cual se adherirá el cemento.

Fotos 9 y 10. Para ubicar el aplique Ron comienza con el panel del auto. De esta forma se cerciora de ubicarlo correctamente. En la mesa de trabajo retoca las líneas que trazó y recorta el sobrante de espuma para dejar el tallado a la vista.

Foto 11. Del lado del conductor hay una serie de botones eléctricos que de otra forma quedarían cubiertos por el panel. Ron efectuará sendos recortes en el panel para acceder a estos botones. Aquí vemos cómo adhirió un trozo de tweed del panel a la carrocería. En la foto 29 vemos el producto terminado.

Foto 12. Ron ahora deberá colocar el borde superior de la tela que cubrirá el riel superior, envolviéndolo, y se sujetará con Velcro.

Foto 13. Reverso del panel terminado; aquí se ven los broches Auveco que Ron utilizó.

Fabricación y revestimiento de los paneles

Luego de marcar la madera laminada para que se corresponda con el modelo, Ron corta el panel con una sierra caladora y lija los bordes hasta que queden bien lisos. Luego prueba el panel en la zona a cubrir y realiza cualquier ajuste menor que sea necesario. Cuando quede satisfecho con el calce logrado, comenzará a ocuparse de fijar el panel al buggy.

Los paneles laterales del buggy de muestra están sujetos con grapas Auveco, al igual que los paneles de la puerta del Willys. Debido a que gran parte de la instalación de cables del buggy se realiza a través de las tuberías del chasis, Ron trata de evitar perforar orificios en las tuberías a menos que esté totalmente seguro de que no haya ningún cable dentro.[1] La mayoría de los orificios de las grapas se hacen atravesando la lámina de metal. Nuevamente, Ron procede con sumo cuidado, ya que no quiere hacer ningún orificio para las grapas que luego quede al descubierto y sin ningún panel que lo cubra. Los orificios que realiza en el buggy quedarán cubiertos (ocultos) cuando se sustituyan los paneles exteriores.

El próximo paso es recubrir el panel con una capa de espuma de poliuretano de alta densidad, redondear los bordes y pulir la superficie para contribuir a que el cemento se adhiera bien. Ahora viene la parte entretenida.

En las fotos podemos ver el diseño que Ron posee para el tallado que realizará sobre los paneles. Si se adelanta un poco y observa las páginas

1 Si Ron debe perforar a través de un armazón o riel donde le conste que hay cables, colocará cinta adhesiva alrededor de la zona a perforar, justo desde la punta y del grosor de la tubería. Al colocar ocho o diez capas de cinta alrededor de la punta se crea un "tope" que sólo permite que la mecha pase a través del metal, sin perforar más allá. También podría utilizar un tope para taladros que posiciona los tornillos en la mecha según la profundidad deseada.

siguientes, verá que no sólo va a tallar el panel, sino que también fabricará un aplique adicional de un color que contraste. Los asientos y paneles de este automóvil están recubiertos de tweed gris mientras que los apliques están hechos de un paño color rosa fuerte que combina con la terminación rosa de los rieles del chasis que posee el auto. El resto del automóvil es de un color burdeos oscuro.

Ron vuelve a colocar el panel en el buggy y lo calza allí. Luego coloca el molde del aplique sobre la espuma, ajustándolo hasta que considera que quedó correctamente ubicado. Se trata de una decisión subjetiva, basada exclusivamente en lo que le resulte agradable a la vista desde el punto de vista estético. Lo sostiene en su lugar con unos pocos trozos de cinta adhesiva, luego quita el panel y lo lleva a la mesa de trabajo. Allí marca todo el molde y luego recorta la espuma.

El revestimiento del panel es una tarea sencilla y se realiza como en todas las demostraciones anteriores. El revestimiento comienza por el centro del panel, justo donde se encuentra el tallado.

Ron coloca una capa de cemento sobre la espuma y la tela. La deja secar durante un lapso prolongado, de forma tal que pueda levantar el material luego de que éste haya entrado en contacto con la espuma, en caso de que sea necesario efectuar algún ajuste posterior. Como siempre, procede con sumo cuidado para que el material calce bien en los surcos de la zona tallada, sin quebrar los bordes de espuma. Cuando el material queda bien adherido a la superficie del panel, Ron lo voltea y adhiere los bordes al reverso, excepto en el caso del borde superior.

A continuación vuelve a probar el panel sin terminar en el auto, lo calza en su sitio, cubre el riel con espuma y material, y lo ajusta con las abrazaderas. Ahora marca el borde en la zona donde se colocará el Velcro. Luego de hacerlo, vuelve a llevar el panel a la mesa de trabajo y cose el Velcro al borde del material (pero no al borde de la espuma).

Foto 14. Los paneles tallados y listos para los apliques. Nótese que el "montículo" de transmisión se recubrió primero con espuma para luego forrarse con una sola pieza de tweed. No fue necesario realizar ninguna prueba ni coserlo.

Foto 15. Para confeccionar el bolsillo para los mapas Ron comienza con un trozo de material de alrededor de 4 ó 5 pulgadas mayor que la abertura. Allí cose un trozo de cordón elástico de 3/16 ó 1/4 de pulgada en el dobladillo.

Fotos 16 y 17. Luego frunce la tela hasta que abarque bien la zona de la abertura con el borde superior justo debajo del borde superior del panel. Engrapa el cordón elástico y la tela al panel, frunciéndola (o plisándola) en toda la parte inferior.

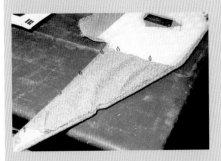

Foto 18. Para hacer el fondo del bolsillo engrapa un trozo plano de material directamente sobre la parte superior del material plisado. Nótese que lo engrapa de los cuatro lados.

Foto 19. El bolsillo terminado y listo para guardar cualquier objeto de emergencia.

Foto 20. Ron terminó esta parte del panel cosiendo Velcro a lo largo del borde superior. Se colocará la correspondiente tira macho o hembra al riel superior del auto.

Confección del bolsillo

A esta altura estoy seguro de que usted ya habrá notado el bolsillo de gran tamaño en la parte anterior del panel. El mismo se realiza en forma muy simple, tal como se explica a continuación.

Ron corta dos trozos de material: uno cuyo tamaño sea alrededor de 4 pulgadas mayor que el orificio, el otro alrededor de 2 pulgadas mayor. El trozo más grande será para la parte anterior del bolsillo y el más pequeño para la parte posterior. Luego cose un largo de cordón elástico (cordón amortiguador) de 1/4 de pulgada en uno de los dobladillos de la parte superior del trozo de mayor tamaño. Luego frunce el material en forma pareja a lo largo del cordón elástico. A continuación lo coloca sobre el orificio, engrapa los dos extremos del cordón elástico en su sitio y finalmente engrapa los lados y la parte inferior.

A medida que engrapa la parte inferior trabaja el material sobrante (resultante de fruncirlo a lo largo del cordón elástico) formando pliegues. A continuación se podrá jalar de este material fruncido y plisado que posee el cordón elástico en la parte superior, y también podrá utilizarlo como la parte anterior del bolsillo.

El paso final consiste en engrapar el trozo más pequeño sobre el material del bolsillo para formar el fondo de éste. Este material se engrapa al panel sin ningún frunce. Ahora el bolsillo ya está terminado y listo para guardar mapas, cremas para protegerse del sol y por supuesto, la herramienta más importante de cualquier expedición: el abridor o destapador de botellas. Ron ahora le entrega el panel a George Torres, quien realizará y colocará el aplique.

Foto 21. He aquí el aplique, cortado a partir de madera laminada y recubierto con espuma de poliuretano de alta densidad. Ron utilizó el mismo diseño para el aplique que para la zona que había tallado anteriormente.

Foto 22. Pete acude para ayudar a recubrir los apliques. Ahora lo vemos colocando el cemento.

Foto 23. Pete deberá doblar la funda con sumo cuidado alrededor de cada "llama". Esto es sumamente engorroso porque hay muy poco material con que trabajar.

Realización del aplique

Si usted recuerda lo que mencionamos anteriormente, Ron ya había tallado la zona donde se colocará el aplique. George copiará el molde para el aplique sobre un trozo de fibra. Luego lo recortará y lo revestirá.

Después de cortar el aplique,

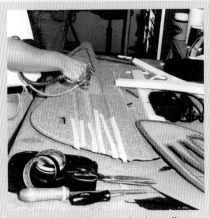

Foto 24. Note que las puntas de las llamas quedaron sueltas. No se doblaron sobre el panel como se hizo con el resto del material. Esas puntas (o cabos) se doblarán más tarde alrededor del panel principal. Vea la página 36.

Foto 25. Cuando Pete termina los apliques, George se prepara para colocarlos en la zona tallada del panel. Note la presencia de cinta adhesiva para evitar que el cemento llegue al panel propiamente dicho.

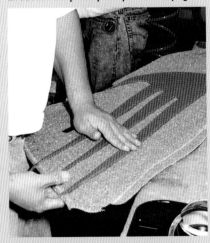

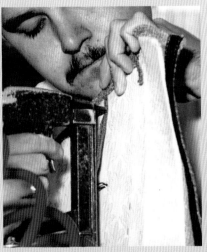

Foto 26. Ya comienza a verse bien. George ya adhirió el aplique en su sitio con cemento.

Fotos 27 y 28. Las "coletas" del aplique se doblan en forma envolvente en torno al panel principal y se engrapan. De esa forma se logra una excelente terminación.

Foto 29. Este recorte brinda acceso a los botones eléctricos. Es una "solución" atractiva para un problema real.

Foto 30. El panel terminado luce absolutamente fabuloso y refleja la estética "tecno-rod" de este buggy.

Foto 31. El segundo paso en el proceso de la fabricación de los paneles es hacer las alfombras para los pedales para el asiento del conductor y del acompañante. Éstas van a reflejar el diseño tallado de los paneles laterales. Nos uniremos al grupo luego de que hayan confeccionado los moldes y hayan cortado los paneles.

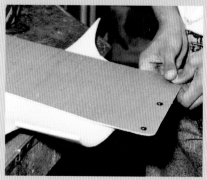

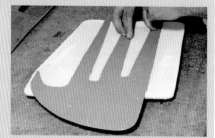

Foto 32. A diferencia de las alfombras de un auto, éstas se fijarán al piso con grapas comunes Auveco para los paneles de las puertas.

Foto 33. Note la forma en que Ron utiliza el molde de los paneles laterales para hacer el tallado de las alfombras para los pedales. Utiliza los últimos dos tercios de las "llamas". Use este truco cuando desee mantener una homogeneidad de diseño en todo el trabajo.

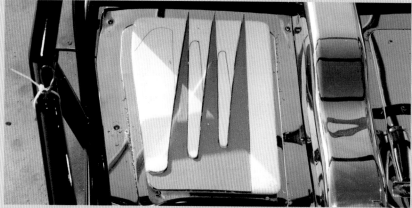

Foto 34. Aquí lo vemos en un estado semi terminado.

Foto 35. Ron corta un trozo de cartón prensado para el aplique. Nótese que se recortó para que calce sobre la cabeza de las grapas. Cuando el aplique se adhiere con cemento queda bien aplanado en vez de evidenciar un bulto en la zona donde se colocó la grapa.

Foto 36. Con el cartón prensado recubierto de espuma, Ron se prepara para revestirlo.

George verifica que quede bien. Deberá permitir un calce holgado en la zona tallada, de forma tal que cuando esté revestida, el calce sea más ajustado. El segundo paso es recubrir el aplique con espuma, la misma que se utilizó en el panel. Nuevamente se lija la parte superior para garantizar que la unión con pegamento sea efectiva. Finalmente se recubre el nuevo aplique y se adhiere con cemento a la parte superior y alrededor de la parte trasera.

Consulte la foto 24 para ver la forma en que George trabaja los bordes afinados del aplique. Note que éstos no se doblan sobre el panel para adherirse por el reverso, sino que quedan sueltos, colgando, pues más tarde se doblarán sobre el panel principal y se engraparán allí. Esto es bien similar a lo que vimos en el caso de los paneles de las puertas de la camioneta de repartos sedán Ford. Allí se dejó una coleta sobre el panel tapizado, se perforó un orificio a través del panel y se insertó la coleta a través del orificio para luego engraparla del reverso. Ambas técnicas crean una especie de "puntas de flecha" marcadas y bien definidas sobre los paneles que se aplicaron.

Para terminar los apliques, George debe adherirlos con cemento. Nótese en la foto 25 que utilizó cinta adhesiva para evitar que el cemento se escurriera al cuerpo principal del panel. Al igual que en el caso de los apoyabrazos que se sujetan a los paneles de las puertas, George también engrapa los apliques al panel colocando las grapas desde el panel hacia el aplique. George procede con cuidado, cerciorándose de utilizar la grapa del largo adecuado para que los extremos de la misma no se asomen a través de la espuma y el material.

Alfombras para los pedales

Aquí básicamente tenemos una repetición de lo que se hizo con los paneles laterales, sólo que los apliques se hacen del mismo material que la alfombra.

El trabajo comienza con la confección de un molde que irá en la zona a recubrir. Este molde luego se traslada a la fibra y se recorta la pieza.

Posteriormente se instalan los broches; generalmente basta con cuatro. El segundo paso consiste en aplicar la espuma.

Observe la foto 33 y vea cómo se utiliza el molde del aplique de los paneles traseros para formar los apliques de las alfombras para los pedales. Utilizando solamente la mitad trasera del molde Ron lo traslada a la espuma y elimina el sobrante.

Ahora Ron ya está listo para confeccionar el aplique. Esta vez, en lugar de utilizar fibra, comenzará con cartón prensado. Consulte la foto 35 para ver la forma en que Ron recortó pequeños círculos en el cartón prensado para que el aplique permitiera que el cartón quedara bien aplanado sobre los broches. Este paso, de gran importancia, garantiza que el aplique no tendrá "bultos" en esta zona.

Ahora Ron cubre el cartón prensado con espuma y pule la parte superior. Luego reviste el cartón recubierto con espuma con el mismo material que la alfombra para los pedales. El paso final consiste en adherir el aplique sobre la alfombra para los pedales ya revestida. Observe los resultados terminados en la foto 37.

Armazón del asiento

Alrededor de la parte trasera de los asientos se encuentra una barra cilíndrica que "termina" la zona del armazón del asiento, desde la cual se fijan los arneses de seguridad para los hombros. Se deberá trabajar esta zona, dejando los orificios para ese arnés.

Confección del panel para el armazón

George Torres es el encargado de confeccionar este panel, por tanto lo observaremos a lo largo de su trabajo. Como de costumbre, comienza haciendo un molde, luego lo traslada a la fibra y la recorta. En la foto 38 podemos apreciar los recortes efectuados para colocar el arnés de seguridad y la ubicación de los broches a presión. En la misma foto George ya comenzó a revestir el panel

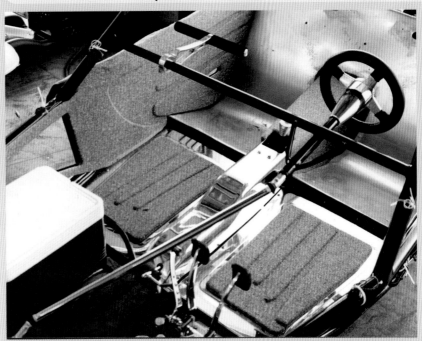

Foto 37. El producto terminado posee un marcado efecto tallado y luce realmente bonito. El cliente quería que el aplique se hiciera con tweed gris, al igual que el panel. Ello evita que "compita" con los paneles laterales (que se ven sin terminar en esta fotografía).

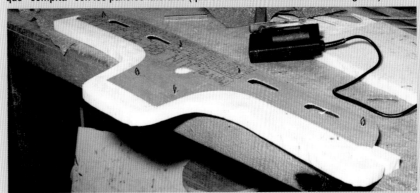

Fotos 38 a 40. Para recubrir con espuma la pieza que se coloca detrás de los asientos George realiza el mismo procedimiento. Adhiere la espuma al panel utilizando cemento, la recorta con la sierra o el cuchillo y luego la moldea con un disco lijador en una esmeriladora.

Foto 41. Como consideración desde el punto de vista estético, se recubre el panel del armazón del asiento con dos espesores diferentes: uno de 1 pulgada en la parte inferior y otro de 1/2 pulgada en la parte superior.

Foto 42. Primer plano de la parte trasera del armazón del asiento. Una barra cilíndrica en la parte superior le da altura al respaldo. Debajo de la misma se encuentra un trozo de tubería de 1-1/4 pulgada. Nótense los dos pernos con tuercas de cierre automático montados en la tubería. Estos fijan los arneses de seguridad que pasan a través de los orificios que se encuentran directamente encima de los mismos. Debajo de los pernos, a lo largo de la tubería, se adhirió una tira de Velcro hembra para mantener la funda fija en su sitio. En la foto se ve el panel del armazón del asiento colocado, con la espuma correspondiente. Note la grapa indicada con la flecha.

Foto 43. Ron prueba una funda deslizable para este panel, tal como lo haría con una funda para un asiento. Se trata de un simple anverso y reverso, sin una vista o pieza entre ambos.

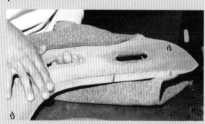

Foto 44. He aquí un buen truco. Cuando hay poco material con que trabajar o de donde sujetar en torno a una curva cerrada, no lo jale de la parte trasera, sino de la parte delantera. Ello reduce la posibilidad de que se desgarren las hebras.

Foto 45. Ron cose el anverso y el reverso y coloca la cinta Velcro hembra al borde posterior de la funda.

Fotos 46 y 47. La parte más engorrosa: Ron debe deslizar la funda sobre el panel y el armazón, adhiriéndola mientras trabaja. Esto es algo similar a adherir la funda de una almohada a la almohada. El secreto consiste en dejar que el cemento seque bien primero. Luego hay que alinear todo con un toque muy sutil. Si usted no ejerce demasiada presión mientras trabaja, podrá levantar la funda y separarla de la espuma sin romper esta última. Para sellar el trabajo, frote con fuerza. Sin embargo, una vez que lo haya frotado ya no podrá volver a levantar la tela sin romper la espuma.

con espuma. Ahora hay dos capas de espuma: una de 1 pulgada en la parte inferior y otra de 1/2 pulgada en la parte superior. Esto se realiza a efectos estéticos. Se podría revestir todo con espuma de 1 pulgada o todo con espuma de 1/2 pulgada. Ron considera que luce mejor de esta forma porque la espuma de 1 pulgada se corresponde bien con la espuma de los asientos. Cuando George haya colocado los paneles en su sitio, Ron comenzará el operativo de revestimiento.

Revestimiento del panel para el armazón

Ron hará una "funda deslizable" para colocar sobre este panel. Una funda deslizable significa que sólo tiene un borde (costura) en la parte superior en vez de una "funda cuadrada" que tendría una vista o pieza añadida entre la parte anterior y la posterior.

Coloca el material sobre el panel, tal como lo haría si se tratase de un asiento, y marca todo el contorno del mismo. Pese a que no lo vemos en la fotografía, también marca las zonas que se recortarán para los arneses.

En la máquina de coser Ron cose las vistas o piezas sobre los cuatro orificios para el arnés, luego cose la parte anterior a la posterior. Cuando termina, voltea la funda y la coloca del reverso y rocía una capa de cemento sobre ella. También rocía una capa de cemento sobre el panel. Una vez seco el cemento envuelve el panel con la funda, colocando las vistas de los orificios del arnés a través de sus respectivos puntos de salida del panel. En la foto 48 se puede ver el trabajo terminado. Los arneses todavía no han sido instalados.

Fabricación y colocación de los asientos

Los asientos de un buggy son algo inusuales y se diferencian levemente de cualquier asiento que usted haya fabricado anteriormente. Debido a que tienen un panel inferior de aluminio macizo, el armazón de los asientos no debe hacerse tan sólida como para brindar soporte al pasajero. En consecuencia, Ron puede fabricar el armazón del asiento de cartón. Observemos cómo trabajan él y George.

El armazón del asiento

George comienza confeccionando un molde para la zona del asiento. Tuvo que esperar hasta que el panel del armazón estuviera parcialmente listo y colocado. Esto le brindó la curva interior que se ve en la foto 50. Para mantener el asiento sujeto al automóvil George utilizará tres tiras de Velcro.

Primero deberá ubicar las tiras de Velcro que colocará en el auto. La ubicación de la tira más importante es la que va en el centro del radio del asiento. Cuanto más cerca se encuentre esta tira del centro exacto del radio del asiento, mejor se amoldará el cartón a la curva.

La ubicación de las tiras de Velcro en el auto se traslada a un trozo de cartón. Luego se cosen más tiras al cartón. Como usted sabe, el Velcro tiene dos "lados": uno con ganchos (macho) y otro con bucles (hembra). No importa dónde quede el lado macho o el lado hembra, sólo interesa que un lado sea macho y el opuesto sea hembra. Luego de que se coloque el Velcro al armazón de cartón George ubicará el molde, marcará el contorno del mismo y recortará el armazón según la forma deseada.

Para lograr la curva George rocía primero una capa de cemento al armazón y a la espuma de 1 pulgada que utilizará como relleno. Cuando se sequen ambas partes doblará el armazón formando una curva más cerrada que la que tendría el producto terminado. Luego coloca la espuma con la curva correspondiente para que se amolde al armazón y la presiona fuertemente. La razón para comenzar con una curva más cerrada de lo necesario es porque se produce un fenómeno llamado rebote. Todo lo que puede doblarse tiene algún tipo de "memoria" y tiende a volver al estado plano, independientemente de qué tan fuerte se doble. Por lo tanto, siempre que usted desee doblar algo para formar

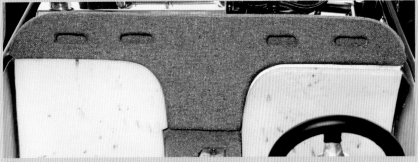

Foto 48. El trabajo terminado; como siempre, luce como si estuviera pintado.

Foto 49. George comienza la fabricación del asiento confeccionando un molde. Aquí lo vemos probarlo sobre el panel sin terminar del armazón del asiento.

Foto 50. ¡Qué bien luce, George!

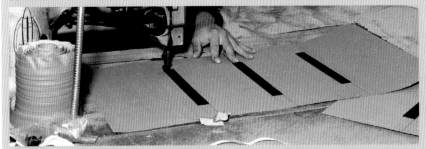

Foto 51. El armazón de cartón para el asiento se fija a la carrocería del auto con Velcro. George está cosiendo tres tiras al cartón que se convertirá en el asiento.

Foto 52. La tira central de Velcro deberá ubicarse con sumo cuidado y directamente en el centro del radio. Esto hace que el asiento se mantenga fijo al panel de la carrocería.

Foto 55. George termina recortando la espuma y lijándola para que quede alineada con el cartón.

Fotos 53 y 54. El hecho de adherir el cartón y la espuma mientras los mantiene curvos crea una tensión que hace que el "sandwich" mantenga esta forma curva.

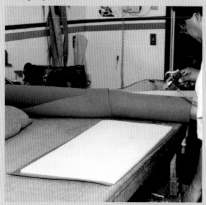

Foto 56. La prueba le demuestra que el trabajo quedó bien.

Foto 57. Pete entra en acción para ayudar a recubrir el asiento. Aquí lo vemos rociando cemento a la espuma antes de unir esta última a la tela.

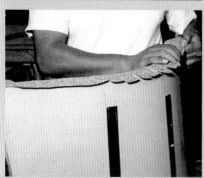

Fotos 58 y 59. Con gran destreza cose una "llama" al material del asiento, luego cose las vistas o piezas alrededor de la parte anterior. Ello hace que la funda que adhiere quede directamente sobre la espuma y el cartón del asiento.

Foto 60. Se cosen tiras de Velcro a la funda en la parte superior e inferior. La parte inferior se encuentra justo por encima de la mano derecha de Pete.

Fotos 61 y 62. Anverso y reverso del asiento terminado, listo para instalar.

un arco, deberá doblarlo más allá del radio deseado, de forma tal que cuando éste intente volver a su estado original, forme el arco que usted deseaba inicialmente.

Para finalizar el asiento George recorta la espuma según el armazón, luego lija los bordes ásperos y ya tiene un asiento listo para recubrir. ¿Acaso podría ser más fácil?

Revestimiento del asiento

En este momento Pete entra en acción para colaborar en este trabajo urgente. El revestimiento del asiento es casi tan simple como su creación. Pete recorta un trozo de material que sea alrededor de 2 pulgadas más ancho y largo que el asiento que recubrirá. Luego lo adhiere a una capa de 1/2 pulgada de espuma con tela soporte (posee el entramado en la parte de atrás, lo cual sostendrá las puntadas de la costura).

Posteriormente Pete extiende el mismo diseño de "llamas" sobre esta funda, tal como lo hicieron Ron y George con los paneles. En vez de tallar las llamas, cose a través de la tela y la espuma, creando la "llama" en relieve.

A continuación Pete extiende esta pieza sobre el asiento, marca el contorno del borde externo, recorta todo dejando un sobrante de 1/2 pulgada para una costura. Luego prueba y corta dos vistas o piezas laterales, una vista superior y una vista anterior. La vista o pieza anterior se hace lo suficientemente ancha de forma tal que Pete le pueda coser una tira de Velcro y dejarla colgar como un faldón. Más adelante, cuando se coloque el asiento en el auto, este faldón se ajustará a otra tira de Velcro que se fijará al auto. Si vuelve a mirar la foto 50 verá el Velcro sujeto al armazón debajo del asiento.

Pete cose las cuatro piezas de las vistas al cuerpo principal del asiento como si estuviera cosiendo un almohadón. Ahora adherirá esta funda al armazón del asiento y el trabajo habrá quedado terminado. Hasta el momento, el auto luce bien.

Revestimiento de la hielera

Para la mayoría de los exploradores de las imponentes dunas de Yuma la hielera o conservadora de refrescos no es un accesorio sino una necesidad, y al igual que cualquier otra parte del auto, su aspecto deberá ser tan bueno como su funcionamiento. Pete le confeccionará una hermosa funda del mismo material que el resto del auto.

Primero se cortan las piezas para la parte superior y los cuatro lados. Luego se cosen a la espuma para darle ese agradable efecto acolchado. Se colocan las piezas, una en la parte superior y una a cada uno de los lados. Los lados se dejan largos para luego colocar un trozo de cordón elástico como terminación alrededor de la parte inferior.

Se cosen los cuatro lados. Luego se cose la parte superior a los lados, tal como se haría con cualquier funda para almohadones. Finalmente Pete cose el cordón elástico a la terminación o dobladillo alrededor de la parte inferior y coloca la hielera dentro de la funda.

Se trata de un pequeño truco por el cual Ron ni siquiera le cobra al cliente. Es una de esas cosas ingeniosas que distingue a Ron del resto y hace que los clientes vuelvan a su taller.

Resumen

En este capítulo se ha ahondado en varias ideas nuevas y un tanto intrincadas para la confección de paneles. Repase los capítulos dos, cuatro y cinco, los cuales tratan sobre la confección de moldes, paneles para las puertas y paneles especiales; todos procesos que se emplean en esta sección.

El tapizado de un buggy para arena es prácticamente confección de paneles, con énfasis en dos aspectos: ocultar los broches y recubrir bordes.

Al trabajar con espuma de células cerradas es importante recordar dos cosas: Siempre se debe raspar la superficie experior para darle al cemento "puntas" donde adherirse y luego dejar secar completamente durante la cantidad de tiempo necesario.

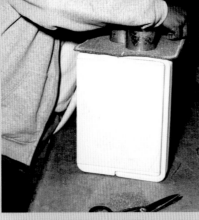

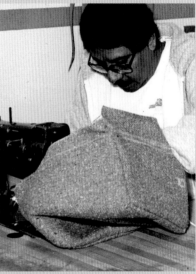

Fotos 63 a 67. Pete corta, prueba y cose una funda para revestir la hielera del cliente. Ésta se fija a la hielera cosiendo un trozo de cordón elástico alrededor de la parte inferior. Simplemente jala de la parte superior y la hace "calzar" en su sitio.

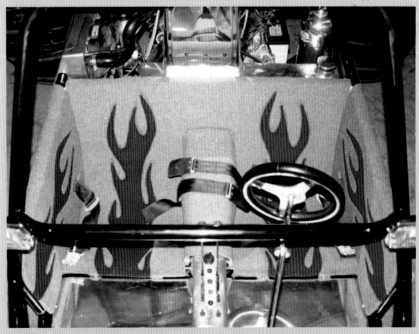

Los asientos del buggy: líneas rectas con llamas en tweed rojo y gris

Foto 1. El proceso comienza quitando lo que queda de la cubierta vieja y trazando su contorno sobre un trozo de cartón prensado. George quitó cuidadosamente el ribete para poder incluir el borde del sobrante en el contorno. Aunque no se ven en esta foto, George hizo dos marcas testigo para indicar la ubicación de la líneas del doblez.

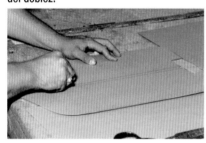

Foto 2. Con las marcas testigo que hizo, George traza una línea que representa los dos bordes donde se doblaba la cubierta original. Con una hoja de afeitar (o cualquier otro objeto afilado), hace un muesca sobre la capa superior del cartón a lo largo de la línea. Ello le permite hacer el doblez a lo largo de esas dos líneas, dejando un borde bien definido.

Foto 3. Puede ver qué bien se dobló el cartón a lo largo de esas líneas. Ahora George recorta con cuidado los bordes de forma que queden rectos y parejos.

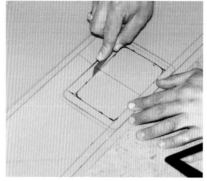

Foto 4. En la tienda de repuestos local Ron compró un pequeño espejo, diseñado para ajustarse a una visera u otra superficie. Se ve en la esquina inferior derecha de la foto. Este espejo se colocará en la visera. George dibuja el contorno sobre cartón prensado y luego corta la parte que cubre el vidrio. Los bordes de plástico quedarán tapados.

Foto 5. Lo prueba, y ve que el corte ha quedado perfecto. Note que es aproximadamente 1/8 de pulgada más ancho que el vidrio. Cuando se ponga la tela, ésta agregará el espesor justo sobre los bordes para que quede parejo con el vidrio.

Restaurar las viseras originales siempre ha sido un problema para los talleres de personalización de interiores. Tratar de dominar una visera en la máquina de coser al hacer un ribete sobre un borde que es demasiado grueso para pasar por debajo del pie ha llevado a muchos especialistas al borde de un infarto. En el taller de Ron han encontrado un método estupendo para todas las viseras hechas antes de los primeros años de la década de 1960. Todavía estamos todos trabajando en esas cosas horribles acolchodas que fabricaban a partir de los 60. Tal vez para la segunda edición de este libro se haya solucionado el problema. Mientras tanto, observemos cómo George y Ron hacen un par de preciosas viseras nuevas para nuestro Ford del 57.

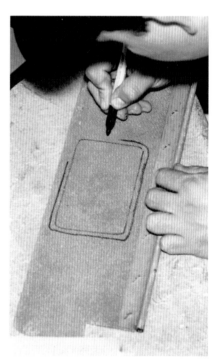

Foto 6. Con el cartón como molde, George dibuja la zona de la ubicación del espejo dentro de la base de la visera original. Luego traza otro contorno, una línea de corte un poco más grande de lo necesario. Eso le dará un poco de espacio para ajustar el espejo, de modo que la alineación con el corte del cartón sea exacta.

Foto 7. Aunque la sierra caladora es casi más grande que la visera, George corta magistralmente la zona donde irá el espejo.

Foto 8. Como siempre, todo se prueba y se ajusta antes de pasar a la terminación. Aquí, George tiene el espejo apoyado sobre la visera, rodeado por el cartón. Hasta ahora, se ve muy bien.

Foto 9. El próximo paso es cubrir el cartón con espuma de poliuretano de alta densidad de 1/4 de pulgada. A fin de permitir espacio para que la espuma se acomode alrededor del doblez, George coloca el cartón sobre el borde de la mesa de trabajo con un lado de la visera sobre la mesa y el otro hacia abajo, formando un ángulo de 90 grados. Entonces coloca la espuma cementada alrededor.

Foto 10. Luego da vuelta el cartón y cubre el otro lado.

Foto 11. El revestimiento de espuma terminado se ve así. Cuando se pliegue la visera, no habrá exceso de tensión en el doblez.

Foto 12. Recortada y lista para revestir. Para recubrir el cartón, George trabaja como de costumbre. Lija la espuma y, en este caso, bisela los bordes externos, de donde saca todo el exceso. Se aplica cemento tanto al material como a la espuma, se deja secar y se coloca el material. Por último, dobla el material alrededor de los bordes y lo cementa en su lugar.

Foto 13. Una vez revestido el cartón, George coloca la armazón de la visera dentro, pone el espejo en la abertura, y comienza a cementar todo en derredor de las superficies expuestas.

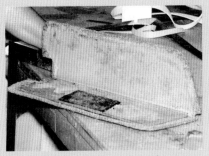

Foto 14. Este es el reverso de la visera. Se ve la parte trasera del espejo rociado de cemento, al igual que la armazón de la visera y su cubierta. Ahora George la cerrará.

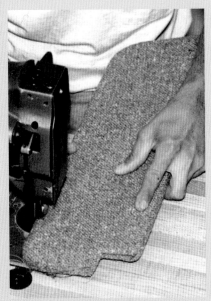

Foto 15. En la máquina de coser, Ron hace una costura alrededor del borde del "sandwich" cementado, a aproximadamente 1/4 a 3/8 de pulgada desde el borde externo.

Foto 16. He aquí la visera terminada vista desde el lado del espejo. George lavará el espejo para quitar el cemento que quedó antes de instalar la visera en el auto.

Foto 17. Vista desde la parte trasera. Una visera con una muy linda terminación, ¡y sin dolores de cabeza!

17 • Tapizado de la moldura de contorno

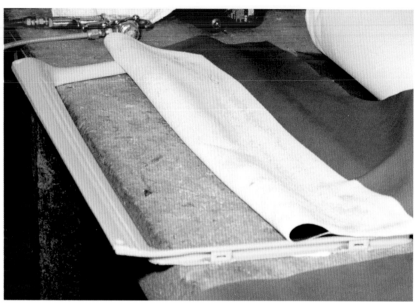

Un toque muy interesante en cualquier interior personalizado es poder recubrir las molduras de contorno del parabrisas y las ventanas traseras.

Con algunas explicaciones (y mucho estirar) usted será capaz de tapizar las molduras del auto de su cliente en vinilo, cuero o hasta tela (aunque la tela es menos recomendable). Ron se encarga del trabajo de tapizar la moldura de contorno de nuestro Ford del 57.

Foto 1. Lo importante de la etapa de planificación es el sentido del hilo. En este trabajo es mejor si el hilo sigue el largo de la moldura. Para comenzar, corte un trozo de material que cubra toda la moldura. Aplique una capa liviana de cemento a la tela y la moldura. Permita que se seque el cemento antes de unir ambas partes.

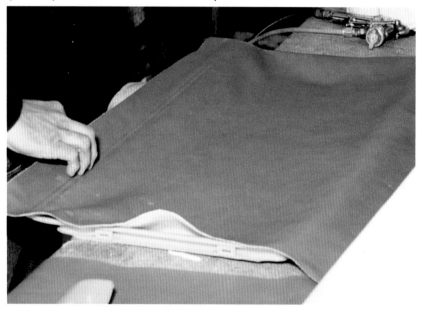

Foto 4. El próximo paso es cortar el centro a groso modo. Deje abundante material para doblar alrededor de la moldura.

Fotos 2 y 3. Ron empieza por la parte de abajo. Note que de inmediato define la hendidura. Primero lo hace con las uñas y termina con el extremo de unas pinzas largas.

Foto 5. Sí, da toda la sensación de que Ron tiene gran exceso de material. Pero después se elimina. Es útil tener este exceso de material a la hora de recubrir las esquinas.

Foto 6. Ron trabaja primero el material sobre las superficies expuestas. Más tarde, cuando se haya deshecho de todas las arrugas, doblará el material rodeando la parte posterior de la moldura, y lo cementará.

Foto 7. He aquí el truco. Ron estira el material tanto como es posible. Esta acción elimina todas las arrugas de la parte plana de la moldura y las deja del lado exterior.

Fotos 8 y 9. Ron sigue eliminando las arrugas de las zonas visibles de la moldura de contorno. En la primera foto, las elimina del borde con sus pulgares. En la segunda foto, estira el material con ambas manos antes de darlo vuelta alrededor del marco.

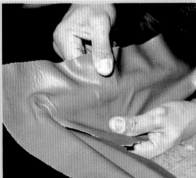

Foto 10. Ahora se está viendo bien. Asegúrese de que haya suficiente cemento en las zonas cóncavas para que el material quede bien adherido al metal. Si el cemento no lo mantiene bien sujeto, el material se despegará de esas zonas.

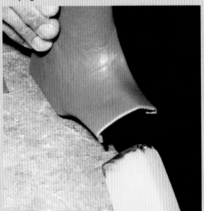

Foto 11. Una vez que el material haya quedado firme y liso sobre todas las superficies expuestas, puede comenzar a cementar el vinilo o cuero a la parte trasera. Si trata de rodear el metal con el material y cementarlo a la parte trasera al mismo tiempo, nunca se librará de las arrugas ni podrá moldear el material en las curvas compuestas.

Foto 12. Esta es la base de una de las dos piezas que forman el interior del parabrisas. Se conecta a la moldura de contorno que cubre la unión entre el tablero de instrumentos y el parabrisas. Esta foto muestra el lijado que ha hecho Ron para eliminar pintura (y algo de metal) de modo que cuando se recubra, estas dos piezas puedan volver a unirse. La pieza de la derecha debe encajar dentro de la pieza de la izquierda cuando ambas estén recubiertas.

Foto 13. Aquí tenemos la moldura de contorno terminada. Da la sensación de que el recubrimiento se hubiese aplicado con aerosol.

18 • Reparación del cuero y vinilo

Foto 1. Le presentamos a Catherine Barley, "la dama del vinilo". La vemos llegar en su camioneta, cargada de tinturas para vinilo y materiales de reparación. Incluso cuenta con todas las herramientas eléctricas necesarias para terminar su trabajo rápidamente.

Fotos 2 y 3. El proceso resulta muy simple. Sobre los rasguños muy pequeños aplica una gota o dos de pegamento instantáneo. Luego, con papel de lija de grano 400 (húmeda o seca) procede a lijar suavemente la zona del rasguño donde colocó el pegamento. De esa forma sella el rasguño y lija cualquier fibra o trozo de material que haya quedado. Esto funciona bien tanto con cuero como con vinilo.

Foto 4. Catherine recorre el auto y repara todos los rasguños. La reparación de alrededor de 10 rasguños le llevó menos de 10 minutos.

Casi todos los especialistas han tenido la terrible desgracia de dañar de alguna forma el cuero o el vinilo de alguna parte del interior recién tapizado. Lo más frecuente es entrar al auto, desplomarse sobre el asiento y... ¡descubrir que tenía un par de tijeras en el bolsillo trasero del pantalón! El segundo problema más frecuente es arrastrar un asiento o un panel terminado sobre un objeto punzante que se encuentra sobre la mesa de trabajo. En el pasado, la única forma de resolver el problema era reemplazar el panel dañado. Pero el fabuloso mundo de la ciencia ha venido a nuestro rescate bajo la forma de una nueva técnica llamada reparación del vinilo.

El truco es conocido desde mediados de los años sesenta, pero recién ahora se ha convertido en una verdadera solución a algunos de estos problemas. Anteriormente la reparación era larga, complicada y a menudo se notaba más que el problema original. Ahora se pueden quitar los pequeños rasguños en apenas unos pocos minutos. Las reparaciones de mayor envergadura llevan apenas un poco más de tiempo. Por supuesto que los grandes desgarrones todavía requieren de una reparación a la vieja usanza: reemplazar la pieza.

Mientras trabajábamos en la confección del manual en el taller de Ron, uno de sus clientes lo llamó para decirle que deseaba vender su auto y necesitaba que se le efectuaran unas pocas reparaciones para renovar el interior del mismo. Entre las reparaciones necesarias había algunos rasguños sobre el cuero. Para resolver esta parte del problema Ron llamó a Catherine Barley, más conocida como "la dama del vinilo" para efectuar las reparaciones necesarias. Llegó en unas pocas horas, lista para desplegar toda su magia.

Fotos 5 y 6. El segundo paso consiste en limpiar el cuero alrededor de todas las zonas donde se efectuaron reparaciones. En la foto la vemos rociando el cuero con un limpiador no abrasivo, y luego retira el excedente. De esta forma retira cualquier oleosidad residual de la piel, limpiadores, ceras e incluso de algún producto antiadherente. Esto prepara el cuero que luego teñirá.

Foto 7. Antes de que pueda rociar la tintura, el material deberá estar totalmente seco. Catherine utiliza una pistola de aire caliente para eliminar todo resto de humedad del cuero.

Foto 8. Aquí comienza la parte artística del trabajo. Ahora Catherine deberá mezclar sus tinturas para vinilo para obtener el color exacto del cuero (o vinilo). Se esforzó por explicarnos cómo hacerlo, pero ni Don ni Ron se sintieron capaces de ponerse manos a la obra y mezclar los colores ellos mismos, ni siquiera después de la excelente explicación.

Después de tres o cuatro intentos logró dar en el clavo. En la foto la vemos comparando la muestra de color (sobre un trozo de cartón) con el asiento. Cuando obtiene el color deseado, rocía una capa de tintura sobre la zona recientemente reparada. Cualquier rasguño que haya podido quedar luego de pasar el papel de lija de grano 400 quedará cubierto con la tintura.

Foto 9. Para acelerar el proceso, Catherine utiliza nuevamente la pistola de aire caliente. En menos de 20 minutos ya había reparado todos los rasguños.

Durante nuestras conversaciones Catherine nos explicó que también podía reparar cosas como quemaduras de cigarrillo y desgarrones pequeños. En el caso de los desgarrones le pide al taller que se coloque un parche del reverso, con lo cual cierra el desgarrón y le brinda un soporte en la parte de atrás. Después puede proceder como con cualquier quemadura.

Catherine posee recipientes con vinilo transparente que puede utilizar para rellenar cualquier intersticio. También tiene pequeñas láminas de vinilo con un diseño grabado o en relieve. Sobre una quemadura Catherine lija cualquier resto de ceniza y vinilo que haya quedado sobre la superficie. Luego aplica unas pocas gotas de vinilo líquido al hueco o intersticio que quedó en el desgarrón del material. Cuando el vinilo se ha secado tras un par de minutos aplica el lado grabado de su parche de vinilo para efectuar la reparación. El diseño grabado o en relieve se traslada al vinilo semi-húmedo, y se reproduce el diseño en relieve alrededor del mismo. Se completa la reparación rociándola con tintura para vinilo.

Le preguntamos a Catherine si había otras personas como ella y dónde las podríamos encontrar. Nos contestó que como ella no había nadie, pero que había muchos individuos capaces de realizar este trabajo. Nos sugirió que todo especialista que necesitara este tipo de asistencia llamara a un concesionario local de autos nuevos que también vendiera autos usados, ya que la venta de autos usados requiere de los servicios de un especialista en reparación de vinilo en forma constante. Esa persona seguramente les indicaría cómo comunicarse con ellos.

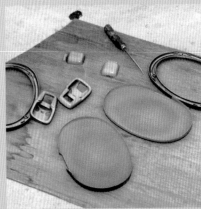

Fotos 10 y 11. Ron quiso que Catherine tiñera algunas partes del Willys para que combinaran con el cuero. Aquí logró el color exacto del cuero y comenzó a rociar la rejilla de los altavoces y las molduras de contorno de los tiradores de las puertas. Observe la foto del panel terminado para el altavoz que se muestra en la página 50 para apreciar lo bien que le quedó el trabajo.

19 • Revestimiento del volante

Foto 1. Aquí vemos el molde que analizamos anteriormente, sobre un trozo de cuero beige. Al igual que todos los moldes de esta industria, éste también está hecho con cartón. Obviamente, ¡esperemos que el mundo nunca se quede sin árboles de los cuales extraer el cartón! A lo largo del molde se encuentran los orificios que hizo Jack para que pase el hilo. Nos explica que no tiene tiempo para contar todos los orificios, pero pensamos que no nos lo quiere decir.

Foto 2. El proceso comienza extendiendo el molde sobre el cuero, marcándolo y haciendo un punto por cada orificio dentro del cual pasará el hilo, para luego recortar la funda. A continuación, con un punzón para cuero, Jack presiona sobre cada punto. Ello le da todos los orificios necesarios que posteriormente le permitirán coser la funda. En esta foto lo vemos efectuando los últimos orificios.

Fotos 3 y 4. Independientemente de la zona donde pliegue el cuero, Jack desgasta parte del reverso para evitar que se forme un bulto debajo del pliegue o la costura. Jack dibuja una línea en el extremo del cuero que marca el espacio para la costura. Esta costura une ambos extremos de la funda.

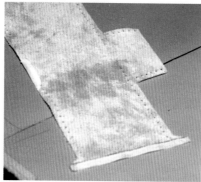

Fotos 5 y 6. Utilizando una esmeriladora de gran velocidad, Jack pule el reverso del cuero, justo hasta la línea. De esa forma le quita aproximadamente la mitad del espesor del cuero.

Foto 7. Ahora cose ambos extremos. La costura queda justo en la línea desde la cual se quitó el cuero.

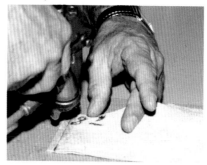

Foto 8. Para asegurarse de que el sobrante de la costura no se amontone formando un bulto cuando se coloque la funda, Jack adhiere el borde del sobrante sobre sí mismo.

El sector de mayor crecimiento del mercado actual de hot rods es la fabricación de nuevos volantes interesantes y divertidos. Se ha hecho de todo con estos "aros" (volantes). Los mejores ejemplares son los que están forrados con el mismo material que el resto del interior del auto, o con cuero negro o en tonos neutros. El mejor lugar que se dedica a esto en la costa oeste es el taller de Jack Anderson, Automotive Restoration, en Fontana, California.

Jack, un ex ingeniero de la NASA, utiliza sus habilidades de ingeniero a tiempo completo en su principal interés: los autos. Jack puede hacer un molde para lo que sea con el moderno programa CAD que tiene instalado en su potente computadora. Para cada casi todos los volantes que existen, ya sean de fábrica o del mercado de reposición, Jack tiene el molde. Esto le permite cortar, armar y coser rápidamente una hermosa funda de cuero. Acudimos a Jack para observarlo forrar un volante del mercado de reposición que se colocaría en uno de los autos de Ron, un Chevrolet de 1957.

Jack nos revela todos sus secretos en estas páginas, excepto cómo hace para que todos los pequeños orificios le queden alineados. Según él, cualquier persona que posea conocimientos de ingeniería o una paciencia infinita podría hacer un molde como éste. Dejaremos que sea usted quien lo juzgue. Quizás usted sea uno de esos virtuosos de paciencia infinita.

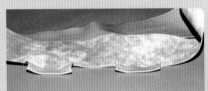

Fotos 9 y 10. Ciertamente, un trabajo muy bien logrado. Aquí vemos el anverso y el reverso de la costura.

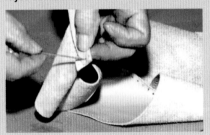

Foto 11. De forma similar, Jack pule y adhiere el sobrante de los bordes de los pliegues que se doblarán alrededor de los rayos del volante.

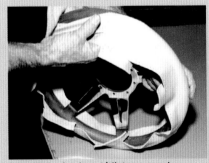

Foto 12. Con una aguja de tamaño grande, vuelve a definir los orificios para el hilo luego de adherir los pliegues, ya que habían quedado obstruidos con pegamento.

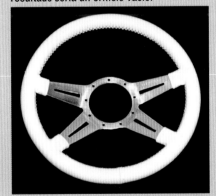

Foto 13. La funda está lista para colocar sobre el volante. Note lo bien que recubre el volante en esta foto y las siguientes, incluso antes de coserla. Este es el resultado del molde de Jack. Se hizo alrededor de 1-1/2 pulgadas más pequeño que la circunferencia real del volante.

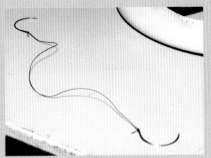

Foto 14. Otro de los trucos de Jack consiste en colocar una aguja curva en cada extremo de su hilo. Así elimina la necesidad de tener dos largos de hilo y también engancha el hilo a las agujas. Con ello evita que se le escape de la vista. Ahora podrá comenzar a coser la zona que envuelve los rayos del volante.

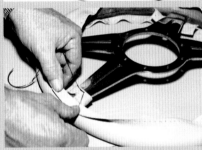

Fotos 15 y 16. Tomando los orificios de cada lado de la funda, Jack da dos puntadas en forma envolvente para comenzar. Dado que hay un poco de tensión, la doble puntada contribuye a impedir que el hilo se desgaste. Note cómo pasa cada extremo de su hilo por el orificio, para formar la puntada cruzada.

Foto 17. Ahora efectúa tres puntadas cruzadas que terminan con otra puntada doble en la base, justo donde se unen los extremos de la funda. Los hilos luego se pasan por debajo del cuero y se adhieren al volante con una gota de pegamento especial (super glue).

Foto 18. Ya se cubrieron los rayos, y Jack puede proceder a realizar las costuras restantes.

Fotos 19 y 20. Las costuras del volante se realizan justo en la zona donde cubren los rayos. La costura se inicia con una doble puntada. Luego se efectúan las puntadas cruzadas restantes que terminan en el rayo siguiente con una costura doble. Aquí reside la gran ingeniería del molde. Deberá haber una idéntica cantidad de orificios de cada lado del cuero, cada uno a la misma distancia de su vecino más próximo. Si no se trabaja con esta precisión algunas de las puntadas podrían quedar más largas que otras y el resultado sería un orificio vacío.

Fotos 21 y 22. El volante terminado sobre la mesa de trabajo y colocado en el auto. ¡Excelente trabajo, Jack!

Proveedores

Abrochadoras

Astrup Co.
2937 W. 25th St.
Cleveland, OH 44113
(800) 786-7601
www.astrup.com

Atlas Supply of Texas
700 E. Parker St.
Houston, TX 77076
(800) 392-8527
www.atlassupplyoftexas.com

Au-ve-vo Products
Auto-Vehicle Parts Co.
7 Sperti Dr.
Covington, KY 41017
(606) 341-6450
www.auveco.com

Consolidated Admiral
(Sólo compras por mayor)
P.O. Box 382
Woodbury, NY 11797
(516) 921-2131
www.consolidatedadmiral.com

Eastwood Company
260 Shoemaker Rd.
Pottstown, PA 19464
(800) 345-1178
www.eastwood.com

Fasnap Corp.
23669 Reedy Dr.
Elkhart, IN 46514
(800) 624-2058
www.fasnap.com

Velcro Laminates Inc.
54835 CR 19
Bristol, IN 46507-9466
(800) 235-1776

Adhesivos

3M Industrial Adhesives
3M Center Bldg., 21-1W-10
St. Paul, MN 55144-1000
(800) 362-3550
www.mmm.com/adhesives

Alpha Systems, Inc.
5120 Beck Dr.
Elkhart, IN 46516
(574) 295-5206
www.alphasystemsinc.com

Astrup Co.
2937 W. 25th St.
Cleveland, OH 44113
(800) 786-7601
www.astrup.com

Consolidated Admiral
(Sólo compras por mayor)
P.O. Box 382
Woodbury, NY 11797
(516) 921-2131
www.consolidatedadmiral.com

Hahn Systems
4629 Clyde Park SW
Wyoming, MI 49509
(616) 534-0702
www.hahnsystems.com

Russell Products, Inc.
17989 Commerce Dr.
Bristol, IN 46507
(800) 545-5620
www.russellproducts.com

Aislamiento

Quality Heat Shield
3873 Carter Ave., Suite 202
Riverside, CA 92501
(951) 276-1040

Alfombras, para autos

Auto Custom Carpets
P.O. Box 1350
1429 Noble St.
Anniston, AL 36201
(800) 352-8216
www.accmats.com

Blacksmith Distributing
(Sólo compras por mayor)
1801 Cassopolius St.
Elkhart, IN 46514
(800) 551-0134
www.blacksmithdistributing.com

Consolidated Admiral
(Sólo compras por mayor)
P.O. Box 382
Woodbury, NY 11797
(516) 921-2131
www.consolidatedadmiral.com

Custom Auto Interiors
18127 Marygold
Bloomington, CA 92316
(909) 877-9342
www.customautointeriors.com

LeBaron Bonney
P.O. Box 6
Amesbury, MA 01913
(800) 221-5408
www.lebaronbonney.com

Original Parts Group
5252 Bolsa Ave.
Huntington Beach, CA 92649
(800) 243-8355
www.opgi.com

Armazones de asientos

American Metal Fabricators
55515 Franklin St.
Three Rivers, MI 49093
(269) 279-5108

Atwood Mobile Products
57912 Charlotte Ave.
Elkhart, IN 46517
(574) 522-7891

C & L Upholstery
12913 S. Marquardt Ave.
Santa Fe Springs, CA 90670
(562) 921-6545

Glide Engineering
10662 Pullman Court
Rancho Cucamonga, CA 71730
(909) 944-9556
www.glideeng.com

Artículos de tapicería

American Upholstery Supply
1355 N. Marion St.
Tulsa, OK 74115
(800) 331-3913
www.atrim.com

Astrup Co.
2937 W. 25th St.
Cleveland, OH 44113
(800) 786-7601
www.astrup.com

Custom Auto Interiors
18127 Marygold
Bloomington, CA 92316
(909) 877-9342
www.customautointeriors.com

Eastwood Company
260 Shoemaker Rd.
Pottstown, PA 19464
(800) 345-1178
www.eastwood.com

Keyston Bros.
(Sólo compras por mayor)
9669 Aero Dr.
San Diego, CA 92123
(858) 277-7770
www.keystonbros.com

LeBaron Bonney
P.O. Box 6
Amesbury, MA 01913
(800) 221-5408
www.lebaronbonney.com

Peachtree Fabrics, Inc.
1400 English St. N.W.
Atlanta, GA 30318
(800) 732-2437
www.peachtreefabrics.com

Asientos

Cerullo Performance Seating
2881 Metropolitan Place
Pomona, CA 91767
(909) 392-5561
www.cerullo.com

Recaro
3275 Lapeer Rd. West
Auburn Hills, MI 48326
(800) 873-2276
www.recaro-nao.com

Tea's Design
2038 15th St. N.W.
Rochester, MN 55901
(507) 289-0494
www.teasdesigns.com

Cinturones de seguirdad

Juliano's Hot Rod Parts
321 Talcottville Rd.
Vernon, CT 06066
(860) 872-1932
www.julianos.com

The Truck Stop
dba Specialty Conversions
1889 Commonwealth Ave.
Fullerton, CA 92833
(888) 870-2358

Consolas

The Accessory House
5156 Holt Blvd.
Montclair, CA 91763
(909) 621-5953
www.accessoryhouseonline.com

Consolas, recubrimientos de techo

The Accessory House
5156 Holt Blvd.
Montclair, CA 91763
(909) 621-5953
www.accessoryhouseonline.com

Custom Auto Interiors
18127 Marygold
Bloomington, CA 92316
(909) 877-9342
www.customautointeriors.com

Hoosier Van Conversion and
Truck Accessories
52904 County Rd. 13,
Unit B17-5A
Elkhart, IN 46514
(800) 592-7600
www.hoosiervan.com

Cueros

Bill Hirsch Auto
396 Littleton Ave.
Newark, NJ 07103
(800) 828-2061
www.hirschauto.com

Consolidated Admiral
(Sólo compras por mayor)
P.O. Box 382
Woodbury, NY 11797
(516) 921-2131
www.consolidatedadmiral.com

GAHH Auto Tops
8116 Lankershim Blvd.
N. Hollywood, CA 91605
(800) 722-2292
www.gahh.com

Garrett Leather
(Sólo compras por mayor)
1360 Niagara St.
Buffalo, NY 14213
(800) 342-7738

LeBaron Bonney
P.O. Box 6
Amesbury, MA 01913
(800) 221-5408
www.lebaronbonney.com

Veteran Company
(Sólo compras por mayor)
5060 W. Pico Blvd.
Los Angeles, CA 90019
(323) 937-2233
www.veteranco.com

Equipos de fabricación de botones

Fasnap Corp.
23669 Reedy Dr.
Elkhart, IN 46514
(800) 624-2058
www.fasnap.com

Handy Button
Machine Co.
1750 N. 25th Ave.
Melrose Park, IL 60160
(708) 450-9000
www.handybutton.com

Fundas de asientos

Original Parts Group
5252 Bolsa Ave.
Huntington Beach, CA 92649
(800) 243-8355
www.opgi.com

Herramientas de tapicería

Eastwood Company
260 Shoemaker Rd.
Pottstown, PA 19464
(800) 345-1178
www.eastwood.com

Máquinas de coser

Consolidated Sewing Machine
131 W. 25th St.
New York, NY 10001
(212) 741-7788
www.consew.com

Keystone Sewing Machine
833 N. 2nd St.
Philadelphia, PA 19123
(215) 922-6900
www.keysew.com

Quality Sew
224 West 3rd
Grand Island, NE 68801
(800) 431-0032
www.qualitysew.com

Partes

The Accessory House
5156 Holt Blvd.
Montclair, CA 91763
(909) 621-5953
www.accessoryhouseonline.com

Original Parts Group
5252 Bolsa Ave.
Huntington Beach, CA 92649
(800) 243-8355
www.opgi.com

Puertas de autos rod

R.W. and ABLE, Inc.
P.O. Box 2160
Chico, CA 95927-2160
(800) 510-7478
www.roddoors.com

Recubrimientos de techo

Acme Auto Headlining Co.
550 W. 16th St.
Long Beach, CA 90813
(800) 288-6078

Bill Hirsch Auto
396 Littleton Ave.
Newark, NJ 07103
(800) 828-2061
www.hirschauto.com

Consolidated Admiral
(Sólo compras por mayor)
P.O. Box 382
Woodbury, NY 11797
(516) 921-2131
www.consolidatedadmiral.com

LeBaron Bonney
P.O. Box 6
Amesbury, MA 01913
(800) 221-5408
www.lebaronbonney.com

Original Parts Group
5252 Bolsa Ave.
Huntington Beach, CA 92649
(800) 243-8355
www.opgi.com

Techos descapotables

Acme Auto Headlining Co.
550 W. 16th St.
Long Beach, CA 90813
(800) 288-6078

Bill Hirsch Auto
396 Littleton Ave.
Newark, NJ 07103
(800) 828-2061
www.hirschauto.com

GAHH Auto Tops
8116 Lankershim Blvd.
N. Hollywood, CA 91605
(800) 722-2292
www.gahh.com

LeBaron Bonney
P.O. Box 6
Amesbury, MA 01913
(800) 221-5408
www.lebaronbonney.com

National Auto Mall
200 Everette Ave.
Chelsea, MA 02150
(617) 889-0600

Robbins Auto Tops
321 Todd Ct.
Oxnard, CA 93030
(805) 604-3200
www.robbinsautotopco.com

Telas

Astrup Co.
2937 W. 25th St.
Cleveland, OH 44113
(800) 786-7601
www.astrup.com

B & M Foam & Fabrics
3383 Durahart St.
Riverside, CA 92507
(951) 787-0221

Bill Hirsch Auto
396 Littleton Ave.
Newark, NJ 07103
(800) 828-2061
www.hirschauto.com

Consolidated Admiral
(Sólo compras por mayor)
P.O. Box 382
Woodbury, NY 11797
(516) 921-2131
www.consolidatedadmiral.com

Custom Auto Interiors
18127 Marygold
Bloomington, CA 92316
(909) 877-9342
www.customautointeriors.com

GAHH Auto Tops
8116 Lankershim Blvd.
N. Hollywood, CA 91605
(800) 722-2292
www.gahh.com

J & J Auto Fabrics Inc.
247 S. Riverside Ave.
Rialto, CA 92376
(909) 874-3040
jjfab@sbcglobal.net

Keyston Bros.
(Sólo compras por mayor)
9669 Aero Dr.
San Diego, CA 92123
(858) 277-7770
www.keystonbros.com

LeBaron Bonney
P.O. Box 6
Amesbury, MA 01913
(800) 221-5408
www.lebaronbonney.com

Three Rivers Supply
(Sólo compras por mayor)
477 W. 7th Ave.
West Homestead, PA 15120
(800) 245-0220

Velcro Laminates Inc.
54835 CR 19
Bristol, IN 46507-9466
(800) 235-1776

Veteran Company
(Sólo compras por mayor)
5060 W. Pico Blvd.
Los Angeles, CA 90019
(323) 937-2233
www.veteranco.com

Índice

Una dulzura del '55

Este Chevy Bel Air de 1955 presenta asientos Lexus de fábrica, con modificaciones acordes. Una de las características del tapizado es el cuero teñido a pedido, el cual hace juego con la pintura del auto.

El recubrimiento del techo, con arcos cromados hechos a mano le confiere el típico aspecto nostálgico de la década de 1950. Los paneles de la cajuela están moldeados alrededor de los huecos de las ruedas, y el piso tiene una singular alfombra central.

Fotografía por E. John Thawley III